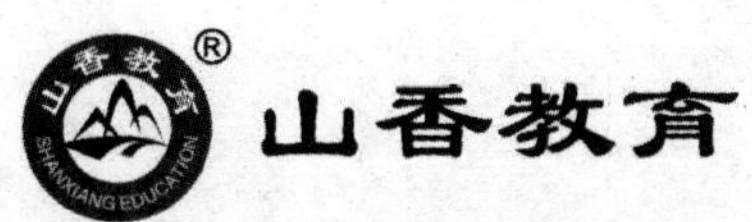

浙江省教师招聘考试历年真题详解及预测试卷

教育基础知识·小学

参考答案及解析-预测试卷

（参考答案及解析由山香教师招聘考试命题研究中心编写）

目　录

浙江省教师招聘考试小学教育基础知识预测试卷(一)

一、单项选择题

1. D 【解析】本题考查六艺的内容。“六艺”是西周各级各类学校教育的基本学科,具体指礼、乐、射、御、书、数。其中“乐”包括音乐、诗歌、舞蹈教育,着重于陶冶人的内在精神、情操。

2. D 【解析】本题考查影响人的身心发展的因素。题干的意思是:吴国、越国、东夷、北貉之人,刚生下来啼哭的声音都是一样的,长大后风俗习惯却各不相同,就是教育使他们如此的。故题干内容强调了教育对人的身心发展的影响。

3. C 【解析】本题考查小学常用的教学原则。因材施教原则是指教师在教学中,要从课程计划、学科课程标准的统一要求出发,面向全体学生,同时又要根据学生的个别差异,有的放矢地进行有差别的教学,使每个学生都能扬长避短,获得最佳的发展。因此,“允许成绩优秀的学生跳级”体现了因材施教的教学原则。

4. A 【解析】本题考查我国学校的德育途径。我国学校的德育途径主要包括思想品德课(思想政治课)与其他学科教学,少先队、学生会的活动,课外、校外活动,社会实践活动,校会、班会、周会、晨会、时事政策的学习和班主任工作等。其中,思想品德课之外的其他各科教学是学校德育最经常、最基本的途径。

5. B 【解析】本题考查小学常用的教学方法。演示法是指教师通过展示实物、教具和示范性的实验来说明、印证某一事物和现象,使学生掌握新知识的一种教学方法。实验法是指教师引导学生使用一定的仪器和设备,进行独立操作,引起某些事物和现象产生变化,从而使学生获得直接经验,培养学生技能和技巧的教学方法。该科学老师带领学生自制“水火箭”,并模拟演示火箭发射过程,使学生直观地了解到火箭发射全过程,该老师采用了演示法和实验法。

6. A 【解析】本题考查教育目的的作用。教育目的对教育工作具有导向作用。教育目的不仅为受教育者指明方向,预定发展结果,也为教育工作者指明工作方向和奋斗目标。因此,教育目的无论是对受教育者还是教育者都具有目标导向作用。故选A项。

7. C 【解析】本题考查西方主要的心理学流派及其观点。人本主义心理学派认为人的本质是好的、善良的,人有自由意志,有自我实现的需要。故选C项。行为主义学派主张研究行为;精神分析学派主张研究异常行为和无意识;构造主义学派主张心理学研究人们的直接经验即意识,并把人的经验分为感觉、意象和激情状态三种元素。

8. A 【解析】本题考查学习策略的种类。组织策略是指将经过精加工提炼出来的知识点加以构造，形成更高水平的知识结构的信息加工策略。组织策略主要有两种：一种是归类策略；一种是纲要策略。纲要策略包括主题纲要法和符号纲要法。符号纲要法主要包括系统结构图、流程图、模式或模型图和网络关系图。题干中的学生将数学知识归纳成知识网络，正是采用了组织策略中的纲要策略。

9. A 【解析】本题考查小学生情感的发展。小学儿童情感体验的内容日益丰富，主要表现在：(1)多样化的活动丰富了小学儿童的情绪、情感。(2)小学儿童的情感进一步分化。由于知识经验的积累，小学儿童的情感分化逐渐精细、准确。以笑为例，小学儿童除了会微笑、大笑外，还会羞涩地笑、嘲笑、冷笑、苦笑、狂笑等。(3)小学儿童情感的表现手段更为丰富。

10. B 【解析】本题考查操作性条件作用的基本规律。正强化是通过呈现想要的愉快刺激来增强反应频率。惩罚是指当有机体做出某种反应以后，呈现一个厌恶刺激，以消除或抑制此反应的过程。小江的行为被老师表扬属于正强化；被妈妈训斥一顿，还被禁止玩游戏属于惩罚。

11. B 【解析】本题考查人格的特征。一个人的某种人格特征一旦形成，就相对稳定下来了，要想改变它是比较困难的事情。“三岁看大，七岁看老”体现的就是人格的稳定性。

12. A 【解析】本题考查过度学习的含义。实验证明，过度学习达到50%，即学习的熟练程度达到150%时，学习的效果最好；超过150%时，效果并不递增，很可能引起厌倦、疲劳而成为无效劳动。某同学读书读了10遍刚好能背诵，再读5遍记忆效果最好。故选A项。

13. D 【解析】本题考查《中华人民共和国教育法》。根据《中华人民共和国教育法》第七十二条规定，结伙斗殴、寻衅滋事，扰乱学校及其他教育机构教育教学秩序或者破坏校舍、场地及其他财产的，由公安机关给予治安管理处罚；构成犯罪的，依法追究刑事责任。

14. A 【解析】本题考查《学生伤害事故处理办法》。根据《学生伤害事故处理办法》第二条规定，在学校实施的教育教学活动或者学校组织的校外活动中，以及在学校负有管理责任的校舍、场地、其他教育教学设施、生活设施内发生的，造成在校学生人身损害后果的事故的处理，适用本办法。

15. C 【解析】本题考查教育法律关系的相关知识。教育法律关系的变更，是指教育法律关系构成要素的改变，包括主体、客体或内容等要素的改变。题干中的林老师增加合同内容的行为引起了原合同内容的部分改变。因此，题干所述属于教育法律关系的变更。

二、辨析题(参考答案)

1. 幼儿教育小学化、小学教育成人化违背个体身心发展的互补性。

(1)这种说法是不正确的。(2)个体身心发展的阶段性规律,决定了教育工作必须根据不同年龄阶段的特点分阶段进行。如果不顾学生的年龄特征和接受能力,在教育工作中搞“一刀切”“一锅煮”,让孩子同成年人一样地听报告、搞活动、开批判会,把对儿童和青少年的教育“成人化”,就违反了个体身心发展的阶段性规律。把幼儿教育小学化、小学教育成人化,说明都没有根据学生的年龄特点进行分阶段教育,违背了个体身心发展的阶段性。

2. 与动物完全依靠本能的学习不同,人类的行为有时即便错过了关键期,也能经过补偿学习而获得。

(1)这种说法是正确的。(2)所谓关键期,就是指人的某种身心潜能在人的某一年龄段有一个最好的发展时期,也叫敏感期、最佳期。关键期并不是绝对的,错过关键期之后,经过补偿性学习仍有可能得到发展,只是难度要大些。

3. 性格有好坏之分。

(1)这种说法是正确的。(2)性格是指人的较稳定的态度与习惯化了的行为方式相结合而形成的人格特征。性格是在后天社会环境中逐渐形成的,有好坏、优劣之分,能最直接地反映出一个人的道德风貌。因此,题干中的说法是正确的。

4. 学习的成败经验是影响学生自我效能感的重要因素,学生的学习成功经验越多,其自我效能感就会越强。

(1)这种说法是不正确的。(2)在影响自我效能感的因素中,个人自身行为的成败经验对自我效能感的影响最大。一般来说,成功经验会提高效能期待,反复的失败会降低效能感。当然,成败经验对效能期待的影响还要取决于个体对成败的归因方式。如果把成功归于外部、不可控的因素就不会增强自我效能感;把失败归于外部、不可控的因素也不一定就降低自我效能感。因此个体的归因方式直接影响自我效能感的形成。

三、简答题(参考答案)

1. 人口对教育发展有哪些影响?

(1)人口数量对教育发展的影响。①一定的人口数量及其增长率影响着教育事业发展的规模和速度;②人口增长还影响和制约着教育发展战略目标的实现和战略重点的选择。

(2)人口质量对教育发展的影响。具体表现为直接和间接两个方面:①直接影响是指入学者已有的水平对教育质量的影响；②间接影响是指年长一代人口质量影响新生一代人口质量，从而影响以新生一代为对象的学校的教育质量。

(3)人口结构对教育发展的影响。①人口年龄结构影响教育发展；②人口就业结构影响教育发展。

2. 简述现代教育制度的发展趋势。

(1)加强学前教育并重视与小学教育的衔接；(2)强化普及义务教育，延长义务教育年限；(3)普通教育与职业教育朝着相互渗透的方向发展；(4)高等教育的大众化；(5)终身教育体系的建构，学历教育与非学历教育的界限逐渐淡化；(6)教育社会化与社会教育化；(7)教育制度有利于国际交流。

3. 简述奥苏伯尔提出的有意义学习的条件。

(1)客观条件，是指受学习材料本身性质的影响。有意义学习的材料本身必须合乎非人为的和实质性的标准，即具有逻辑意义。(2)主观条件，是指受学习者自身因素的影响。主要表现在：①学习者必须具有有意义学习的心向；②学习者认知结构中必须具有适当的知识，以便与新知识进行联系；③学习者必须积极主动地使这种具有潜在意义的新知识与认知结构中有关的旧知识发生相互作用。

4. 简述高原现象产生的原因。

通常把学生在学习过程中出现一段时间的学习成绩和学习效率停滞不前，甚至学过的知识感觉模糊的现象，称为“高原现象”。产生的原因在于：(1)学习方法的固定化；(2)学习任务的复杂化；(3)学习动机减弱；(4)兴趣降低；(5)心理和生理上的疲劳；(6)意志不够顽强。

四、论述题(参考答案)

1. 试述“学生是具有独立意义的人”的内涵。

(1)每个学生都是独立于教师的头脑之外，不以教师的意志为转移的客观存在。教师不可以对学生随意支配或任意捏塑，不可以随意强加给学生一些外在的知识，因为这样并没有尊重学生的主观能动性，只会挫伤他们的主动性、积极性，扼杀他们的学习兴趣，窒息他们的思想，引起他们自觉或不自觉的抵制或抗拒。因此，绝不是教师想让学生怎么样，学生就怎么样。

(2)学生是学习的主体。教师对学生的教育与改造，只是学生发展的外部条件和外因，学生的主体活动才是学生获得发展的内在机制和内因。这表现在：①学生是具有一定主体性的人；②学生是学习活动的主体；③教学过程在于建构学生主体。

(3)学生是责权主体。从法律角度看，在现代社会，学生在社会系统中享受各项基本权利，有些甚至是特定的。但同时，学生也要承担一定的责任和义务。把学生作为责权主体来对待，是现代教育区别于古代教育的重要特征，是教育民主的重要标志。

2. 试述如何培养学生的创造性思维能力。

(1)运用启发式教学，保护学生的好奇心，激发学生的求知欲，培养创造性动机，调动学生学习的积极性和主动性；(2)培养学生的发散思维，并将发散思维和集中思维相结合；(3)发展学生的创造性想象能力；(4)组织创造性活动，正确评价学生的创造性；(5)开设具体的创造性课程，教授学生创造性思维策略和创造技法；(6)结合各学科特点进行创造性思维训练。

五、材料分析题(参考答案)

(1)教师职业倦怠产生的心理紧张源有：①社会因素，即教师职业的声望压力；②职业因素，即教师担当的多种角色所产生的角色职责压力、角色冲突、学生问题、升学考试压力等；③工作环境，即教师与学生、家长、领导、同事之间的人际关系压力，学校的考评、聘任制度所带来的压力；④个人因素，即教师个人的认知方式和应对紧张的策略与心理压力的产生密切相关。

(2)玛勒斯等人认为职业倦怠主要表现为三个方面：①情绪耗竭，指个体情绪情感处于极度的疲劳状态，工作热情完全丧失；②去人性化，即刻意在自身和工作对象间保持距离，对工作对象和环境采取冷漠和忽视的态度；③个人成就感低，表现为消极地评价自己，贬低工作的意义和价值。

浙江省教师招聘考试小学教育基础知识预测试卷(二)

一、单项选择题

1. B 【解析】本题考查教育的起源学说。心理起源说认为教育起源于日常生活中儿童对成人的无意识模仿。这一起源说把人类有意识的教育行为混同于无意识模仿，导致了教育的生物学化，否认了教育的社会属性。

易错提示：一些考生会因看到题干中的“生物学化”而错选A项“生物起源说”。应注意心理起源说将儿童的无意识模仿与有意识的教育行为混为一谈，同样导致了教育的生物学化。结合题干中的“无意识模仿”可知，B项最为符合题意。

2. B 【解析】本题考查学校产生的时间。学校的萌芽始于原始社会末期，正式产生是在奴隶社会。故选B项。

3. C 【解析】本题考查教育研究方法。实验研究的目的是发现事物间的因果关系，是各类研究中唯一能确定因果关系的研究，故选C项。

4. A 【解析】本题考查教师职业道德素养的内容。教师的职业道德素养包括：

(1)对待事业:忠于人民的教育事业;(2)对待学生:热爱学生;(3)对待集体:团结协作;(4)对待自己:为人师表(良好的道德修养)。其中,热爱教育事业具体体现在热爱学生上。热爱学生是教师职业道德的核心,是教师高尚道德品质的表现。

5. D 【解析】本题考查不同的课程类型。根据课程任务,可将课程分为基础型课程、拓展型课程与研究型课程。基础型课程注重培养学生的基础学力;拓展型课程注重拓展学生的知识和能力;研究型课程注重培养学生的探究态度和能力。小学语文属于基础型课程,A、B、C三项均属于拓展型课程。故选D项。

6. D 【解析】本题考查课的类型。根据一节课所完成任务的类型数,一般将课分为单一课和综合课。根据主要使用的教学方法,一般将课分为讲授课、演示课、练习课、实验课和复习课。故选D项。

7. D 【解析】本题考查教师的管理类型。强硬专断型的教师,对学生严加监视,要求学生即刻无条件地接受一切命令。他认为表扬可能宠坏学生,所以很少表扬学生;认为没有教师的监督,学生就不可能自觉学习。故选D项。

8. C 【解析】本题考查发现教学的基本程序。发现教学的基本程序包括以下四个阶段:(1)提出问题;(2)创设问题情境;(3)提出假设;(4)检验假设,得出结论。

9. D 【解析】本题考查德育原则。教育影响的一致性和连贯性原则是指,在德育工作中,教育者应主动协调多方面教育力量,统一认识和步调,有计划、有系统、前后连贯地教育学生,发挥教育的整体功能,培养学生正确的思想品德。题干中对各级学校的学生进行思想品德教育,注重教育内容的前后相互衔接,体现了教育影响的一致性和连贯性原则。故选D项。

10. B 【解析】本题考查旧中国的学制沿革。壬子癸丑学制明显反映了资产阶级在学制方面的要求,明令废除在受教育权方面的性别和职业限制,在法律上体现了教育机会均等。"壬子癸丑学制"是我国教育史上第一个具有资本主义性质的学制。故本题选B项。

11. A 【解析】本题考查个人本位论。个人本位论认为教育的根本目的是人的本性和本能的高度发展。其代表人物有孟子、卢梭、裴斯泰洛齐、福禄贝尔、赫钦斯、奈勒、马斯洛、萨特等。19世纪末20世纪初,美国"进步教育运动之父"帕克继承了卢梭的思想,极力主张顺应儿童的自然倾向进行教育,把儿童作为整个教育过程的中心。"一切教育的真正目的是人,即人的身体、思想和灵魂的和谐发展。"要实现这一目的,就必须按照心理发展的规律来组织课堂和教学,使"发展的手段完全适应发展的心理"。帕克的主张属于个人本位论的教育目的观,故选A项。

12. D 【解析】本题考查教育的社会流动功能。教育的社会流动功能,按其流向可分为横向流动功能与纵向流动功能。其中,教育的社会纵向流动功能,是指社会成员因受教育的培养与筛选,能够在社会阶层、科层结构中做纵向的提升,包括职称晋升、职务升迁、薪酬提级等,以提高其社会地位及作用,亦称垂直流动。题干中,“从一名初级会计晋升为中级会计”即职称晋升,就体现了社会流动功能中的纵向流动功能。

13. A 【解析】本题考查教育心理学的研究内容。学习过程是教育心理学研究的核心内容,学习心理是教育心理学的核心。

14. B 【解析】本题考查动机斗争的类型。双避冲突是指从希望回避的两种事物中必取其一的心理状态。“前怕狼、后怕虎”描述的是双避冲突,故选B项。

方法技巧:考生易混淆不同种类的动机冲突,可借助关键词进行识记。双趋冲突,表示两种趋近,既想……又想……。双避冲突,表示两种逃避,既不想……又不想……。趋避冲突,表示一种矛盾,既想……又怕……。多重趋避冲突,表示两种及以上矛盾。

15. A 【解析】本题考查引起无意注意的条件。活动和变化的刺激物容易引起人们的无意注意。例如,大街上闪烁的霓虹灯、夜空中划过的流星等,很容易引起人们的注意。

16. C 【解析】本题考查学习迁移理论。苛勒所做的“小鸡觅食”实验是支持关系转换说的经典实验。故选C项。A项是苛勒用以研究问题解决的实验,由此他提出了顿悟的观点;B项是托尔曼的潜伏学习实验;D项是斯金纳用于研究人类迷信行为的实验。

17. D 【解析】本题考查皮亚杰的认知发展阶段理论。处于形式运算阶段的儿童其思维具有灵活性,他们不再刻板地恪守规则,反而常常由于规则与事实的不符而违反规则。在本题中,该学生不再刻板地恪守排队规则,认为当遇到孕妇和老人时,可以让他们“插队”,这表明其思维具有灵活性,故该学生处于形式运算阶段。

18. D 【解析】本题考查问题解决的策略。在问题解决中常用的两类问题解决策略有算法式和启发式。算法式策略是把解决问题的一切做法步骤都列出来,然后逐一加以尝试,最终使问题得到一个正确的解答。启发式策略指人在解决问题时所采取的一种根据经验或直觉在问题空间内进行较少的搜索,以达到问题解决的一种方法。

19. B 【解析】本题考查成就动机理论的内容。成就动机理论的主要代表人物是阿特金森,他把个体的成就动机分为两类:力求成功的动机和避免失败的动机。力求成功者的目的是获取成就,即通过各种活动努力提高自尊心和获得心理上的满足,成功概率为50%的任务是他们最有可能选择的。故答案选B项。

20. C 【解析】本题考查学习迁移的种类。根据迁移的性质和结果,迁移可分为正迁移、负迁移和零迁移。其中,正迁移也叫"助长性迁移",是指一种学习对另一种学习的促进作用。负迁移也叫"抑制性迁移",是指一种学习对另一种学习产生阻碍作用。题干中小提琴的学习对大提琴的学习起促进作用,故属于正迁移。根据迁移发生的方向,迁移可分为顺向迁移和逆向迁移。顺向迁移是指先前学习对后继学习产生的影响。逆向迁移是指后继学习对先前学习产生的影响。题干中小提琴的学习在大提琴的学习之前,故属于顺向迁移。故题干所述内容属于顺向、正迁移。

21. D 【解析】本题考查资源管理策略。资源管理策略包括:(1)时间管理策略。在时间管理上,应做到:①统筹安排学习时间;②高效利用最佳时间;③灵活利用零碎时间。(2)环境管理策略主要是指善于选择安静、干扰较小的地点学习,充分利用学习情境的相似性。C项属于环境管理策略。(3)努力管理策略。为了使学生维持自己的意志努力,需要不断鼓励学生进行自我激励。A项属于努力管理策略。(4)学业求助策略。学业求助策略指当学生在学习上遇到困难时,向他人请求帮助的行为。B项属于学业求助策略。D项属于认知策略中的复述策略。

22. A 【解析】本题考查气质的类型。气质的体液说将人的气质类型分为多血质、胆汁质、黏液质和抑郁质四种。其中,多血质属于敏捷而好动的类型。这种气质的特点是,一般都有很高的灵活性,好动,情感丰富,善于交际,接受新事物快,易于适应环境的变化,在工作和学习上肯动脑筋,在从事多变和多样化的工作中成绩卓著,但注意力容易转移,时有见异思迁的表现。

23. C 【解析】本题考查小学生方位知觉的发展。刚入学的儿童在对字形的感知中,注意形状而不注意方位,因此他们常把b与d、p与q相混淆。这是小学生方位知觉发展不完善的表现。故答案选C项。

24. D 【解析】本题考查小学生想象发展的特点。小学生想象发展的特点包括:(1)想象的有意性迅速发展;(2)想象中的创造性成分日益增多;(3)想象的内容逐渐接近现实。本题为选非题,故答案选D项。

25. D 【解析】本题考查遗忘的原因。提取失败说认为,遗忘之所以发生是因为编码不准确,失去了检索线索或线索错误。一旦有了正确的线索,经过搜寻,所需要的信息就能提取出来。如"舌尖现象",即明明知道某件事,但就是不能回忆出来。

26. B 【解析】本题考查《中华人民共和国教育法》。根据《中华人民共和国教育法》第三十六条规定,学校及其他教育机构中的管理人员,实行教育职员制度。学校及其他教育机构中的教学辅助人员和其他专业技术人员,实行专业技术职务聘任制度。

27. D 【解析】本题考查《学生伤害事故处理办法》。根据《学生伤害事故处理办法》第二十七条规定，因学校教师或者其他工作人员在履行职务中的故意或者重大过失造成的学生伤害事故，学校予以赔偿后，可以向有关责任人员追偿。

28. B 【解析】本题考查《中华人民共和国义务教育法》。根据《中华人民共和国义务教育法》第十一条规定，凡年满六周岁的儿童，其父母或者其他法定监护人应当送其入学接受并完成义务教育；条件不具备的地区的儿童，可以推迟到七周岁。

29. B 【解析】本题考查《中华人民共和国教师法》。根据《中华人民共和国教师法》第三十七条规定，教师有下列情形之一的，由所在学校、其他教育机构或者教育行政部门给予行政处分或者解聘：(1)故意不完成教育教学任务给教育教学工作造成损失的；(2)体罚学生，经教育不改的；(3)品行不良、侮辱学生，影响恶劣的。田老师说话刻薄，在很多场合挫伤了学生的自尊心，符合(3)的说法，所以，学校可以给予其行政处分。

30. B 【解析】本题考查我国教育法规的纵向结构。教育单行法律一般是由全国人民代表大会常务委员会制定的，它是规定教育领域某一方面具体问题的规范性文件。《中华人民共和国义务教育法》在1986年4月12日由第六届全国人民代表大会第四次会议通过，是规定义务教育方面的规范性文件。故《中华人民共和国义务教育法》属于教育单行法律。

二、辨析题(参考答案)

1. 学校教育对人的发展起主导作用是有条件的。

(1)这种说法是正确的。(2)学校教育主导作用和促进作用的实现是相对的、有条件的。①从外部环境方面来说，它要求社会的发展为个体的发展提供相应的前提，它依赖于家庭环境的影响，包括家长的职业类别和文化程度、家庭的经济状况和自然结构；依赖于社会发展的状况，包括生产力水平、科技发展、社会环境、社会文化传统和民族心态以及公民整体素质等。②从教育系统内部来说，它依赖于教育自身的状况，包括学校的物质条件、师资队伍、教育管理者的水平等方面；依赖于学习者的主观能动性；它要求教育要遵循儿童的身心发展规律，还要积极协调社会、家庭等各个方面的教育影响，使其成为一股适合儿童需要的合力。

2. 根据遗忘的干扰说可知，为了防止遗忘，应及时复习。

(1)这种说法是不正确的。(2)艾宾浩斯的遗忘规律表明，识记后遗忘很快就会发生。因此，对于新学习的材料，为了防止遗忘，必须及时复习。在遗忘理论中，干扰说认为，遗忘是因为在学习和回忆之间受到了其他刺激的干扰，即主要受到了前摄抑制和倒摄抑制的影响。所以，干扰说给我们的启示是：在早上或晚上学习效果较好，因为只受单一抑制的影响。因此，题干说法错误。

3. 刺激泛化和刺激分化是互补的过程。

(1)这种说法是正确的。(2)机体对与条件刺激相似的刺激做出条件反应，属于刺激的泛化。如果只对条件刺激做出条件反应，而对其他相似刺激不做反应，则出现了刺激的分化。泛化是对事物的相似性的反应，分化则是对事物的差异性的反应。刺激泛化和刺激分化是互补的过程。

三、简答题(参考答案)

1. 简述我国新型师生关系的特点。

(1)人际关系：尊师爱生；(2)社会关系：民主平等；(3)教育关系：教学相长；(4)心理关系：心理相容。

2. 简述教学的一般任务。

(1)引导学生掌握科学文化基础知识和基本技能。(2)发展学生智能，特别是培养学生的创新精神和实践能力。(3)发展学生体能，提高学生身心健康水平。(4)培养学生高尚的审美情趣和审美能力。(5)培养学生具备良好的道德品质和个性心理特征，形成科学的世界观。

3. 简述如何培养学生的思维能力。

(1)激发求知欲，增强思维的自觉性；(2)创建问题情境，培养学生提出问题的能力；(3)发挥学生学习的主动性，培养独立思考的习惯；(4)提高学生的语言表达水平。

4. 简述建构主义学习观的内容。

建构主义在学习观上强调学习的主动建构性、社会互动性和情境性三方面。

(1)学习的主动建构性是指学生能够主动地对已有知识经验进行综合、重组和改造，从而用以解释新信息，并最终建构属于个人意义的知识内容。

(2)学习的社会互动性主要表现为：学习是通过对某种社会文化的参与而内化相关的知识和技能、掌握有关工具的过程，这一过程常常需要通过一个学习共同体的合作互动来完成。

(3)学习的情境性主要指学习、知识和智慧的情境性，认为知识是不可能脱离活动情境而孤立存在的。

5. 简述教育法律责任的归责要件。

(1)有损害事实；(2)损害行为必须违法；(3)行为人主观有过错；(4)违法行为与损害事实之间具有因果关系。

四、材料分析题(参考答案)

(1)材料内容揭示了虽然每个教师都能够意识到在教学过程中应该给学生提供

均等的学习机会,但在实践中却难以做到。

(2)产生这种现象的主要原因是现行的教学组织形式影响了学生在教学过程中获得均等的教育机会。由于班级授课制是一种面向学生集体的教学组织形式,如何保证学生享有均等的学习机会,一直是班级教学中的一个难题。

(3)克服班级授课制的上述缺点,促进教学过程中的机会均等,可从以下几个方面改进课堂教学组织形式:①缩小班级规模,实行小班教学,使学生获得更多的学习机会;②适当压缩集体教学时间,增加个别辅导时间;③增加辅导教师,实施小队教学;④组织小组合作学习,发动学生辅导同伴;⑤按能力或兴趣分组,进行分组教学。

浙江省教师招聘考试小学教育基础知识预测试卷(三)

一、单项选择题

1. B 【解析】本题考查教育的起源学说。教育的生物起源学说的代表人物是法国社会学家、哲学家利托尔诺与英国教育学家沛西·能。利托尔诺在《各人种的教育演化》一书中认为,教育活动不仅存在于人类社会之中,而且也存在于人类社会之外,甚至存在于动物界。不仅在脊椎动物中存在,甚至在非脊椎动物中也存在。故本题选B项。

2. C 【解析】本题考查卢梭的教育思想。卢梭在其著作《爱弥儿》中,通过对假想的教育对象爱弥儿进行系统教育的过程,批判封建教育制度,提倡服从自然法则、听任人的身心自由发展的“自然教育”。“出自造物主之手的东西都是好的,而一到了人的手里,就全变坏了。”这是《爱弥儿》的开篇第一句。所以,C项属于卢梭的教育思想。A项是杜威的教育思想,B项是夸美纽斯的教育思想,D项是赫尔巴特的教育思想。

3. C 【解析】本题考查考生对德育原则的理解。正面教育与纪律约束相结合的原则是指德育工作既要正面引导,说服教育,启发自觉,调动学生接受教育的内在动力,又要辅之以必要的纪律约束,并使两者有机结合起来。故要以说服教育为主,辅之以纪律约束。

4. D 【解析】本题考查加涅的学习水平分类。规则或原理学习是指学习两个或两个以上概念之间的关系。题干所述为规则或原理学习的典例。

5. C 【解析】本题考查心理学效应。德西效应是指当一个人进行一项愉快的活动时,给他提供奖励反而会减少这项活动对他的内在吸引力。德西效应说明,外部的物质奖励降低了学生原有的内部动机。题干所述符合德西效应的内涵。教师期望效应也叫罗森塔尔效应或皮格马利翁效应,即教师的期望或明或暗地传递给学生,会使学生按照教师所期望的方向来塑造自己的行为。蔡格尼克效应是指人们对于尚未处理完的事情,比已处理完成的事情印象更加深刻。故排除A、B、D三项。

6. C 【解析】本题考查侵犯学生受教育权的表现。常见的侵犯学生受教育权的表现形式主要有:(1)侵犯学生受教育机会的平等权;(2)侵犯学生的入学权;(3)侵犯学生参加考试的权利;(4)随意开除学生。A项侵犯了学生的人身自由权,B项侵犯了学生的名誉权,C项侵犯了学生的受教育权,D项侵犯了学生的财产权。故选C项。

二、辨析题(参考答案)

1. 教师用连贯的语言传授知识是谈话法。

(1)这种说法是不正确的。(2)讲授法是教师运用口头语言系统连贯地向学生传授知识、技能,发展学生智力的教学方法。谈话法也叫问答法,它是教师和学生相互交谈,以引导学生根据已有的知识和经验,通过独立思考去获得新知识的教学方法。所以,教师用连贯的语言传授知识属于讲授法,题干表述错误。

2. 简要地说,智力就是指学生的聪明程度。

(1)这种说法是不正确的。(2)智力即智能,是使人能顺利完成某种活动所必需的各种认知能力的有机结合,主要包括注意力、观察力、记忆力、想象力和思维力等成分,并以思维力为核心。所以,将智力等同于学生的聪明程度是不正确的。

三、简答题(参考答案)

1. 简述班集体的教育作用。

(1)有利于形成学生的群体意识;(2)有利于培养学生社会交往与适应能力;(3)有利于训练学生的自我教育能力。

2. 简述小学生自我意识的发展特点。

小学生的自我意识在教育和社会化过程中得到不断发展,但是自我意识水平还不是很高,具体表现特点如下:(1)小学生自我意识的总体水平在不断发展,但发展不是直线均匀的。(2)自我认识水平不断发展,已经分化为对身体自我的认识和对心理自我的认识,由对外部行为的认识转向对内部品质的认识。(3)小学生的自我评价水平逐步提高。(4)小学生的自尊水平在不断地分化和发展。(5)小学生自我控制的水平也在不断发展,逐渐由他律转向自律,到高年级开始使用内化的行为准则来监督、调节和控制自己的行为。

四、论述题(参考答案)

论述如何培养小学生的学习兴趣。

(1)运用多种方法和手段来激发和培养小学生的直接兴趣。①运用形象生动的语言来激发小学生的学习兴趣;②利用学具操作激发学习兴趣;③利用游戏激发学习兴趣;④利用多媒体教学激发学习兴趣;⑤采用多种形式的教学方法,激发小学生学习的兴趣。

(2)加强目的性教育以培养小学生的间接兴趣。有些学习内容本身比较抽象,没有趣味,难以激发小学生的直接兴趣。例如,小学数学就相对比较抽象、枯燥,它不易引起学生对数学的学习兴趣。因此,对这样一些学科或教学内容就要注重培养他们的间接兴趣。培养间接兴趣的一个主要方法就是加强目的性教育,通过告知学习(如数学)的重要性,让小学生明白学习的目的,及对自身成长的意义,从而培养他们的间接兴趣。当然,把间接兴趣的培养与直接兴趣的培养结合起来效果更好。在学习兴趣的培养中,让小学生体验到成功的快乐感是最重要的。

五、案例分析题(参考答案)

(1)从学生角度看,小李老师的做法是不可取的。理由如下:①学生是发展中的人,具有巨大的发展潜能。当学生回答迟疑时,小李老师马上替学生说出答案的做法,忽视了学生是发展中的人,没有看到学生的发展潜能。

②学生是独特的人,学生与成人之间存在着巨大的差异。小李老师用成人的标准看待三年级学生,忽视了学生的独特性。

③学生是具有独立意义的人,学生是学习的主体。小李老师在教学过程中以自我展示为主,忽视了学生主体性。

(2)现代教师应具备的学生观包括:①学生是发展中的人,要用发展的观点认识学生。作为发展中的人,意味着学生还是不成熟的人,是一个正在成长的人。小李老师要理解三年级学生身上存在的不足,允许三年级学生犯错误,并帮助他们解决问题,改正错误,从而不断促进学生的进步和发展。

②学生是独特的人。学生是完整的人;每个学生都有自身的独特性;学生与成人之间存在着巨大的差异。小李老师要注意到学生的独特性,做到因材施教。

③学生是具有独立意义的人。每个学生都是独立于教师的头脑之外,不以教师的意志为转移的客观存在;学生是学习的主体;学生是责权主体。小李老师要尊重学生的主体地位,不可以对学生随意支配或任意捏塑。

(3)①遵循小学生身心发展规律;②教师要关心爱护学生;③教师要帮助学生养成良好的学习习惯;④教师要鼓励学生,多表扬学生;⑤教师要协调多方面教育影响;⑥教师要充分发挥学生的主动性和创造性。(考生可结合案例加以阐述,言之有理即可)

浙江省教师招聘考试小学教育基础知识预测试卷(四)

一、单项选择题

1. B 【解析】本题考查小学常用的教学原则。思想性(教育性)和科学性相统一的原则是指教学要以马克思主义为指导,授予学生科学知识,并结合知识教学对学生进行社会主义品德和正确人生观、科学世界观教育。这一原则的实质是要求在教学活动中把教书和育人有机地结合起来。题干所述说明教育者要充分挖掘课程中的德育因素，结合教学内容的特点对学生进行思想品德教育。这要求教师在教学中坚持思想性(教育性)和科学性相统一的原则。

2. B 【解析】本题考查班级管理的模式。班级民主管理是指班级成员在服从班集体的正确决定和承担责任的前提下参与班级全程管理的一种管理方式。它可以通过建立班级民主管理制度来实行，如干部轮换制度、定期评议制度、值日生制度、值周生制度、民主教育活动制度等。根据题干中的"班干部轮换""定期评议""轮流值日"等关键词可知，班主任采用的是班级民主管理模式。

3. A 【解析】本题考查癸卯学制的内容。作为一种完整的发展主张和文化设计，"中体西用"是由洋务派的后起之秀张之洞系统提出的。张之洞于1904年参与制定了第一个正式颁行的近代学制"癸卯学制"。"癸卯学制"明文规定教育目的是"忠君、尊孔、尚公、尚武、尚实"，明显反映了"中学为体，西学为用"的思想。

4. B 【解析】本题考查教师的职业素养。教师的职业道德素养是从教师对待事业、对待学生、对待集体和对待自己的态度上来体现的，陶行知先生的"捧着一颗心来，不带半根草去"的奉献精神是其典型表现。

5. D 【解析】本题考查教学评价的类型。相对性评价又称为常模参照性评价，是运用常模参照性测验对学生的学习成绩进行的评价，它主要依据学生个人的学习成绩在该班学生成绩序列或常模中所处的位置来评价和决定他的成绩的优劣，而不考虑是否达到教学目标的要求。题干所述为相对性评价。

方法技巧：考生容易混淆相对性评价、绝对性评价和个体内差异评价。在理解这三个概念时，可把相对性评价理解为"看位置"，绝对性评价理解为"看标准"，个体内差异评价理解为"看自己"。

6. B 【解析】本题考查德育过程的基本矛盾。德育过程的矛盾主要包括教育者与受教育者的矛盾，教育者与德育内容、方法的矛盾，受教育者与德育内容、方法的矛盾，受教育者自身思想品德内部诸要素之间的矛盾等。其中，教育者提出的德育要求(社会所要求的道德规范)与受教育者已有品德水平之间的矛盾是德育过程的基本矛盾。

7. D 【解析】本题考查规范教育学建立的标志。赫尔巴特的《普通教育学》的出版(1806年)标志着规范教育学的建立，同时，这本书也被认为是第一本现代教育学著作。

8. A 【解析】本题考查影响人的身心发展的因素。"一方水土养一方人"比喻一定的环境造就一定的人才。不同地域的人,由于环境不同、生存方式不同、地理气候不同,导致思想观念不同、人文历史不同、为人处世不同,文化性格特征也不同。这体现的是环境对人的身心发展的影响。故本题选A项。

9. C 【解析】本题考查菲茨和波斯纳的三阶段模型。菲茨和波斯纳将动作技能学习的过程分为认知、联系形成和自动化三个阶段。

10. D 【解析】本题考查学习策略的类型。形象联想法是通过人为联想,使无意义的、难记的材料和头脑中鲜明、奇特的形象相结合,从而提高记忆效果。题干中小学生在记忆拼音时常用具体的事物来帮助记忆,如将m想象成两个门洞,将h想象成一把小椅子,这运用了形象联想法。形象联想法属于记忆术的一种,是典型的精加工策略,故选D项。

11. B 【解析】本题考查情感的种类。美感是人们根据一定的审美标准对自然或社会现象及其在艺术上的表现予以评价时所产生的情感体验。欣赏名画《蒙娜丽莎》时感到非常愉悦,这种情感体验属于美感。

12. B 【解析】本题考查知觉的基本特征。知觉的选择性是指当面对众多的客体时,知觉系统会自动地将刺激分为对象和背景,并把知觉对象优先地从背景中区分出来。知觉对象和背景的差别性会影响知觉选择性,题干中变色龙根据周围环境调节自身颜色,使对象和背景的差别变小,从而达到不易被人发现的目的,这主要是利用了知觉的选择性。

方法技巧:知觉的特征是常考点,也是易混点。考生需把握各自的关键词:选择性——对象和背景的区分;理解性——知识经验的作用;整体性——也强调知识经验的作用,但是会突出部分与整体;恒常性——不变性。

13. B 【解析】本题考查陈述性知识的学习。上位学习,又称总括学习,是在学生掌握一个比认知结构中原有概念的概括和包容程度更高的概念或命题时产生的。题干中先学习的"玫瑰""百合""月季"等概念属于"花卉"这一概念,即新学习的知识在包容和概括水平上高于原有观念,故属于上位学习。

14. C 【解析】本题考查教师成长的历程。能否自觉关注学生是衡量一个教师是否成熟的重要标志之一。

15. A 【解析】本题考查注意的分配。注意的分配是指人在进行两种或多种活动时能把注意指向不同对象的现象。如学生在课堂上一边听课,一边记笔记。题干中小学生不能同时进行两种活动,说明其注意的分配能力较差。

16. B 【解析】本题考查皮亚杰的道德发展阶段理论。皮亚杰把儿童的道德发展划分为以下四个阶段:(1)自我中心阶段(2~5岁);(2)权威阶段(他律道德阶段或道德实在论阶段)(6～8岁);(3)可逆性阶段(自律或合作道德阶段)(8～10岁);(4)公正阶段(10～12岁)。故答案选B项。

17. B 【解析】本题考查操作性条件作用的基本规律。操作性条件作用的基本规律包括强化、逃避条件作用与回避条件作用、消退、惩罚。其中,强化有正强化和负强化之分。正强化是通过呈现想要的愉快刺激来增强反应频率;负强化是通过消除或中止厌恶、不愉快刺激来增强反应频率。题干中,学生通过"趴在桌子上"避免了不愉快刺激"被提问",进而更频繁地"趴在桌子上",这是受到了负强化的影响。

18. A 【解析】本题考查教师侵犯学生财产权的表现形式。教师侵犯学生财产权的表现形式有:损坏学生财物、非法没收学生物品、乱罚款、乱摊派、推销商品等。故选A项。

19. D 【解析】本题考查《中华人民共和国教育法》。根据《中华人民共和国教育法》第三十条规定,学校及其他教育机构应当履行下列义务:(1)遵守法律、法规;(2)贯彻国家的教育方针,执行国家教育教学标准,保证教育教学质量;(3)维护受教育者、教师及其他职工的合法权益;(4)以适当方式为受教育者及其监护人了解受教育者的学业成绩及其他有关情况提供便利;(5)遵照国家有关规定收取费用并公开收费项目;(6)依法接受监督。故选D项。

20. A 【解析】本题考查教师申诉的范围。根据《中华人民共和国教师法》的规定,教师申诉的范围包括:(1)教师认为学校或其他教育机构侵犯其《中华人民共和国教师法》规定的合法权益的,可以提起申诉。(2)教师对学校或其他教育机构作出的处理决定不服的,可以提出申诉。(3)教师认为当地人民政府的有关行政部门侵犯其根据《中华人民共和国教师法》规定享有的合法权益的,可以提出申诉。需特别指出的是,这里的被诉对象只能是当地人民政府隶属的行政机关,而不能是当地人民政府。其他企业、事业单位或个人侵犯教师合法权益的,不列入教师申诉制度的范围。

二、判断题

1. √ 【解析】本题考查教育的起源学说。教育的劳动起源说是在直接批判生物起源说和心理起源说的基础上,在马克思历史唯物主义理论的指导下形成的,它提供了理解教育起源和教育性质的一把"金钥匙"。相对于生物起源说和心理起源说而言,劳动起源说更能反映教育起源的本质。

2. × 【解析】本题考查小学常用的德育方法。品德评价法是通过对学生品德进行肯定或否定的评价而予以激励或抑制,促使其品德健康形成和发展的德育方法。它包括奖励、惩罚、评比和操行评定等。题干中,老师采取画小星星的方式来鼓励学生,这是一种奖励,运用的是品德评价法。故本题表述错误。

3. √ 【解析】本题考查班主任工作的前提和基础。了解和研究学生是班主任工作的前提和基础。了解和研究学生包括对班级群体和班级个体的了解和研究,是做好各项班级教育工作的前提,也是班级教育过程中有效开展各项工作必不可少的基本环节。

4. × 【解析】本题考查教师的知识素养。教师的知识素养包括:政治理论修养、精深的学科专业知识(本体性知识)、广博的科学文化知识、必备的教育科学知识(条件性知识)和丰富的实践知识。教育学、心理学及各科教材教法是教师首先要掌握的最为基本的教育科学知识(条件性知识)。根据题干所述,教师应当具有条件性知识。

5. × 【解析】本题考查小学常用的教学原则。直观性原则是指在教学活动中,教师应尽量利用学生的多种感官和已有的经验,通过各种形式的感知,使学生获得生动的表象,从而比较全面、深刻地掌握知识。题干中,夸美纽斯的话强调要通过各种形式进行感知,使学生获得生动的表象,体现了教学的直观性原则。

6. × 【解析】本题考查动机斗争的分类。双避冲突指从希望回避的两种事物中必取其一的心理状态。多重趋避冲突指对含有吸引与排斥两种力量的多种目标予以选择时所发生的冲突。"骑虎难下"比喻事情中途遇到困难,但又不能停止,进退两难。"左右为难"指的是左也不好,右也不是,形容无论怎样做都有难处。这两个词体现的都是双避冲突。

7. √ 【解析】本题考查建构主义学习理论。建构主义学习理论认为"情境""协作""会话""意义建构"是学习环境中的四大要素或四大属性。

8. × 【解析】本题考查归因理论。根据归因理论,不论成败,归因于努力比归因于能力会产生更强烈的情绪体验。因此,题干说法错误。

9. √ 【解析】本题考查气质的特征。气质仅使人的行为带有某种动力特征,无所谓好坏;同时,每一种气质类型都有其积极的方面,也都有其消极的方面,无法比较好坏。教师应帮助学生对自己的气质特点进行分析,让他们主动用自己坚强的意志力去克服气质的消极面,或以气质的积极面去掩盖其消极面。因此题干说法正确。

10. × 【解析】本题考查《学生伤害事故处理办法》。根据《学生伤害事故处理办法》第十四条规定,因学校教师或者其他工作人员与其职务无关的个人行为,或者因学生、教师及其他个人故意实施的违法犯罪行为,造成学生人身损害的,由致害人依法承担相应的责任。

三、名词解释

1. 不愤不启,不悱不发

不愤不启、不悱不发是指,教导学生,不到他苦苦思索而想不通时,不去启发他;

不到他想讲而讲不明白时,不去开导他。

2. 实习作业法

实习作业法是指教师根据学科课程标准要求,指导学生运用所学知识在课内或课外进行实际操作,将知识运用于实践的教学方法。

3. 自我效能感

自我效能感由班杜拉首次提出,是指人对自己能否成功从事某一成就行为的主观判断。

4. 最近发展区

维果斯基认为,儿童有两种发展水平:一是儿童的现有水平,即由一定的已经完成的发展系统所形成的儿童心理机能的发展水平;二是可能(即将)达到的发展水平。这两种水平之间的差异,就是最近发展区。

5. 归属与爱的需要

归属与爱的需要,也称社交需要,是指每个人都有被他人或群体接纳、爱护、关注、鼓励及支持的需要。

四、简答题(参考答案)

1. 简述小学生素质教育的特点。

小学生素质教育的特点主要有:全体性、全面性、基础性、主体性、发展性、合作性和未来性。

2. 简述影响识记效果的因素。

(1)识记的目的与任务;(2)识记的态度和情绪状态;(3)活动任务的性质;(4)材料的数量和性质;(5)识记的方法。

3. 什么是教育法律救济?途径有哪些?

(1)教育法律救济是指教育法律关系主体的合法权益受到侵犯并造成损害时,获得恢复和补救的法律制度。

(2)法律救济的途径是指相对人的合法权益受到损害时,请求救济的渠道和方式。法律救济的渠道有四种:行政渠道、司法渠道、仲裁渠道和调解渠道。其中,行政渠道、仲裁渠道和调解渠道统称为非诉讼渠道。

五、论述题(参考答案)

请对"教师是教学过程的主角,学生学得好坏由教师决定"这句话进行分析。

(1)这种观点是错误的,它没有正确认识教师主导作用与学生主体地位的关系。

(2)教学过程是教师主导下的学生认识过程。发挥教师的主导作用是学生简捷有效地学习知识、发展身心的必要条件;而调动学生的学习主动性是教师有效教学的一个主要因素。学生是学习的主人,具有主观能动性,而个体主观能动性是人的身心发展的内在动力,也是促进个体发展从潜在的可能状态转向现实状态的决定性因素。因此,我们必须按照现代教学论,深刻认识教学过程的本质,正确认识教与学的关系,发挥教师的主导作用,同时要充分重视学生的主体地位,确保学生真正成为课堂学习的主人,使他们积极、主动地学。教师的教为学生的学服务,学生的学在教师主导作用下得到落实,二者是互相作用、互相促进的关系,是辩证统一的关系。

六、案例分析题(参考答案)

根据学习策略和方法的内容,班主任可以从以下几个方面对小王的学习策略加以指导:

(1)复习策略。①及时复习。遗忘发展的规律表明,识记后遗忘很快就会发生。因此,对于新学习的材料,为了防止遗忘,必须“趁热打铁”,及时进行复习。所谓及时复习就是在初期大量遗忘开始之前就进行复习。②采用合理的复习方法。在复习时,采用分散复习与集中复习相结合、运用多种感官参与复习、尝试回忆与反复阅读相结合等方法,使复习方法多样化,避免复习方法单一,提高记忆效果。案例中,小王课后从不复习,考前复习也只是死记硬背,违背了及时复习、复习方式多样化等策略,因此,班主任应指导其采用合理的复习方法。

(2)认知策略。认知策略是学习者对信息进行加工的方法和技术。其基本功能有两个方面:①对信息进行有效的加工与整理;②对信息进行分门别类的系统储存。可以运用画线、做笔记、写小标题等策略,提高学习效果。案例中,小王上课不主动记笔记,可以采用上述策略对其进行指导。

(3)使学生处于良好的情绪和注意状态。在学习时,要端正学习态度,培养学习兴趣,积极寻求帮助,克服畏难心理。案例中,小王因为成绩失败导致自信心受到打击,班主任可采用上述策略对其进行指导。

(4)加强对学习内容的理解并将其系统化。在学习时,不死记硬背知识,对于没有明显意义的学习材料,要尽力找出它们之间的联系,甚至人为地加以联系,以帮助识记。

浙江省教师招聘考试中小学教育基础知识预测试卷(五)

一、单项选择题

1. A **【解析】**本题考查教师的根本任务。教师是学校教育工作的主要实施者,根本任务是教书育人。

2. C **【解析】**本题考查地方课程的内涵。地方课程是省级教育行政部门以国家课程为基础,依据当地的政治、经济、文化、民族等发展的需要而开发设计的课程。故选C项。A项,国家课程是由中央教育行政机构编制和审定的课程,其管理权限属中央级教育机关。不符合题意。B项,校本课程是学校在确保国家课程和地方课程有效实施的前提下,针对学生的兴趣和需要,结合学校的传统和优势以及办学理念,充分利用学校和社区的课程资源,自主开发或选用的课程。不符合题意。D项,活动课程亦称经验课程,是指围绕着学生的需要和兴趣、以活动为组织方式的课程形态,即以学生的主体性活动的经验为中心组织的课程。不符合题意。

3. A 【解析】本题考查常用的研究方法。调查研究法是研究者采用问卷、访谈、观察、测量等方式对现状进行了解,对事实进行考察,对材料进行收集,从而探讨教育问题、教育现象之间联系的研究方法。由此可知题干中的小学老师采用的是调查研究法。

4. B 【解析】本题考查个体身心发展的规律。个体身心发展的顺序性是指人的身心发展是一个由低级到高级、由简单到复杂、由量变到质变的连续不断的发展过程。例如,身体的发展遵循着从上到下、从中间到四肢、从骨骼到肌肉的发展顺序,心理的发展总是由机械记忆到意义记忆、由具体思维到抽象思维。题干所述体现了个体身心发展的顺序性规律,故选B项。

5. B 【解析】本题考查新课程改革的教学观。新课程改革倡导交往与互动的教学观,教学不只是教师教、学生学的过程,更是师生交往、积极互动、共同发展的过程。

6. A 【解析】本题考查古代教育的发展。周王朝建立了典型的政教合一的官学体系,其显著特征是"学在官府",又称之为"学术官守"。西周之后,学校教育制度已发展得比较完备,并有了"国学""乡学"之分。故本题选A项。

7. A 【解析】本题考查教育万能论的代表人物。"教育万能论"的代表人物有洛克、康德、华生、爱尔维修等。A项高尔顿是"教育无用论"的代表人物。

8. B 【解析】本题考查教师的职业素养。掌握扎实的专业知识是包括班主任在内的每个教师的职责所在。因为面对学生,教师只有"居高"才能"临下",只有"深入"才能"浅出"。

9. A 【解析】本题考查班级平行管理的思想来源。班级平行管理的理论源于马卡连柯的"平行影响"的教育思想。马卡连柯认为,教师要影响个别学生,首先要影响这个学生所在的班级,然后通过学生集体与教师一起去影响这个学生,这样就会产生巨大的教育力量。

10. D 【解析】本题考查德育原则。疏导原则是指进行德育要循循善诱、以理服人,从提高学生认识入手,调动学生的主动性,使他们积极向上。题干这句话说明堵不如疏,暗含的德育原则是疏导原则。

11. C 【**解析**】本题考查性格的结构特征。性格的意志特征是指个体自觉地确定目标,调节支配行为,从而达到目标的性格特征。虽然小江基础不好,但他遇到困难时总能勇往直前,这体现了其性格的意志特征。

12. C 【**解析**】本题考查信度、效度的概念和关系。效度是指一个测验工具能够测到某种行为特征的有效性与准确程度。故A项正确。信度是指一个测验量表的可靠程度(或可信程度)。故B项正确。信度是效度的必要条件,但不是充分条件。一个测量工具要有效度必须有信度,没有信度就没有效度;但是有了信度不一定有效度。信度低,效度不可能高;信度高,效度未必高。效度低,信度很可能高;效度高,信度也必然高。故C项错误,D项正确。

易错提示:信度、效度是心理测量学的专业术语,考生易混淆二者。简单来说,信度指测验是否可信,多次测量结果是否一致;效度指测验是否有效,能否测出想要的内容(个体行为特征)。

13. A 【**解析**】本题考查韦纳的归因理论。根据题干描述可知,学生将失败归因于自己"不是学数学的料",即能力。根据韦纳的成败归因理论可知,能力属于内部、稳定和不可控的归因,故选A项。

方法技巧:为方便考生记忆,编者将成败归因理论中的六种归因方式总结成以下口诀:浑身力气不稳,内在两力与身心,只有努力是可控。考生在做题时,看到可控即为努力,看到内部稳定即为能力。

14. A 【**解析**】本题考查记忆的分类。情绪记忆是个体以曾经体验过的情绪或情感为内容的记忆。它是个体将过去经历过的情绪情感体验保存在记忆中,并且在一定条件下,这种情绪情感被重新体验到的过程。这一曾经体验过的情绪或情感内容可以是积极愉快的,也可以是消极不愉快的。题干中教师记得当初接到录取通知时的激动心情,属于情绪记忆。

15. A 【**解析**】本题考查影响问题解决的因素。对问题解决起启发作用的事物叫原型。原型启发是指从其他事物上发现解决问题的途径和方法。任何一个人对某一项目的发明创造或革新,都不是凭空想象出来的,在开始时总要受到某种类似的事物或模型的启发。例如,鲁班从丝茅草割破手得到启发,发明了锯。题干中该学生从芭蕾舞裙和游泳圈的形状和功能得到启发,发明了充气雨衣,这体现了原型启发。

16. D 【**解析**】本题考查加涅的认知加工学习观。加涅提出了他的学习过程的八个阶段:(1)动机阶段;(2)了解(领会)阶段;(3)获得阶段;(4)保持阶段;(5)回忆阶段;(6)概括阶段;(7)操作阶段;(8)反馈阶段。其中,保持阶段是指已编码的信息进入长时记忆储存。题干中邓老师让同学们用给熟悉的物品贴单词的方法记忆单词，体现了对信息的储存，故属于保持阶段。

17. C 【解析】本题考查学习动机的种类。根据学校情境中的学业成就动机的不同，奥苏伯尔等人把动机分为认知内驱力、自我提高内驱力和附属内驱力三个方面。其中，附属内驱力是指个体为了获得长者们（如家长、教师）的赞许或认可而表现出把工作、学习做好的一种需要。它既不直接指向学习任务本身，也不把学业成就看作赢得地位的手段，而是为了从长者那里获得赞许和接纳。题干中军军努力学习是为了得到老师的认可和表扬，属于附属内驱力。

18. B 【解析】本题考查2008年修订的《中小学教师职业道德规范》。2008年修订的《中小学教师职业道德规范》中关于"爱岗敬业"方面所规定的具体职业行为要求主要包括：(1)对工作高度负责；(2)认真备课上课；(3)认真批改作业；(4)认真辅导学生；(5)不得敷衍塞责。题干所述主要体现的教师职业道德规范是爱岗敬业。

19. D 【解析】本题考查《中华人民共和国义务教育法》。根据《中华人民共和国义务教育法》第十二条规定，适龄儿童、少年免试入学。地方各级人民政府应当保障适龄儿童、少年在户籍所在地学校就近入学。

20. A 【解析】本题考查教育法律关系各构成要素的含义。教育法律关系的主体是指教育法律关系的参加者，也就是在具体的教育法律关系中享有权利并承担义务的人或组织。教育法律关系的客体是教育法律关系主体的权利与义务所指向的对象。教育法律关系的内容是教育法律关系的主体依据法律规定而享有的权利与义务。

二、简答题（参考答案）

1. 在德育工作中贯彻知行统一原则的基本要求有哪些？

(1)加强思想道德的理论教育，提高学生的思想道德认识；(2)组织和引导学生参加社会实践，通过实践活动加深认识，增强情感体验，养成良好的行为习惯；(3)对学生的评价和要求要坚持知行统一的原则；(4)教育者要以身作则，严于律己，言行一致。

2. 简述社会政治经济制度对教育发展的影响和制约。

(1)社会政治经济制度决定教育的领导权；(2)社会政治经济制度决定受教育权；(3)社会政治经济制度决定教育目的；(4)社会政治经济制度决定着教育内容的取舍；(5)社会政治经济制度决定着教育体制；(6)社会政治经济制度制约教育的改革与发展。

3. 简述班杜拉社会学习理论中学习的实质、含义和过程。

(1)班杜拉以儿童的社会行为习得为研究对象，形成了其关于学习的基本思路，即观察学习是人的学习最重要的形式,学习的实质就是观察学习。

(2)班杜拉认为,学习是个体通过对他人的行为及其强化结果的观察,从而获得某些新的行为反应或已有的行为反应得到修正的过程。

(3)班杜拉把观察学习的过程分为注意、保持、复现和动机四个子过程。

三、案例分析题(参考答案)

(1)郑老师的做法体现了启发性、直观性、理论联系实际的教学原则。

①启发性原则是指在教学活动中,教师要调动学生的主动性和积极性,引导他们通过独立思考、积极探索,生动活泼地学习,自觉地掌握科学知识,提高分析问题和解决问题的能力。

②直观性原则是指在教学活动中,教师应尽量利用学生的多种感官和已有的经验,通过各种形式的感知,使学生获得生动的表象,从而比较全面、深刻地掌握知识。

③理论联系实际原则是指教师在教学中,应使学生从理论与实际的结合中来理解和掌握知识,并引导他们运用新获得的知识去解决各种实际问题,培养他们分析问题和解决问题的能力。

(2)①贯彻启发性原则要求教师设置问题情境,启发学生独立思考,培养学生良好的思维能力;让学生动手,培养学生独立解决问题的能力,鼓励学生将知识创造性地运用于实际。案例中,郑老师首先提出问题创设了问题情境,然后提供材料让学生独立研究和小组合作,这些都激发了学生的主动性,培养了学生的动手能力和问题解决能力,是贯彻启发性原则的表现。

②贯彻直观性原则要求教师正确选择直观教具和教学手段。案例中,郑老师利用啤酒瓶、卡纸、记号笔等直观教具让学生进行几何体的平面展开图的知识学习,能够丰富学生的感性认识,使学生获得生动的表象,体现了直观性教学原则。

③贯彻理论联系实际原则要求重视书本知识的教学,在传授知识的过程中注重联系实际;重视引导和培养学生运用知识的能力;加强教学的实践性环节,逐步培养与形成学生综合运用知识的能力,进行"第三次学习"。案例中,郑老师使用实际生活中的啤酒瓶、卡纸等来进行几何体平面展开图的教学,让学生独立研究,要求学生学以致用并能够根据实际情况进行发散思维,都体现了理论联系实际教学原则。

浙江省教师招聘考试中小学教育基础知识预测试卷(六)

一、单项选择题

1. B 【解析】本题考查学生观。学生是发展中的人,要用发展的观点认识学生。陶行知这句话的意思是:教师不能以学生当下的成绩判定学生未来的成就,而是要把学生当做发展中的人来对待，善于发现学生身上的优点，坚信每个学生都是成长中的、不断发展的个体。

2. B 【解析】本题考查教师的职业角色。题干引文的意思是说(学生)亲近自己的老师，听从老师的教导，效仿老师的行动。这表明教师的言行是学生学习的榜样，这是教师职业角色中的示范者的体现。故选B项。

3. A 【解析】本题考查教学原则。理论联系实际原则是指教师在教学中，应使学生从理论与实际的结合中来理解和掌握知识，并引导他们运用新获得的知识去解决各种实际问题，培养他们分析问题和解决问题的能力。“上山方知山高低，下水方知水深浅”是一条谚语，比喻实践出真知，体现的是理论联系实际的教学原则。

4. D 【解析】本题考查小学常用的德育原则。“视其所以，观其所由，察其所安”的意思是：看一个人的所作所为，应看他言行的动机，观察他所走的道路，了解他心安于什么事情。这是孔子提出的了解学生的方法，他要求根据学生的不同特点进行区别性的教育。这体现了德育的因材施教原则，故选D项。

5. C 【解析】本题考查教学的首要任务。教学的首要任务是使学生掌握系统的科学文化基础知识，形成基本技能、技巧，其他任务的实现都是在完成这一任务的过程中和基础上进行的。

6. C 【解析】本题考查科尔伯格的道德发展阶段理论。后习俗水平包括社会契约的道德定向阶段和普遍原则的道德定向阶段。其中，处于普遍原则的道德定向阶段的个体在进行道德评价时，能超越以前的社会契约所规定的责任，而且是以正义、公平、平等、尊严等这些最高的原则为标准进行思考，以普遍的标准来判断人们的行为。题干表述小明将“人人平等，尊重他人的尊严与权利”等作为道德判断的标准，说明其处于后习俗水平中的普遍原则的道德定向阶段。

7. A 【解析】本题考查记忆的分类。语词逻辑记忆是以语词、概念或命题等形式为内容的记忆。如对数学定理、公式、哲学命题等内容的记忆。这类记忆是以抽象逻辑思维为基础的，具有概括性、理解性和逻辑性等特点。

8. A 【解析】本题考查皮亚杰的认知发展理论。A项，同化是指在有机体面对一个新的刺激情境时，把刺激整合到已有的图式或认知结构中。通过这一过程，主体才能对新刺激做出反应，动作也得以加强和丰富。毛毛将看到的新刺激“潜水员”整合到自己已有的图式“消防员”中，这个过程是同化的过程。故选A项。B项，顺应是指当有机体不能利用原有图式接受和解释新刺激时，其认知结构发生改变来适应新刺激的影响。C项，平衡是指同化和顺应之间的“均衡”。D项，组织不属于皮亚杰认知发展理论中提出的概念。

易错提示：考生易混淆同化和顺应的概念。简单记忆就是同化不改变认知结构或是补充、完善认知结构(认知结构量变)。顺应改变认知结构(认知结构质变)。

9. D 【解析】本题考查教育法律救济的途径。法律救济的渠道有:(1)行政渠道。行政救济渠道主要有行政申诉和行政复议两种方式。(2)司法渠道。司法渠道又称诉讼渠道,是指相对人就特定的侵权行为向人民法院提起诉讼,请求救济。(3)仲裁渠道。仲裁渠道与行政、司法渠道不同。仲裁是建立在纠纷双方自愿平等的基础上,由非国家机关的仲裁机构以平等的第三者身份进行的活动。(4)调解渠道。调解有司法调解、行政调解、民间调解三种形式。A、B、C三项均属于教育法律救济的途径。D项不属于教育法律救济的途径。

10. A 【解析】本题考查《中华人民共和国教师法》。根据《中华人民共和国教师法》第三十八条规定,地方人民政府对违反本法规定,拖欠教师工资或者侵犯教师其他合法权益的,应当责令其限期改正。

二、多项选择题

1. CD 【解析】本题考查教师的能力素养。教师的能力素养包括语言表达能力、组织管理能力、组织教育和教学的能力、自我调控和自我反思能力(较高的教育机智)。“要使学生获得一点知识的亮光,教师应吸进整个光的海洋”是指教师需要具备广博的文化知识,属于教师的知识素养,故A项错误。B项,教师应“既知教之所由兴,又知教之所由废”是指教师既要懂得教育成功的因素,又要知道教育失败的原因,故B项体现了教师的知识素养。C项,教师语言表达要做到“生动、形象、具有启发性”属于教师能力素养中的语言表达能力。D项,教师应注意课堂教学中的自我监控与课后的自我反思属于教师能力素养中的自我调控和自我反思能力。

2. AC 【解析】本题考查教育研究的分类。根据方法论的不同,教育研究可分为定量研究与定性研究。根据研究目的的不同,教育研究可分为基础研究、应用研究与开发研究。

3. ABCD 【解析】本题考查学习迁移的种类。根据迁移的性质和结果,可将迁移分为正迁移、负迁移和零迁移。其中,正迁移也叫“助长性迁移”,是指一种学习对另一种学习的促进作用。例如:学习数学有利于学习物理;学习珠算有利于学习心算;懂得英语的人很容易掌握法语等。A、B、C、D四项都体现了一种学习对另一种学习的促进作用,故全选。

4. AD 【解析】本题考查学习动机的种类。内部学习动机是指诱因来自学习者本身的内在因素,即学生因对活动本身发生兴趣而产生的动机。具有内部动机的学生,活动本身就能使其得到满足,无需外力的作用(如报酬和奖赏),也能产生荣誉感。对工作的好奇、学习的兴趣都是指向活动本身，故AD两项属于内部动机。外部学习动机是指诱因来自学习者外部的某种因素，即在学习活动以外由外部的诱因激发出来的学习动机。故B、C两项属于外部学习动机。

5. BCD 【解析】本题考查《中华人民共和国教育法》。根据《中华人民共和国教育法》第六条规定，国家在受教育者中进行爱国主义、集体主义、中国特色社会主义的教育，进行理想、道德、纪律、法治、国防和民族团结的教育。

三、填空题

1. 康德

2. 间接性

3. 因材施教

4. 主体

5. 教育目的

6. 健康

7. 效果律

8. 再造想象

9. 谐音联想法

10. 依法 客观公正 合理适当

四、判断题

1. √ 【解析】本题考查实用主义教育学的主要观点。实用主义教育学以美国实用主义文化为基础，对以赫尔巴特为代表的理性主义教育理念进行了深刻的批判。其不足之处就是在一定程度上忽视了系统知识的学习、弱化了教师在教育教学过程中的主导作用，模糊了学校的特质。

2. × 【解析】本题考查教育多元化的含义。教育的多元化不仅包括教育思想的多元化，还包括培养目标、办学模式、教学内容、评价标准等的多元化。

3. × 【解析】本题考查教学原则。思想性(教育性)和科学性相统一的原则是指教学要以马克思主义为指导，授予学生科学知识，并结合知识教学对学生进行社会主义品德和正确人生观、科学世界观教育。这一原则的实质是要求在教学活动中把教书和育人有机地结合起来。“文以载道”的意思是，文章是用来表达思想，阐明道理的，强调在教授学生学习文章时，还要讲明其中的道理，这体现了思想性(教育性)和科学性相统一的教学原则。

4. × 【解析】本题考查教学方法的内涵。教学方法指教师和学生为了完成教学任务、实现教学目标而采取的共同活动方式，是教师引导学生掌握知识技能、获得身心发展而共同活动的方法。它包含了教师的教法和学生的学法。题干说法错误。

5. × 【解析】本题考查小学常用的德育方法。品德评价法是通过对学生品德进行肯定或否定的评价而予以激励或抑制，促使其品德健康形成和发展的德育方法。品德评价法的方式包括：(1)奖励。奖励一般有三种形式：赞许、表扬和奖赏。(2)惩罚。惩罚分为两种：批评和处分。(3)评比。(4)操行评定。从题干中“表扬”“奖励”“处分”“批评”等可以看出，许老师采用的是品德评价法。题干说法错误。

6. × 【解析】本题考查操作性条件作用的基本规律。消退是一种无强化过程，其作用在于降低某种反应在将来发生的概率，以达到消除某种行为的目的。

7. √ 【解析】本题考查定势对问题解决的影响。定势(即心向)是指重复先前的操作所引起的一种心理准备状态。在定势的影响下，人们会以某种习惯的方式对刺激情境做出反应。定势对解决问题有积极作用，也有消极作用。

8. × 【解析】本题考查教育政策与教育法规的制定主体。教育法规与教育政策的制定主体不同。教育法规是由国家权力机关和国家行政机关按法定程序制定的；而教育政策的制定主体既可以是政党组织，也可以是国家立法机关和国家行政机关。

9. × 【解析】本题考查人格的特征。人格的独特性是指一个人的人格是在遗传、成熟、环境、教育等先后天因素的交互作用下形成的。不同的遗传、生存及教育环境，形成了各自独特的心理特点。人格的稳定性是指一个人的某种人格特征一旦形成，就相对稳定下来了，要想改变它是比较困难的事情。这种稳定性还表现在人格特征在不同时空下表现出一致性的特征。“固执”在不同的环境下有不同的含义，这体现了人格的独特性。故本题说法错误。

10. × 【解析】本题考查意志的品质。意志的自制性是指一个人善于控制和支配自己的情绪，约束自己言行的品质。与自制性相反的是任性和怯懦。意志的坚持性是指一个人在行动中坚持决定，百折不挠地克服重重困难去达到行动目的的品质。虎头蛇尾的学生主要是指学生在行为中不能坚持下去，因此对于虎头蛇尾的学生应主要培养学生的坚持性，题干说法错误。

五、简答题(参考答案)

1. 简述德育过程的基本规律。

(1)德育过程是对学生知、情、意、行的培养与提高过程；(2)德育过程是一个促进学生思想内部矛盾斗争的发展过程，是教育与自我教育相结合的过程；(3)德育过程是组织学生的活动和交往，统一多方面教育影响的过程；(4)德育过程是一个长期的、反复的、逐步提高的过程。

2. 简述针对抑郁质的学生应如何因材施教。

针对抑郁质的学生，对其进行教育时应采取委婉暗示的方式，多关心、爱护，不宜在公开场合下指责，不宜过于严厉地批评，培养他们亲切、友好、善于交往、富有自信的精神，培养其敏感、机智、认真、细致、高自尊的优点。

3. 简述学习策略的训练要遵循哪些原则。

（1）主体性原则；（2）内化性原则；（3）特定性原则；（4）生成性原则；（5）有效监控原则；（6）个人效能感原则。

六、论述题（参考答案）

1. 联系实际，谈谈在教学中应如何贯彻理论联系实际的原则。

（1）重视书本知识的教学，在传授知识的过程中注重联系实际；（2）重视引导和培养学生运用知识的能力；（3）加强教学的实践性环节，逐步培养与形成学生综合运用知识的能力，进行“第三次学习”；（4）正确处理知识教学与能力训练的关系；（5）补充必要的乡土教材。（考生可结合实际加以阐述，言之有理即可）

2. 试述成就动机理论及其教育启示。

（1）成就动机理论的主要代表人物是阿特金森。成就动机是指个体努力克服障碍，施展才能，力求又快又好地解决某一问题的愿望或趋势。阿特金森把个体的成就动机分为两类：力求成功的动机和避免失败的动机。力求成功者的目的是获取成就，即通过各种活动努力提高自尊心和获得心理上的满足，成功概率为50%的任务是他们最有可能选择的。避免失败者则往往通过各种活动防止自尊心受伤害和产生心理烦恼，倾向于选择非常容易或非常困难的任务。

（2）成就动机理论的教育启示：①在教育实践中对力求成功者，应通过给予新颖且有一定难度的任务，安排竞争的情境，严格评定分数等方式来激发其学习动机；②对于避免失败者，则要安排少竞争或竞争性不强的情境，如果取得成功则要及时表扬并给予强化，评定分数时要求稍稍放宽些，并尽量避免在公共场合下指责其错误；③由于力求成功者的动机比避免失败者的动机具有更大的主动性，因此，对学生还应增加他们力求成功的成分，使他们不以避免失败为满足，而以获取成功为快乐，这样才能真正调动一个人的积极性。

七、材料分析题（参考答案）

1.（1）①从学校来讲，劳动与技术课程经常被占用，师资、场地、经费缺乏，劳动教育无计划、无考核；有的教师把劳动当作惩罚手段，劳动多教育少，忽视劳动观念和劳动习惯的培养。②从家庭来讲，体力劳动和生产劳动在家庭教育中被忽视，家长往往只关心孩子的学业成绩，只要学习好，什么都不用干。③从社会来讲，一夜暴富、不劳而获的思想有所蔓延，体力劳动和生产劳动被淡化。

（2）①劳动能使儿童的肌体充满活力，改善肌体的各种生理素质，增强体质。②劳动教育能培养儿童的自信心、责任心、情感和意志等思想品质。③劳动教育能促进人的体力发展和智力发展，培养学生的创新精神和实践能力，养成尊重劳动的思想品德。

(3)在校内:①劳动教育要和思想品德教育相结合。要实现劳动教育的目的,就必须在劳动教育中贯穿思想品德教育。“一些孩子不爱劳动、不会劳动,甚至扫一下地都不愿意”,因此要在劳动教育中贯穿思想品德教育,帮助学生改掉怕苦、怕累的思想情感,树立正确的劳动观念。②劳动教育要和各科教学相结合。其他学科也要有机融入劳动教育,如在语文、历史等学科教学中加大劳动观念和态度的培养,在物理、化学、生物等学科教学中加大动手操作和劳动技能、职业技能的培养,在其他学科教学和相关教育活动中也应有机融入劳动教育内容。在教学中各科教师要互相配合,帮助学生树立正确的劳动观念。③劳动教育要因地制宜地进行。地方和学校可结合实际在地方和校本课程中加强劳动教育,开设家政、烹饪、手工、园艺、非物质文化遗产等相关课程。

在校外:①组织校外劳动实践,结合研学旅行、社会实践活动,组织学生学工学农、参加公益劳动与志愿服务。②鼓励学生积极参加家务劳动,教育学生自己的事情自己做,家里的事情帮着做,引导学生践行中华传统美德,参与孝亲、敬老、爱幼等方面的劳动。针对“一些孩子不爱劳动、不会劳动,甚至扫一下地都不愿意”的问题,学校可以安排适量的劳动家庭作业,如洗碗、洗衣服、扫地、整理自己的书包等学生力所能及的事情。

2. (1)学校应该承担责任。根据《学生伤害事故处理办法》第九条规定可知,学校的校舍、场地、其他公共设施,以及学校提供给学生使用的学具、教育教学和生活设施、设备不符合国家规定的标准,或者有明显不安全因素的;学校组织学生参加教育教学活动或者校外活动,未对学生进行相应的安全教育,并未在可预见的范围内采取必要的安全措施的情形,都是学校承担事故责任的具体情形。在本案例中,学生因地面不平而摔倒受伤,说明学校的场地有明显的不安全因素,并且学校没有在可预见的范围内采取必要的安全措施,体育老师也没有对学生进行相应的安全教育。根据相应的法律法规,学校应该承担相应的责任。

(2)王某的父母应该承担责任。根据《学生伤害事故处理办法》(2002年版)第八条规定,学生伤害事故的责任,应当根据相关当事人的行为与损害后果之间的因果关系依法确定。因学校、学生或者其他相关当事人的过错造成的学生伤害事故,相关当事人应当根据其行为过错程度的比例及其与损害后果之间的因果关系承担相应的责任。当事人的行为是损害后果发生的主要原因,应当承担主要责任;当事人的行为是损害后果发生的非主要原因,承担相应的责任。王某在体育课上不小心踩在李某的腿上,造成李某小腿骨折,王某应承担相应责任。根据《学生伤害事故处理办法》第二十八条规定,未成年学生对学生伤害事故负有责任的,由其监护人依法承担相应的赔偿责任。学生的行为侵害学校教师及其他工作人员以及其他组织、个人的合法权益,造成损失的,成年学生或者未成年学生的监护人应当依法予以赔偿。王某属于未成年人,故王某的父母应承担相应的责任。

图书反馈

重磅！真题有奖征集！

「凡提供当年度考试真题者，根据真题完整度，可获得500元以内现金奖励。」

具体请联系QQ:1831595423

(温馨提示：所提供真题须是当年度考试真题，且真实有效。)

联系方式：400-600-3363　　研发部QQ：1831595423

招教网
招考资讯平台

山香官网
考编服务平台

山香网校
线上学习平台

图书订正链接
勘误更新平台

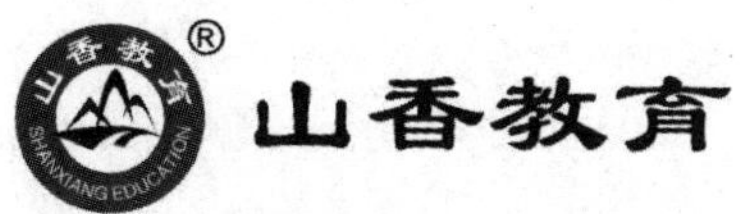

浙江省教师招聘考试历年真题详解及预测试卷

教育基础知识·小学

真题试卷

（本真题试卷由山香教师招聘考试命题研究中心收集、整理）

目 录

2023年浙江省金华市永康市中小学教师招聘考试教育基础知识真题试卷(一)

(总分100分　时间60分钟)

本套试卷共20小题,已收录18小题。包括单项选择题(13小题),辨析题(2小题),简答题(1小题),论述题(1小题),材料分析题(1小题)。

一、单项选择题(在每小题列出的四个备选项中只有一个是符合题目要求的,将其代码填在括号内。错选、多选或未选均不得分。本大题共15小题,每小题2分,共30分)

1. 2022年9月,教育部举行“教育这十年”“1+1”系列发布会(第十五场),会议提到,党的十八大以来,国家财政性教育经费支出占GDP比例连续10年保持在________以上,达到了世界________的财政教育投入水平。(　　)

A. 4%　平均　　B. 4%　中上　　C. 8%　平均　　D. 8%　中上

2. 1922年,(　　)经《教育杂志》被介绍到中国。1923年,全国教育会联合会第九届年会评价,“其用意在适应个性,指导研究,打破学年制”。(易混)

A. 特朗普制　　B. 道尔顿制

C. 文纳特卡制　　D. 贝尔—兰喀斯特制

材料　子路问:“闻斯行诸?”子曰:“有父兄在,如之何其闻斯行之?”冉有问:“闻斯行诸?”子曰:“闻斯行之。”公西华曰:“由也问‘闻斯行诸’,子曰‘有父兄在’;求也问‘闻斯行诸’,子曰‘闻斯行之’。赤也惑,敢问。”子曰:“求也退,故进之;由也兼人,故退之。”

根据上述材料,回答3~4题。

3. 孔子的做法体现了(　　)

A. 启发性原则　　B. 发展性原则

C. 因材施教原则　　D. 量力性原则

4. 实行上述教学原则的关键和基础是(　　)

A. 充分了解学生　　B. 抓住主要矛盾

C. 在真实情境中教学　　D. 善于提问激疑

5. 缺失

6. 要评价学生的文化基础，应从(　　)素养入手。

A. 学会学习，健康生活　　B. 人文底蕴，科学精神

C. 学会学习，人文底蕴　　D. 实践创新，科学精神

7. 缺失

8. 小吴一开始下象棋时，考虑一个战术，需要十步，熟练后只需要一步就能完成。这体现了动机的(　　)(易错)

A. 归因理论　　B. 诱因理论　　C. 本能理论　　D. 唤醒理论

9. 黏液质属于(　　)类型。

A. 稳定内倾　　B. 不稳定内倾

C. 稳定外倾　　D. 不稳定外倾

10. 言语理解的最高水平是(　　)

A. 符号理解　　B. 词汇理解

C. 句子理解　　D. 篇章理解

11. 校本教研的基本要素不包括(　　)(常考)

A. 社会舆论　　B. 专业引领　　C. 自我反思　　D. 同伴互助

12. 根据皮亚杰的认知发展理论，儿童出现的不平衡状态是指下列哪种情况(　　)

A. 儿童用已有的图式无法解决相关问题

B. 儿童用已有的图式解决不了新的问题情境

C. 儿童对环境的积极建构

D. 儿童对动作的不适应

13. "发展学生的认知能力，培养学生的自学能力"具体指赞科夫提出的(　　)原则。(易错)

A. 高速度　　B. 高难度

C. 理解学习过程　　D. 使所有学生都得到一般发展

14. 下列关于家庭教育指导师的说法，正确的有(　　)项。

①家庭教育指导师被纳入《国家职业资格目录(2021年版)》

②家庭教育指导师为未成年人的父母提供服务

③家庭教育指导师不符合《校外培训机构从业人员管理办法(试行)》有关资质要求

④家庭教育指导师可以根据中小学校外培训机构的要求从事校外培训工作

A. 1　　B. 2　　C. 3　　D. 4

15. 下列不属于中学德育基本任务的是(　　)

A. 有针对性地对学生进行马列主义、毛泽东思想和邓小平理论基本观点教育，辩证唯物主义和历史唯物主义基本观点教育

B. 把学生培养成为热爱社会主义祖国的具有社会公德、法制意识、文明行为习惯的遵纪守法的公民

C. 通过生动活泼的校内外教育教学活动，对学生进行以“爱祖国、爱人民、爱劳动、爱科学、爱社会主义”为基本内容的社会主义公德教育、社会常识教育和文明行为习惯的养成教育

D. 引导学生逐步树立正确的世界观、人生观和价值观，不断提高爱国主义、集体主义和社会主义思想觉悟，为他们中的优秀分子将来能够成长为共产主义者奠定基础

二、辨析题(判断正误，并说明理由。本大题共2小题，每小题5分，共10分)

16. 分科课程的弊端之一是割裂了知识的整体性，不利于学生理解能力的培养。

17. 最近发展区是指学生现有的发展水平。

三、简答题(本大题共15分)

18. 从课程的组织、实施、评价等方面阐述课程目标的功能。

四、论述题(本大题共20分)

19. 论述教师如何克服及缓解职业倦怠。

五、材料分析题(本大题共25分)

20. 徐老师是X市某高三班主任。徐老师通知下周将开展“总结今年,展望未来”的主题班会,希望学生们能够在这个班会上回顾自己在高中阶段的学习和生活,总结自己的成绩和经验,并为未来的学习和生活设定目标和计划。然而,徐老师收到的学生留言却全是负面的信息。有的学生觉得自己一事无成,没有取得优异的成绩,感到失落和沮丧;有的学生因为曾经向家人表达了自己想进入前十名的目标,结果却不进反退;还有的学生觉得时间过得太快,学习压力太大,无法有效地平衡学习和生活,感到疲惫和无力。

(1)结合教育心理学的相关知识,分析学生产生上述表现的原因。(10分)

(2)若你是班主任,你会怎么开展班会?(15分)

2023年浙江省宁波市中小学教师招聘考试教育理论基础知识真题试卷(二)

(本套试卷包括教育理论基础知识和学科专业知识两部分,仅收录教育理论基础知识部分真题)

本套试卷共20小题,包括判断题(10小题),单项选择题(10小题)。

一、判断题(判断下列各题的正误,并在题后括号内打"√"或"×"。本大题共10小题,每小题1分,共10分)

1. 有教无类是孔子思想的重要组成部分,倡导每个人都有接受教育的权利,体现出教育公平的思想。 (　　)

第1题

第2题

2. 在经典性条件作用中,当个体不仅对条件刺激做出条件反应,而且对与条件刺激相似的其他刺激也会做出反应,这种现象叫作分化。 (　　)

3. 应用型提问指教师要求学生对已有材料进行分析、综合,独立思考,发现知识之间的内在联系,提出新见解、新观点,从分析中得出结论。 (　　)

4. 新课程课堂教学提倡以学论教,主要从学生的情绪状态、注意状态、参与状态、交往状态、思维状态、生成状态六个方面进行评价。(常考) (　　)

5. 间隔强化比连续强化具有更高的反应率和消退率。 (　　)

6. 根据卡特尔的智力理论,学生在学校中学习掌握到的词汇理解、运算等方面的能力属于晶体智力。 (　　)

7. 小王非常崇拜外交部发言人毛宁,立志成为一名优秀的外交部发言人,并发奋学习,这属于远景的直接性动机。(易错) (　　)

8. "急中生智"与"人逢喜事精神爽"是相同的情绪状态。 (　　)

9. 儿童早期的友谊一般是脆弱、易变的,很快形成又很快破裂。 (　　)

10. 根据《中华人民共和国教师法》,教师体罚学生,经教育不改的,学校、其他教育机构或者教育行政部门可以对该教师给予行政处分或者解聘。情节严重,构成犯罪的,依法追究刑事责任。 (　　)

二、单项选择题(在每小题列出的四个备选项中只有一个是符合题目要求的,将其代码填在括号内。错选、多选或未选均不得分。本大题共10小题,每小题1分,共10分)

1. 假定人心是白纸,没有一切特性,没有任何观念,人心是怎样装备起来的呢?对这个问题我用一句话答复,从经验而来;我们所有的知识都是建立在经验之上,知识归根到底导源于经验。这属于(　　)

A. 教育独立论　　B. 筛选假设理论

C. 教育万能论　　D. 人力资本理论

2. 在建设一个优秀班集体的过程中,优良班风、学风的培育尤其关键。这主要说明了(　　)在人的发展中的作用。

A. 遗传　　B. 教育

C. 个体主观能动性　　D. 环境

3. 在动物园观看非洲象之后,浩浩形成了对非洲象的基本理解,包括它的体貌特征、饮食习惯、典型行为等。此时,浩浩关于非洲象的知识的表征形式是(　　)

A. 图式　　B. 命题

C. 表象　　D. 概念

4. 课堂上,壮壮只想到了丝巾可以戴在脖子上进行保暖,却想不到丝巾还可以用于搭配衣服,起到装饰的作用。这种现象属于(　　)

A. 功能迁移　　B. 功能固着

C. 功能转换　　D. 功能变通

5. 西西在去年暑假回老家的路上,还不能记住回家的路线图。今年过年回家,能清楚地记得从车站到老家的路线,并能够在纸上画出具体的路线图。根据皮亚杰的认知发展阶段理论,西西的认知发展到了(　　)阶段。(常考)

A. 感知运动　　B. 前运算

C. 具体运算　　D. 形式运算

6. 为了记住好朋友家里的电话号码,彤彤在回家的路上反复默读那串数字,这采用的记忆策略是(　　)

A. 精加工策略　　B. 计划策略

C. 组织策略　　D. 复述策略

7. 孟老师每开始一个新的单元教学时,都会对学生进行阶段性检测,弄清楚学生现有的知识掌握程度和整体水平,进而决定自己下一步的教学计划。这属于教学评

价中的(　　)

A. 诊断性评价　　B. 问题性评价

C. 相对性评价　　D. 个体内差异评价

8. 某老师在讲授历史课之前,先用思维导图的形式给学生提供学科结构,帮助学生在头脑中形成对历史知识的框架,让学生形成整体认识。这是为了让学生对后面的知识产生(　　)

A. 水平迁移　　B. 并列迁移

C. 上行迁移　　D. 垂直迁移

9. 小华的妈妈发现,小华上初中以后,不再像以前那样喜欢暴露自己的情绪了,再也不能轻易看到他的内心世界。这说明青少年的心理发展具有(　　)

A. 过渡性　　B. 闭锁性

C. 社会性　　D. 动荡性

10. 期末考试临近,班主任李老师在午休户外活动时间把同学们留在教室继续做英语试题,这让一些学生非常生气,扬言要投诉老师,产生了强烈的逆反心理。学生的这种逆反心理属于(　　)

A. 情境相悖逆反心理　　B. 超限刺激逆反心理

C. 态度对立逆反心理　　D. 评定失实逆反心理

2022年浙江省金华市永康市小学教师招聘考试教育基础知识真题试卷(三)

(总分100分　时间150分钟)

本套试卷共26小题,包括单项选择题(15小题),辨析题(4小题),简答题(4小题),论述题(2小题),材料分析题(1小题)。

一、单项选择题(在每小题列出的四个备选项中只有一个是符合题目要求的,将其代码填在括号内。错选、多选或未选均不得分。本大题共15小题,每小题2分,共30分)

1. 下列不属于夏朝的教育机构的是(　　)(易错)

A. 庠　　B. 序　　C. 学　　D. 校

2. 在教学的八大原则中,(　　)亦称系统性原则。

A. 循序渐进原则　　B. 直观性原则

C. 理论与实践相结合原则　　D. 发展性原则

3. 学校只能根据教育目的办学,否则,就会偏离正确的办学方向。这体现了教育目的对学校教育的(　　)作用。(常考)

A. 调控　　B. 定向　　C. 评价　　D. 反馈

4. 关于教育目的,下列不属于个人本位论的观点的是(　　)

A. 个人价值高于社会价值

B. 教育的基本职能是发展人生来就有的潜在本能

C. 教育目的是根据个人发展的需要而非社会需要制定的

D. 教育结果或效果是以其社会功能发挥的程度来衡量的

5. 强调尊重儿童的兴趣与需要,发展儿童的个性,主张以儿童的生活经验为课程。这种课程观念是(　　)的典型论述。

A. 赫尔巴特　　B. 杜威

C. 裴斯泰洛齐　　D. 孟禄

6. (　　)是指儿童以成人为榜样,建立起自己所仰望的一种理想的自我。

A. 自居作用　　B. 个体同一性

C. 自我　　D. 本我

7.“遗传与环境”是发展心理学中的重点问题，当前学界普遍认为(　　)

A. 遗传是影响发展的最大因素　　B. 环境是影响发展的最大因素

C. 遗传与环境相互作用于发展　　D. 遗传与环境独立作用于发展

8. 小学一年级的毛毛的思维能往前推，不能后退，根据皮亚杰的理论，毛毛处于哪个认知发展阶段(　　)(易错)

A. 具体运算阶段　　B. 前运算阶段

C. 感知运动阶段　　D. 形式运算阶段

9.“去年今日此门中，人面桃花相映红”描述的是(　　)

A. 语义记忆　　B. 短时记忆

C. 瞬时记忆　　D. 情景记忆

10. 小梅与小丽是一对双胞胎，小梅爱动，小丽喜静；小梅擅长形象思维，小丽擅长理性思维；小梅观察能力强，小丽记忆能力好　　双胞胎的不同特点体现了个体发展的(　　)特点。

A. 整体性　　B. 阶段性

C. 个别差异性　　D. 不平衡性

11. 下列哪项不属于提高学生注意力的方法(　　)

A. 重点标示　　B. 告知重要性

C. 重新阅读较难的段落　　D. 使用独特的刺激

12. 教育的文化功能不体现在下列哪个方面(　　)

A. 教育对文化的选择　　B. 教育对文化的吸收

C. 教育对文化的传递　　D. 教育对文化的发展

13. (　　)中有关教育的条款是我国教育立法的根本依据。

A.《中华人民共和国义务教育法》　　B.《中华人民共和国教师法》

C.《中华人民共和国教育法》　　D.《中华人民共和国宪法》

14. 根据相关教育法律法规，对未成年人的预防犯罪教育负有直接责任的是(　　)

A. 未成年人的父母或者其他监护人

B. 未成年人就读的学校

C. 未成年人所在的社区

D. 教育行政部门

15. 学校对早期发现的轻微欺凌事件，应当(　　)

A. 交与家长处理　　B. 予以行政处罚

C. 暂时保留学籍　　D. 实施必要的教育、惩戒

二、辨析题(判断正误,并说明理由。本大题共4小题,每小题4分,共16分)

16. 教学等同于课程。

17. 正强化和负强化的作用效果不同,前者增强行为,后者弱化行为。(常考)

18. 存在特定方法,可用于提高所有学生的学习动机。

19. 消极情绪对学生的作用一定是有害的。

三、简答题(本大题共4小题,每小题5分,共20分)

20. 简述教育的社会横向流动功能。

21. 你如何看待赫尔巴特的师生关系,请简单评价。

22. 简述观察学习的一般过程。

23. 简述皮格马利翁效应的实验中,教师期待如何影响学生学业表现。

四、论述题(本大题共2小题,每小题10分,共20分)

24. 对学生进行思想品德教育为什么是长期的、反复的、逐步提高的过程?(常考)

25. 论述罗杰斯教学观的创新意义。

五、材料分析题(本大题共14分)

26. 刘老师小时候获奖了,父母为了不让她骄傲,很少表示满意,也很少表扬她,甚至会贬低她。但是,父母又会把奖状贴在墙上。后来他们搬家了,墙也倒了,奖状都没了,刘老师觉得自己没有什么可以回忆的媒介。

刘老师自己当老师后,就改变了奖励形式,她不给学生发奖状和文具,而是换成猪肉、甘蔗等,寓意"节节高升",刘老师让学生把这些带回家,并跟父母一起分享喜悦。

(1)对于材料中刘老师父母的做法怎么看?(8分)

(2)刘老师创新式的奖励方式有什么意义?(6分)

2022年浙江省温州市苍南县中小学教师招聘考试教育基础知识真题试卷(四)

(本套试卷包括教育基础知识和学科专业知识两部分,仅收录教育基础知识部分真题)

本套试卷共15小题,均为单项选择题。

单项选择题(在每小题列出的四个备选项中只有一个是符合题目要求的,将其代码填在括号内。错选、多选或未选均不得分。本大题共15小题,每小题1分,共15分)

1. 教育史上系统阐述自然教育思想的著作是(　　)(易混)

A.《教育漫话》　　B.《爱弥儿》

C.《大教学论》　　D.《林哈德与葛笃德》

2. 深化“五育”并举课程实施是新时代教育高质量发展的迫切课题。五育之间既相互独立又相互促进,其中,智育的作用是(　　)

A. 各育实施的认识基础

B. 人的一切活动的基础

C. 协调各育的发展

D. 各育实施的方向统帅和动力源泉

3. 下列对我国学校教育制度的产生时间,按先后顺序排列正确的是(　　)

A. 癸卯学制,壬寅学制,壬戌学制,壬子癸丑学制

B. 癸卯学制,壬寅学制,壬子癸丑学制,壬戌学制

C. 壬寅学制,癸卯学制,壬子癸丑学制,壬戌学制

D. 壬寅学制,癸卯学制,壬戌学制,壬子癸丑学制

4. 在物理课上,学生听老师讲述液桥实验的过程,却不能很好地理解其中的原理。而通过“天宫课堂”的液桥演示实验,学生观察到水在表面张力作用下,将两个塑料板连接起来,形成一座液体搭建的桥,便对物体表面张力的特性有了更深的认识。这说明教师在教学中应遵循(　　)

A. 直观性原则

B. 科学性和思想性相统一的原则

C. 循序渐进原则

D. 巩固性原则

5. 曾老师从师范学校毕业后在某中学当实习老师，他最关注的问题是自己能否获得学生的喜爱和校长的认可。曾老师处于教师事业发展的(　　)(常考)

A. 任教前关注阶段　　B. 关注生存阶段

C. 关注情境阶段　　D. 关注学生阶段

6. 学生在课堂上不仅获得了书本上的知识，还通过教师的言传身教，领悟了计划外的知识、观念和情感，这些都属于(　　)

A. 感性知识　　B. 理性知识

C. 显性知识　　D. 隐性知识

7. 课堂提问是教师进行形成性评价的途径之一。下列教师提问的行为中，有利于创设理想课堂教学的是(　　)

A. 学生回答错误后立刻纠正

B. 每次都选取固定的几位学生回答

C. 避免追求标准答案的倾向

D. 提问后立即抽学生回答

8. 小莲在路上遇到一位外国人向她问路，她吭吭哧哧解释了半天还是没能让对方明白怎么走，于是小莲产生了羞耻感，报名参加培训班，学习外语口语。这体现了学习动机的(　　)作用。(易错)

A. 维持　　B. 定向

C. 引发　　D. 调节

9. 在课堂上，老师让学生在一分钟内说出火柴的用途，学生的回答是："点火用、当作牙签剔牙用、堵别人家的锁眼用……"，这体现了学生创造性思维的(　　)

A. 灵活性　　B. 独创性

C. 变通性　　D. 流畅性

10. 小王因为学习成绩好，受到了老师的表扬，小明也暗自下决心努力学习，以获得老师的表扬，这种现象属于(　　)

A. 直接强化　　B. 替代强化

C. 自我强化　　D. 外部强化

11. (　　)于19世纪就开始进行大量的动物学习的实验研究，如"迷笼实验"，并由此提出世界上第一个学习理论。

A. 桑代克　　B. 华生

C. 斯金纳　　D. 勒温

12. 疏导原则是重要的德育原则。下列不属于其基本要求的是(　　)(常考)

A. 因势利导,循循善诱　　B. 讲明道理,疏通思想

C. 以表扬、激励为主　　D. "一分为二"地看待学生

13. 段老师在帮助学生使用学习策略记忆单词时,强调要不断实践各种学习策略,如画线、列提纲等,将其转化为自己的学习能力。这体现了(　　)原则。

A. 效能性　　B. 生成性

C. 特定性　　D. 内化性

14. 弗洛伊德认为,遵从(　　)的力量,个体就要把遵守社会规范当作一种义务。

A. 本我　　B. 超我

C. 自我　　D. 内我

15. 教育部印发了《生命安全与健康教育进中小学课程教材指南》,考虑到不同年龄学生的身心发育特征和认知水平,对小学、初中和高中三个学段分别设置教育目标和内容。下列不属于初中阶段目标的是(　　)

A. 引导学生学习青春期保健的基本知识和技能

B. 提高预防性骚扰与性侵害的能力

C. 学会正确应对校园欺凌和校园暴力

D. 提高情绪管理的能力

2022年浙江省台州市（临海市、三门县、仙居县、天台县）小学教师招聘考试教育基础知识真题试卷（五）

（总分100分　时间120分钟）

本套试卷共39小题，包括单项选择题（30小题），辨析题（3小题），简答题（5小题），材料分析题（1小题）。

一、单项选择题（在每小题列出的四个备选项中只有一个是符合题目要求的，将其代码填在括号内。错选、多选或未选均不得分。本大题共30小题，每小题1.55分，共46.5分）

1. 习近平总书记高度重视青少年劳动教育，强调“把劳动教育纳入人才培养全过程，贯通大中小学各学段和家庭、学校、社会各方面”。劳动起源说在马克思历史唯物主义理论指导下形成，认为教育起源于人类所特有的生产劳动。下面哪位教育家持该观点（　　）

A. 孟禄　　B. 凯洛夫

C. 沛西·能　　D. 利托尔诺

2. 20世纪后期教育的特征不包括（　　）

A. 多元化　　B. 全民化　　C. 现代化　　D. 宗教性

3. 一个国家人民的文化程度，会影响国家的民主事业。这凸显了教育的（　　）功能。

A. 经济　　B. 文化　　C. 政治　　D. 生产

4. 以下持“生活本位论”观点的教育家是（　　）

A. 斯宾塞　　B. 卢梭　　C. 罗杰斯　　D. 赫尔巴特

5. 以下学制中，明显体现男女平等的是（　　）（易错）

A. 壬寅学制　　B. 癸卯学制

C. 壬子癸丑学制　　D. 壬戌学制

6. 探究“学校室内装潢对学生创造力和创新能力的影响”属于（　　）

A. 单因素实验　　B. 确认性实验

C. 准实验　　D. 实验室实验

7. 小学科学包括生物、地理、化学、物理等内容，这种课程属于(　　)

A. 广域课程　　B. 融合课程

C. 相关课程　　D. 核心课程

8. 培养学生要班主任、任课教师等多位教师共同合作，这体现了教师劳动成果的(　　)特点。

A. 专业性　　B. 复杂性　　C. 创造性　　D. 群体性

9. “泰勒原理”体现的课程开发模式是(　　)

A. 目标模式　　B. 过程模式

C. 情境模式　　D. 自然模式

10. 教师可以把实物带到课堂上进行展示，效果好于视频、PPT讲解，这体现了(　　)教学原则。

A. 启发性　　B. 直观性

C. 巩固性　　D. 量力性

11. 发现教学是以(　　)为中心的教学策略，由布鲁纳提出，适用于小组教学和个别教学。

A. 情境　　B. 学生　　C. 教师　　D. 组织

12. 温老师十分关心学生，发现学生的进步会积极、及时地表扬学生，鼓励他们。同时温老师对学生们也很严格，依照自己的主观标准规定了班级的行为规范，大部分学生都很喜欢她，也较为依赖温老师的管理。温老师对班级的领导方式是(　　)

A. 强硬专断型　　B. 仁慈专断型

C. 放任型　　D. 民主型

13. 小婧是班级的中华小曲库，她说自己听两三遍歌曲就可以把歌词记录下来，这属于(　　)

A. 语义记忆　　B. 程序性记忆

C. 形象记忆　　D. 情绪记忆

14. 通过实现子目标达到最终目的的问题解决方法是(　　)

A. 手段—目的分析法　　B. 爬山法

C. 逆推法　　D. 算法

15. 妈妈对彤彤说，如果作业能拿到A+，就免去彤彤口算的作业，这属于(　　)(常考)

A. 正强化　　B. 负强化

C. 负惩罚　　D. 消退

16. 学生之间互相比较成绩，听到老师的夸奖后会更加努力学习，反之，也容易导致学生迷失自我，这在学习动机中属于（　　）

A. 内部动机　　B. 认知内驱力

C. 附属内驱力　　D. 自我提高内驱力

17. 为了避免习得性无助，教师应引导学生将成败归因于（　　）

A. 运气　　B. 能力　　C. 难度　　D. 努力

18. 小磊加法还没学会，学习减法就会困难重重，这属于（　　）（易错）

A. 一般迁移　　B. 负迁移

C. 垂直迁移　　D. 水平迁移

19. 军军选择在安静的环境中学习，这是（　　）策略。

A. 资源管理　　B. 元认知　　C. 调节　　D. 计划

20. 劳动委员小章粗枝大叶、争强好胜，但老师认为他朴实坦率，他是（　　）气质类型。（易混）

A. 胆汁质　　B. 多血质

C. 黏液质　　D. 抑郁质

21. 艾里克森认为，处于小学阶段的儿童，其人格发展矛盾是勤奋感对（　　）

A. 信任感　　B. 内疚感

C. 自卑感　　D. 孤独感

22. 看到问题能够从多方面思考是（　　）认知风格。

A. 抽象型　　B. 具体型

C. 冲动型　　D. 沉思型

23. 和初高中生相比，小学生的心理发展具有较大的（　　）

A. 特殊性　　B. 协调性

C. 可塑性　　D. 差异性

24. 关于小学生观察力的发展特点，以下说法错误的是（　　）

A. 更多注意到事物的主要特征　　B. 容易受到外来刺激的干扰

C. 观察结果缺乏全面性　　D. 观察是以理性经验为主

25. 休学时间超过（　　）个月，可根据情况重新编班入学。

A. 三　　B. 五　　C. 六　　D. 八

26. 我国《教师法》规定，教师受到（　　）会永久性丧失教师资格。

A. 通报批评　　B. 剥夺政治权利

C. 辞退　　D. 拘留三个月

27. 以下属于对抗性或风险性体育活动的是(　　)

A. 跳绳　　B. 班级篮球赛　　C. 跳远　　D. 百米赛跑

28. 下列行为中,符合小学生安全管理的是(　　)(易错)

A. 低年级的儿童放学后可以自行回家

B. 学校可以建立对社会开放的停车场

C. 不把晚离学校的学生交给陌生人

D. 学校应对学生进行不定期体检

29. 张老师把自己喜爱的文章放到上课过程中讲解,并自己掏钱打印让学生学习,上课也用这些资料,他的行为是(　　)

A. 可以理解的　　B. 正确的　　C. 创造性的　　D. 错误的

30. 根据《中小学教育惩戒规则(试行)》的规定,当学生出现违规违纪的现象,教师当场可以实施的惩戒是(　　)

A. 教室里罚站　　B. 承担校内公益服务

C. 法治副校长予以训诫　　D. 停课一周

二、辨析题(判断正误,并说明理由。本大题共3小题,每小题4.5分,共13.5分)

1. 无意注意不需要意志努力,不受任何因素影响。

2. 人只能被动接受环境对人的发展的作用。

3. 教育法律关系是只存在于教育者和受教育者之间的特殊关系。

三、简答题(本大题共5小题,每小题5分,共25分)

1. 简述教育目的、培养目标、教学目标之间的关系。(常考)

2. 简述遗忘的五种理论。

3. 简述从法律层面如何减少学校和教师违法(侵权)行为的发生。

4. 简述布鲁纳对发现教学的教学设计提出的四项原则。

5. 简述教师职业倦怠行为的三种表现类型。

四、材料分析题(本大题共15分)

白果林小学在英语小学教学方面,根据学生前两年的语文和数学成绩分为A班和B班。A班成绩较好,上课节奏快;B班相反,但B班学生的家长们对孩子的语言启蒙很重视。A、B两班的差距逐渐减少,B班有时会超过A班。家长们对这种分班也开始提出了不同意见。

(1)这种小班教学有哪些优势,又有哪些问题?(10分)

(2)请你为白果林小学的英语小班教学提出可行的改进建议。(5分)

2022年浙江省台州市(椒江区、路桥区)中小学教师招聘考试教育基础知识真题试卷(六)

(总分100分　时间60分钟)

本套试卷共24小题,包括单项选择题(20小题),简答题(3小题),案例分析题(1小题)。

一、单项选择题(在每小题列出的四个备选项中只有一个是符合题目要求的,将其代码填在括号内。错选、多选或未选均不得分。本大题共20小题,每小题2.75分,共55分)

1. 在道德与法治课上,甄老师根据《义务教育课程方案和课程标准》中的内容,组织学生认识国旗和国徽,培养学生初步的爱国情感。在课后,学生的爱国情感都得到了提升。按照教育功能呈现的形式划分,这属于教育的(　　)(易错)

A. 显性功能　　B. 隐性功能　　C. 正向功能　　D. 负向功能

2. 下列哪一学者认为教育的最高目的是培养哲学家兼政治家(　　)

A. 赫尔巴特　　B. 马卡连柯　　C. 柏拉图　　D. 凯洛夫

3. 下列关于教育与人的发展的关系,说法错误的是(　　)

A. 学校教育在人的发展过程中起主导作用

B. 社会教育给人的影响是最为全面、系统和深刻的

C. 人的发展的阶段性要求教育要有针对性,不能搞一刀切

D. 人的发展的不平衡性要求教育要抓住关键期

4. "帮助学生初步了解马克思主义的基本观点"属于义务教育阶段在(　　)方面的要求。

A. 智育　　B. 美育　　C. 劳育　　D. 德育

5. 某校准备将物理课与劳动实践课组合起来构成一门新课程,以培养学生在实际生活中应用知识和解决问题的能力。这种课程属于(　　)

A. 分科课程　　B. 综合课程　　C. 地方课程　　D. 基础课程

6. 下列哪一学生观反对割裂人的完整性的做法,提倡尊重学生的差异(　　)

A. 学生是具有独立意义的人　　B. 学生是教育教学的研究者

C. 学生是发展中的人　　D. 学生是独特的人

7. 单元测验是教师及时获得教学效果反馈的一种有效方式，这种方式有利于学生及时发现自己的问题，调节自己的学习方式。这属于教学过程中的(　　)环节。

A. 领会知识　　B. 巩固知识

C. 检查知识　　D. 运用知识

8. 何老师在注重教书的同时也注重育人，善于挖掘教材中对学生的价值观起正向引导作用的内容，这体现了(　　)(常考)

A. 科学性与思想性相统一的原则　　B. 理论联系实际原则

C. 量力性原则　　D. 巩固性原则

9. “快问快答”环节是詹老师课堂中的一大特色，詹老师经常在一节课快结束时，通过快问快答的方式考查学生对课堂内容的掌握情况。这种教学评价属于(　　)

A. 形成性评价　　B. 诊断性评价

C. 终结性评价　　D. 相对性评价

10. 根据“三角形具有稳定性”这一知识点推测出照相机的三脚架具有稳定照相机的功能。根据思维的分类依据，这种思维属于(　　)

A. 经验思维　　B. 理论思维　　C. 直觉思维　　D. 求同思维

11. 夏日炎炎时，学生在操场跑完步回来会觉得教室里格外凉快，这种感觉现象属于(　　)

A. 感觉适应　　B. 感觉后效　　C. 感觉对比　　D. 感觉错位

12. 学生对古诗词的记忆属于(　　)

A. 情景记忆　　B. 形象记忆　　C. 程序性记忆　　D. 陈述性记忆

13. 为了提高学生参加晨跑的积极性，朱老师规定，只要参加了晨跑的学生就可以免扫地，这体现了哪种强化原理(　　)(常考)

A. 正强化　　B. 负强化　　C. 正惩罚　　D. 负惩罚

14. 根据斯金纳的观点，(　　)是由特定刺激引起的，是不随意的反射性反应。

A. 连贯性行为　　B. 认知性行为

C. 操作性行为　　D. 应答性行为

15. 符号学习理论认为，学习的(　　)是人类学习区别于动物学习的主要标志。

A. 目的性　　B. 整体性　　C. 顿悟性　　D. 理解性

16. 小麦和小何打赌自己一定可以在期末考试中取得进步，这一动机促使小麦在学习过程中能够集中注意力，就算叫他打游戏也不为所动，这体现了学习动机的(　　)

A. 激发功能　　B. 指向功能　　C. 维持功能　　D. 调节功能

17. 根据科文顿的自我价值感理论，下列哪项属于“高驱低避型”学生的典型特征（　　）

A. 对学习有极高的自我卷入水平

B. 对成功没有期望，对失败没有恐惧

C. 对学习任务有既追求又排斥的情绪

D. 对失败的逃避重于对成功的期望

18. 独立性强的学生善于思考，依赖性强的学生容易受无关因素干扰，这反映的是哪种性格结构特征（　　）（易混）

A. 态度　　B. 意志　　C. 情绪　　D. 理智

19.（　　）是教师职业的本质要求，它要求教师要把自己的理想、信念毫不保留地献给学生和教育事业。

A. 爱国守法　　B. 爱岗敬业

C. 热爱学生　　D. 严谨治学

20. 根据《中华人民共和国教育法》，下列说法错误的是（　　）

A. 尊敬师长是受教育者应当履行的义务

B. 教育活动必须符合国家和社会公共利益

C. 设立学校必须有必备的办学资金和稳定的经费来源

D. 我国禁止运用信贷手段发展教育事业

二、简答题（本大题共3小题，每小题10分，共30分）

21. 请简述义务教育的基础性主要表现在哪些方面。

22. 请简述德育原则中的教育影响的一致性与连贯性原则的基本含义和贯彻要求。（常考）

23. 请简述桑代克提出的学习定律。

三、案例分析题(本大题共15分)

24. 阅读案例,回答问题。

【案例】季老师是A班新来的班主任,刚刚接手A班时,A班的课堂纪律很差,于是季老师就打算对A班进行纪律整治,用投票的方式让学生选出纪律最差的学生,然后对该学生进行专项整治。

一开始,学生们都不愿意参加此次活动,于是季老师就规定,不参加投票的学生以后就站着上课。学生们不得已只能参加此次投票,季老师还当众公布投票结果,被投票选出的学生感到很羞愧,再也不敢破坏课堂纪律了。

【问题】结合案例,请你分析季老师的教育行为并针对A班的情况提出教育建议。

2022年浙江省宁波市中小学教师招聘考试教育理论基础知识真题试卷(七)

(本套试卷包括教育理论基础知识和学科专业知识两部分,仅收录教育理论基础知识部分真题)

本套试卷共20小题,包括判断题(10小题),单项选择题(10小题)。

一、判断题(判断下列各题的正误,并在题后括号内打"√"或"×"。本大题共10小题,每小题1分,共10分)

1. 教学必须与学生的发展同步。 ( )

2. 建构主义认为学生不是空着脑袋走进教室的。 ( )

3. 发现学习是一种不经济的学习方法,不能作为我们教学中的主导方法。 ( )

4. 成长档案袋评价是一种综合性评价。 ( )

5. 教师期望效应有利于学生的发展,教师应当保持对学生的期望。(常考) ( )

6. 小肖回答问题时,总是谨慎思考,虽然其作答速度慢,但准确性高。他的认知风格属于沉思型。 ( )

7. 人的记忆发展就是从具体形象记忆到抽象记忆,早期,具体形象记忆占主导,到了后期,出现了抽象记忆。具体形象记忆到后期就没有意义了。 ( )

8. 小王的学习成绩很差,他认为是自己不够努力。小王的归因方式是不可控的。(常考) ( )

9. 小牛判断事情总是从个人利益出发,认为对自己好的就是好的,对自己不好的就是不好的。小牛的道德发展水平处于前习俗水平。 ( )

10. 对违反学校管理制度的学生,学校应当予以批评教育,情节严重的可以勒令其退学。 ( )

二、单项选择题(在每小题列出的四个备选项中只有一个是符合题目要求的,将其代码填在括号内。错选、多选或未选均不得分。本大题共10小题,每小题1分,共10分)

1. 南宋朱熹说:"读书无疑者,须教有疑;有疑者,却要无疑,到这里方是长进。"这句话说明教师在教育过程中要( )

A. 提出明确的目的、要求和思考题

B. 教给学生读书的方法

C. 善于引导学生在读书中发现问题和解决问题

D. 适当组织学生交流读书心得

2. 下列关于教育活动结构的说法中，错误的是(　　)(易错)

A. 学习者就是指学生

B. 教育者就是促进个体社会化和社会个性化活动的人

C. 学习者具有主观能动性

D. 教育影响不仅仅包括信息的选择、传递和反馈

3. 在教学过程中，数学几何部分的知识需要借助各种教具。这体现了教学的(　　)

A. 启发性原则　　B. 直观性原则

C. 循序渐进原则　　D. 理论联系实际原则

4. 语文课上，王老师首先给学生提供了一段描述秋天的文章，让学生选词填空，然后又提供几个句子，让学生尝试仿写，最后只给学生一个秋天的主题，让学生写下自己的观点。这属于(　　)

A. 支架式教学　　B. 随机进入式教学

C. 抛锚式教学　　D. 认知学徒制教学

5. 李老师让学生去公园里玩耍，并让学生回来后谈谈自己看到的有意思的事。这一课程目标取向是(　　)(易错)

A. 普遍性目标取向　　B. 行为性目标取向

C. 表现性目标取向　　D. 生成性目标取向

6. 小鸥上课举手回答问题，答错后受到了老师的批评，之后班上的同学就很少举手回答问题。这种现象体现了观察学习的(　　)(易混)

A. 习得效应　　B. 抑制效应

C. 去抑制效应　　D. 反应促进效应

7. 红红对画画感兴趣而努力学习画画；梦梦为了得到英语老师的夸奖而努力学习英语。红红和梦梦的学习动机分别是(　　)

A. 内部动机　外部动机　　B. 内部动机　内部动机

C. 外部动机　内部动机　　D. 外部动机　外部动机

8. 贝贝在学校受到了惊吓而出现了吮吸手指、黏着老师等婴儿时期的行为，这种自我防御机制属于(　　)

A. 压抑　　B. 否认

C. 退行　　D. 移置

9. 学完三棱锥的体积公式后，有助于学习四棱锥的体积公式，这种迁移方式属于(　　)(易混)

A. 普遍迁移　　B. 纵向迁移

C. 负迁移　　D. 顺向迁移

10. 下列不属于教师的义务的是(　　)

A. 关心、爱护全体学生，尊重学生人格

B. 不断提高思想政治觉悟和教育教学业务水平

C. 参加专业的学术团体，在学术活动中充分发表意见

D. 批评和抵制有害于学生健康成长的现象

2022年浙江省宁波市镇海区中小学教师招聘考试真题试卷(八)

(本套试卷包括公共综合知识、教育综合知识和学科专业知识三部分，仅收录公共综合知识和教育综合知识两部分真题)

本套试卷共21小题，包括判断题(10小题)，单项选择题(10小题)，材料分析题(1小题)。

一、判断题(判断下列各题的正误，并在题后括号内打"√"或"×"。本大题共10小题，每小题1分，共10分)

1. 近日，教育部等五部门印发了《关于教材工作责任追究的指导意见》，该意见提出教材工作责任追究要坚持依法依规、全面覆盖、客观公正、惩建结合的基本原则。 (　　)

2. 教师期望效应有利于学生的发展，教师应当时刻保持对学生的期望。(易错) (　　)

3. 心理学家班杜拉指出，强化是语言学习的必要条件，也是使成人的言语反应继续发生的必要条件。 (　　)

4. 作为教师享有指导评价权，教师可以指导学生的作文、日记、信件等内容。 (　　)

5. 通过言语说服而产生的自我效能感不容易持久，往往在面对困难时会迅速消退。 (　　)

6. 巴甫洛夫提出的经典条件反射理论的原理为学习律、准备律和效果律。 (　　)

7. 李明精力旺盛，情绪易激动，动作和言语速度快，有时做事鲁莽冒失。他属于多血质气质类型。(易混) (　　)

8. 张路在一次小测验中失利，情绪十分低落，此时教师应当引导张路将失利的原因归结为他的能力而非努力，以避免打击其学习积极性。 (　　)

9. 小王看完《长津湖》后，对抗美援朝的志愿军产生了深深的敬佩之情，立志好好学习，报效祖国。根据加涅的学习结果分类，这属于态度的学习。 (　　)

10. 根据《教师资格条例》的规定，教师品行不良、侮辱学生，影响恶劣的，当地县级以上人民政府教育行政部门核实后可以撤销其教师资格。 (　　)

二、单项选择题(在每小题列出的四个备选项中只有一个是符合题目要求的,将其代码填在括号内。错选、多选或未选均不得分。本大题共10小题,每小题1分,共10分)

1. 全国妇联、教育部于2022年5月9日至15日开展首个“全国家庭教育宣传周”活动。活动以“(　　)”为主题,弘扬传承中华民族家庭美德,树立良好家风,推动形成家庭文明新风尚。

A. 家校一体 共育共赢

B. 送法进万家 家教伴成长

C. 促进家庭教育 共育时代新人

D. 与爱同行 家庭教育进万家

2. 习近平总书记强调,“思想政治工作是学校各项工作的生命线”,中小学校要把思想政治工作紧紧抓在手上、落在实处,把政治标准和政治要求贯穿办学治校、教书育人全过程各方面,融入式、嵌入式、渗入式地全方位开展思想政治工作。这包括(　　)

①加强正面引导,深入开展社会主义核心价值观教育,抓好学生德育工作

②把弘扬革命传统、传承红色基因深刻融入到学校教育中来,厚植爱党、爱国、爱人民、爱社会主义的情感

③坚决防范和清除各种错误政治思潮、分裂主义、宗教活动对未成年人的侵蚀

④增强斗争精神,牢牢掌握意识形态工作主动权,用马克思主义占领、守住中小学校意识形态阵地

A. ①②③　　B. ②③④

C. ①③④　　D. ①②③④

3. “不学操缦,不能安弦;不学博依,不能安诗;不学杂服,不能安礼。”这句话体现的教学原则是(　　)

A. 教学相长　　B. 启发诱导

C. 长善救失　　D. 藏息相辅

4. 李老师让学生去公园里玩耍,并让学生回来后谈谈自己看到的有意思的事。这一课程目标取向是(　　)(易错)

A. 普遍性目标取向

B. 行为性目标取向

C. 表现性目标取向

D. 生成性目标取向

5. 根据榜样示范法的要求，下列关于榜样挑选的说法错误的是(　　)

A. 榜样的事迹需要全面、生动、形象

B. 榜样需要与学生之间有共同之处

C. 尽可能在学生身边寻找榜样

D. 不能人为隔离榜样与常人

6. 胡老师平时总是花大量时间试图与学生搞好个人关系，而不是教导学生，让他们在学习上有所进步。胡老师处于教师成长的(　　)

A. 关注生存阶段　　B. 关注情境阶段

C. 关注学生阶段　　D. 关注教育阶段

7. 高自尊的学生往往在学校的某些方面表现得更加成功。下列哪项不属于培养学牛自尊心的先决条件之一(　　)

A. 重要感　　B. 成就感

C. 力量感　　D. 集体荣誉感

8. 某位同学发现，当自己做困难的数学题时，常常很长一段时间苦思冥想都无法解决，而当把问题放在一边去做其他事，答案却会突然出现。这属于问题解决中的(　　)

A. 暗示效应　　B. 酝酿效应

C. 定势效应　　D. 自动化效应

9. 小学生在数字计算上花费大量的时间，初中生更多地在掌握各种简单的数学公式，而高中生则能够更快地进行复杂公式的计算。这是由于认知加工的(　　)

A. 自动化　　B. 近因效应

C. 过度学习　　D. 注意偏向

10. 根据《中华人民共和国教师法》的规定，下列不属于教师应当履行的义务的是(　　)(常考)

A. 关心、爱护全体学生，尊重学生人格

B. 不断提高思想政治觉悟和教育教学业务水平

C. 参加专业的学术团体并在学术活动中充分发表意见

D. 批评和抵制有害于学生健康成长的现象

三、材料分析题(本大题共10分)

克文和门德勒在大量的课堂观察中，发现了一个有趣的现象——典型课堂的80-15-5比例。在典型的课堂中一般有三类学生：80%的学生已经发展起了适合的课堂行为，很少违反规则，教师的课堂结构和秩序只需要保护和支持这些学生的求知欲。15%的学生会周期性地违反规则，他们并不无条件地接受课堂规则，有时会与这些规则作对。教师需要建立一个课堂结构和秩序来限制他们的捣乱行为，使他们重新关注正确的学校行为。最后，5%的学生是长期的规则违反者，这些学生需要额外的支持和帮助。优秀的课堂管理者的诀窍就是，要控制不让那15%的学生对课堂学习环境产生副作用，维持那80%准备学习的学生的兴趣，同时又不把那5%的学生逼上绝境，否则就会引起课堂的混乱，使教学难以为继。

问题：教师可采取哪些措施维持良好的课堂环境，预防学生不良行为的发生?

2022年浙江省绍兴市(越城区、柯桥区、上虞区)小学教师招聘考试教育基础知识真题试卷(九)

(总分100分　时间90分钟)

本套试卷共12小题,包括单项选择题(6小题),辨析题(2小题),简答题(2小题),论述题(1小题),案例分析题(1小题)。

一、单项选择题(在每小题列出的四个备选项中只有一个是符合题目要求的,将其代码填在括号内。错选、多选或未选均不得分。本大题共6小题,每小题3分,共18分)

1. 我国古代“乌反哺、羊跪乳”的典故是(　　)的具体表现。

A. 劳动起源说　　B. 心理起源说

C. 神话起源说　　D. 生物起源说

2. 如下教育家中,(　　)提出“在人生的秩序中,童年有它的地位;应该把成人看作成人,把孩子看作孩子”。

A. 卢梭　　B. 洛克　　C. 杜威　　D. 蒙台梭利

3. 开展德育工作时,要求要用循循善诱、以理服人的方式提高小学生的认识。这体现的德育原则是(　　)

A. 正面说服教育原则　　B. 疏导原则

C. 知行统一原则　　D. 一致性原则

4. 根据学习内容与学习者原有知识的关系,奥苏伯尔将学习分为(　　)

A. 接受学习和发现学习　　B. 知识学习和技能学习

C. 意义学习和机械学习　　D. 被动学习和主动学习

5. 博宏很喜欢数学,一有空就钻研数学难题,这属于(　　)

A. 普遍型学习动机　　B. 特殊型学习动机

C. 外部动机　　D. 内部动机

6. 何老师特别在意自己在学生、同事以及学校领导心中的地位。根据福勒和布朗的观点,何老师的成长处于(　　)阶段。(常考)

A. 关注自我　　B. 关注学生

C. 关注生存　　D. 关注情境

二、辨析题(判断正误,并说明理由。本大题共2小题,每小题6分,共12分)

1. 教学是学校实现教育目的的基本途径。

2. 学生知识越多,说明能力越强。

三、简答题(本大题共2小题,每小题10分,共20分)

1. 简述小学班主任工作的基本内容。

2. 简述小学生良好学习习惯的培养策略。

四、论述题(本大题共20分)

请论述小学教师依法执教的要求,并联系小学教育教学实践谈谈依法执教的意义。

五、案例分析题(本大题共30分)

《小企鹅和妈妈》教学接近尾声的时候,我提出了一个问题:"小企鹅长大了想出去闯闯,你们说,她会看到些什么呢?"

该拓展性问题引起了孩子们强烈的兴趣,有的说:"小企鹅长大了,出去闯闯,看到了一片茂密的树林,绿油油的,真美啊!"有的说:"小企鹅长大了,出去闯闯,她来到了上海,看到了东方明珠电视塔,觉得很新奇。"有的说:"小企鹅长大了,出去闯闯,她来到了金茂大厦,从高处眺望到了黄浦江两岸的美景。"

听到这些同学的发言,我不禁从心底里感到高兴。但想法独特的书哲说:"如果我是那只小企鹅,我会好好地住在冰天雪地的南极,哪儿也不去。"同学们都用一种奇怪的眼光看着他。我有些后悔了,为什么让他回答呢?我摆手示意他坐下,说:"外面的世界那么精彩,难道你只想住在南极,做一只无知的小企鹅吗?"

下课了,我把书哲叫到了办公室对他说:"小企鹅长大了一定想出去见见世面,为什么你认为它只想待在南极呢?"书哲轻轻说道:"我从书上了解到,企鹅有一种耐低温的特异功能。它适合生活在冰天雪地的南极,捕食一些新鲜的鱼虾。我曾经在动物园看到过企鹅,虽然照顾它们的叔叔阿姨喂一些它们喜欢吃的东西,还为它们开空调,可我总觉得它们没有我在电视中看到的生活在南极的小企鹅开心,我们为什么不问问小企鹅自己怎么想的呢?"听到这里,我的心被震撼了,他说得对呀!为什么人类总喜欢按照自己的方式安排其他的一些生命,而不问问他们自己的一些想法呢?由此我联想到自己的教育,老师们总喜欢按照自己的方法安排孩子们的生活,给他们一个思维定势,来主宰他们的意识,这同把小企鹅关在玻璃房里给它喂食,有什么两样?

第二天的晨会课，我把书哲的想法告诉了同学们，学生的思维才一下放开了，有的说："我从电视里看到，科研人员把大熊猫放回原始森林，就是让它们自由自在地生活。"有的说："人和动物是朋友，朋友不愿意到我们这里来，我们也不能勉强。"

我就是希望每个小朋友都能发表自己的独特意见，做学习的主人。看到学生的表现，我真高兴。

(1)请分析案例中体现的教学原则。(10分)

(2)请结合你即将任教的学科，谈谈如何在小学教学中贯彻上述教学原则。(10分)

(3)上述案例中，书哲的思维主要是哪种类型的思维？这种类型的思维具有什么特点？(10分)

2021年浙江省金华市永康市小学教师招聘考试教育基础知识真题试卷(十)

(总分100分　时间150分钟)

本套试卷共26小题,包括单项选择题(15小题),辨析题(4小题),简答题(4小题),论述题(2小题),材料分析题(1小题)。

一、单项选择题(在每小题列出的四个备选项中只有一个是符合题目要求的,将其代码填在括号内。错选、多选或未选均不得分。本大题共15小题,每小题2分,共30分)

1.《学记》中记载的"学不躐等""不陵节而施",是指教学中应做到(　　)

A. 理论联系实际　　B. 因材施教

C. 长善救失　　D. 循序渐进

2. 关于教育史上的课程教学改革,说法正确的是(　　)

A. 布鲁纳提出了"掌握学习理论"　　B. 布卢姆倡导范例教学

C. 赞科夫提出了高难度、高速度教学原则　　D. 巴班斯基主张暗示教学法

3. 我国古代的教育目的属于(　　)

A. 神学教育目的论　　B. 教育无目的论

C. 个体本位论　　D. 社会本位论

4. 面对课堂偶发事件,教师能够发挥教学机智,沉着冷静、灵活机动地及时处理。这体现了教师劳动的(　　)

A. 复杂性　　B. 创造性　　C. 反复性　　D. 示范性

5. 教育对社会的影响体现在政治、经济、人口等各方面。通过接受教育,学生可以了解不同地区的风土人情,知道不同国家的文化差异、不同民族的饮食禁忌等。这说明(　　)

A. 教育能改造文化　　B. 教育能保存文化

C. 教育能传播文化　　D. 教育能创新文化

6. 教师向学生传授科学文化知识,为学生发展奠定良好的知识基础,培养训练学生,使其形成基本技能。这是(　　)的具体任务。

A. 体育　　B. 美育　　C. 智育　　D. 德育

7. 赵栋在餐厅用餐时自觉、安静地排队，老师对赵栋说："太棒了！你树立了一个好的榜样，今天下午你不用参加美术课后的整理工作。"在这里，赵栋受到了(　　)(常考)

A. 自我强化　　B. 正强化和负强化

C. 正强化和非负强化　　D. 负强化和非正强化

8. 李明为了让妈妈大吃一惊，于是帮妈妈洗碗，但他不小心打破了妈妈的玻璃烤盘，这时妈妈对他大吼大叫，根据艾里克森的人格发展阶段理论，这可能导致李明产生(　　)

A. 自卑感　　B. 羞耻感　　C. 内疚感　　D. 不信任感

9. 一位数学教师在课堂上教授了一项新的数学技能，然后发现有些学生学得很快，而另一些学生在应用这项技能时仍然有困难，根据维果斯基的理论观点，他应该(　　)(易错)

A. 给所有学生布置更多的练习任务

B. 将掌握这项技能的学生与没有掌握这项技能的学生配对，布置更多的练习任务

C. 给所有学生提供更多该数学技能相关的学习指导

D. 继续学习下一项技能，让学生参加合作学习小组

10. 根据儿童心理发展的基本特征，以下哪一项的表述是错误的(　　)

A. 个体的心理以不同的速度发展

B. 个体的心理发展表现出巨变的特征

C. 个体的心理发展表现出一定的先后顺序

D. 个体的心理发展是逐步发生的

11. 学生陈某在课堂上玩手机被班主任李老师发现，李老师没收了陈某手机，李老师的做法(　　)

A. 正确，李老师行使了教育教学权

B. 正确，有利于维护课堂纪律

C. 错误，李老师没有没收手机的权利

D. 错误，李老师应该批评无效后再没收手机

12. 根据皮亚杰的认知发展阶段理论，对于处于具体运算阶段的小红最适合安排下列哪一教学内容(　　)

A. 教她辨认不同的颜色　　B. 教她抓取和吸吮的动作

C. 教她使用隐喻和直喻　　D. 教她数字守恒问题

13. 三年级家长丁某以对班主任对其孩子作出的处理不服为由,闯进教室寻衅滋事,阻挠班主任上课,并打破了教室的一张课桌,根据《中华人民共和国教育法》的相关规定,丁某应该由(　　)

A. 乡镇人民政府给予治安管理处罚

B. 公安机关给予治安管理处罚

C. 检察院给予治安管理处罚

D. 教育行政部门给予行政处分

14. 根据我国《教师法》,下列不能取得或者已取得但丧失教师资格的是(　　)

A. 患有抑郁症的丁　　B. 受党内警告处分的乙

C. 身体不健全的丙　　D. 被判处入狱三年的甲

15. 学生伤害事故责任的确定依据是(　　)

A. 相关当事人的行为与损害后果之间的因果关系

B. 相关当事人的认错态度与损害后果的严重程度

C. 相关当事人的动机与损害后果之间的因果关系

D. 相关当事人的过错性质与损害后果的严重程度

二、辨析题(判断正误,并说明理由。本大题共4小题,每小题4分,共16分)

16. 对违规违纪情节严重或者影响恶劣的小学生可以停学,要求家长在家进行教育、管教直至改正。

17. 教育研究的基本程序是以查阅文献资料作为起始环节的。

18. 学校的教育工作应坚持以教学为主,全面统筹地安排其他各项工作。

19. 基于小学生注意分配能力发展的特点,小学课堂教学过程中要注意教学内容和教学形式的多样化。

三、简答题(本大题共4小题,每小题5分,共20分)

20. 简述保护未成年人的原则。

21. 简述综合实践活动的内容。

22. 简述直接经验和间接经验相结合的规律。

23. 依法执教是依法治教在教师工作中的具体体现,简述其基本要求。

四、论述题(本大题共 2 小题,每小题 10 分,共 20 分)

24. 联系实际论述如何晓之以理、动之以情、持之以恒、导之以行。

25. 论述程序性知识的教学过程和教学策略。

五、材料分析题(本大题共14分)

26. 阅读下列材料,并回答问题。

王老师是一位刚走上工作岗位的新教师。在校本培训过程中,王老师学习了两种老教师分享的经验方法。第一种方法是课堂教学过程中要表扬孩子的良好行为,第二种方法是可以采用小红花鼓励的方法来塑造孩子的良好行为,于是王老师也在他自己的班级实践这两种方法。每次课堂上,他都会充分地口头表扬每个孩子“你真棒!”每天放学前,他都会让孩子评价自己哪些方面表现良好,并给予小红花的鼓励。但是一段时间过去后,他并没有看到预期的效果,王老师很苦恼。

请结合强化动机理论,对王老师所实践的这两种方法进行评价,指出方法失效的可能原因,并给出相应的改进措施。

2021年浙江省金华市/诸暨市小学教师招聘考试教育基础知识真题试卷(十一)

(本套试卷包括教育基础知识和学科专业知识两部分,
仅收录教育基础知识部分真题)

本套试卷共22小题,包括单项选择题(20小题),论述题(1小题),材料分析题(1小题)。

一、单项选择题(在每小题列出的四个备选项中只有一个是符合题目要求的,将其代码填在括号内。错选、多选或未选均不得分。本大题共20小题,每小题1分,共20分)

1. 下列不是中国传统文化价值观对中国教育消极影响的是(　　)

A. 重创造轻认同　　B. 重共性轻个性

C. 重服从轻自主　　D. 重功利轻发展

2. 教育学家和心理学家杰罗姆·布鲁纳,提倡让学生独立工作,自己主动发现问题、解决问题及掌握原理,实现认识过程。这属于(　　)

A. 发现式教学法　　B. 整个教学法

C. 教学做合一　　D. 自然教学法

3. (　　)是指国家或社会对教育所要造就的人的质量规格所做的总体规定与要求,具有调控、导向、评价功能。

A. 教育方法　　B. 教育原则

C. 教育目的　　D. 教育内容

4. 下列属于杜威的教育观的有(　　)项。(易错)

①教育即生长　②教育即生活

③教育即经验的改造　④教育为未来生活做准备

A. 4　　B. 3

C. 2　　D. 1

5. 日常生活中,班主任了解学生的主要方法是(　　)

A. 考核法　　B. 调查法、观察法

C. 谈话法、观察法　　D. 书面材料分析法

6. 人本主义学习理论对当代教育的影响体现在新课程三维目标中的哪一方面(　　)

A. 有益于学习　　B. 知识与技能

C. 过程与方法　　D. 情感态度与价值观

7. 多元智力发展理论主要说明人的发展具有(　　)

A. 顺序性　　B. 互补性

C. 阶段性　　D. 个别差异性

8. 在日常生活中,看到虐待儿童的新闻时,一般会说有孩子的人看不得这些,这体现了(　　)(常考)

A. 晕轮效应　　B. 归因效应

C. 刻板效应　　D. 投射效应

9. 之前小轩学习写毛笔字时要注意坐姿、注意书写规范、注意写字顺序,临摹十分钟就觉得很累了,但是现在给社区写了很多副春联,一个上午也不觉得疲倦,这种表现是(　　)

A. 无意注意　　B. 有意注意

C. 有意后注意　　D. 随意注意

10. 小良是小学四年级的学生,一次妈妈不给他买玩具,他就躺在商场里的地面上打滚,怎么也不肯起来,他采用的防御机制是(　　)

A. 压抑　　B. 否认

C. 退行　　D. 投射

11. 根据艾里克森心理社会发展阶段论,应着重培养小学低年级段儿童的(　　)(易错)

A. 信任感　　B. 自我调整

C. 亲密感　　D. 勤奋感

12. 学生把PULL记成PUSH,老师告诉他可以把PULL后面两个L看成是两个钩,用来拉东西。这运用了(　　)

A. 形象联想法　　B. 谐音联想法

C. 位置记忆法　　D. 关键词法

13. 学生小东把考试考得好、取得好成绩归因于试卷简单,这是(　　)的归因。(易错)

A. 内在、稳定、可控　　B. 内在、不稳定、可控

C. 外在、不稳定、可控　　D. 外在、稳定、不可控

14. 小学生记忆发展的特点包括(　　)

①从外显记忆为主转变为内隐记忆为主

②从无意记忆为主转变为有意记忆为主

③从机械记忆为主向意义记忆为主过渡

④从具体形象记忆向抽象逻辑记忆方向发展

A. ①②③　　B. ②③④　　C. ①③④　　D. ①②③④

15. (　　)是全面发展教育的重要组成部分,是个性全面发展的物质基础。

A. 智育　　B. 体育　　C. 德育　　D. 美育

16. 陈晨在写家庭作业时,先做难的理科作业后做简单的文科作业,认为这样很轻松,这是元认知策略中的(　　)

A. 组织策略　　B. 计划策略　　C. 监控策略　　D. 调节策略

17. 根据预定的课程变革计划的实现程度高和低来评价课程实施成功与否,这体现了(　　)

A. 忠实取向　　B. 相互适应取向

C. 创生取向　　D. 互补取向

18. 教师注重在关键期培养学生,这是因为学生的发展具有(　　)(常考)

A. 稳定性　　B. 可变性　　C. 不均衡性　　D. 独立性

19. 根据休伯曼的职业生涯周期论,处于(　　)的教师不安于教学现状,想要创新。

A. 稳定期　　B. 实验和歧变期

C. 平静和保守期　　D. 退出教职期

20. 在《教师法》中,教师享有的权利有(　　)个。

①进行教育教学的权利　②指导学生和评价学生的权利　③参加进修的权利　④对学校教学管理的决策权利

A. 4　　B. 3　　C. 2　　D. 1

二、论述题(本大题共10分)

请具体论述如何通过“内驱力”来激发小学生的学习动机。

三、材料分析题(本大题共10分)

李老师作为新老师,主张与时俱进,她认真学习新课程理念,认为传统的教学方法已经过时了,应该摒弃。她在四十余人的课堂上,几乎从不讲授知识点,所有课程都使用自由讨论及小组合作的方法。一段时间后,李老师发现大部分学生掌握的知识不够系统,学习效果差,她不知如何是好。

你怎么看待李老师的困惑?有何建议?

2021年浙江省温州市(乐清市、苍南县、平阳县、永嘉县)中小学教师招聘考试教育基础知识真题试卷(十二)

(本套试卷包括教育基础知识和专业知识两部分,仅收录教育基础知识部分真题)

本套试卷共20小题,包括判断题(10小题),单项选择题(10小题)。

一、判断题(判断下列各题的正误,并在题后括号内打"√"或"×"。本大题共10小题,每小题1分,共10分)

1. 提出"温故而知新,可以为师矣"的教育家是朱熹。 (　　)

2. 素质教育应当逐步取消标准化考试。 (　　)

3. 狭义的教育等同于学校教育。 (　　)

4. "学生喜欢我吗""同事们如何看我"每天思考这些问题的教师正处于关注生存阶段。(常考) (　　)

5. 按照马斯洛的需要层次理论,尊重需要是最高层次的需要。 (　　)

6. 同样是面对考试失败,有的人一蹶不振,有的人发愤图强,有的人无所谓,这体现了人格的整合性。 (　　)

7. 维果斯基的最近发展区理论,体现教师应当坚持量力性教学原则。(常考) (　　)

8. 杨杨希望考试考得好,分数超过他人,这体现了其交往动机。 (　　)

9. 新课改坚持"以学论教",提倡从情绪状态、注意状态、参与状态、交往状态、思维状态、生成状态六个方面进行评价。 (　　)

10. 不断提高思想政治觉悟和教育教学业务水平是中小学教师的义务之一。 (　　)

二、单项选择题(在每小题列出的四个备选项中只有一个是符合题目要求的,将其代码填在括号内。错选、多选或未选均不得分。本大题共10小题,每小题1分,共10分)

1. 作为整个教育工作的核心,既是教育工作的起点,又是教育工作的终点的是(　　)

A. 教育目的　　B. 教育规律　　C. 教育环境　　D. 教育对象

2. ________一般是指在某项教学活动开始之前，对学生的认知、技能以及情感等状况进行的预测，而________一般是在教学活动告一段落后，为了解教学活动的最终效果而进行的评价。(　　)

A. 总结性评价　形成性评价

B. 形成性评价　动态性评价

C. 诊断性评价　总结性评价

D. 动态性评价　总结性评价

3. 下列对应错误的是(　　)(易混)

A. 合作教学法——阿莫纳什维利

B. 掌握教学模式——布卢姆

C. 示范性教学——瓦·根舍因

D. 认知教学理论——罗杰斯

4. 以下属于美国实用主义教育学家杜威的教育思想或观点的是(　　)

①教育即生活　②工作是儿童的天职　③学校即社会　④"五指"课程

A. ①②　　B. ①③

C. ①④　　D. ①②③④

5. 陈芳在体育课上学会了广播体操，根据加涅关于学习结果的分类，这属于(　　)的学习。

A. 智慧技能　　B. 认知策略

C. 态度　　D. 动作技能

6. 教师在课堂上采用二十四节气歌帮助学生记忆二十四节气，这使用的是学习策略中的(　　)

A. 资源管理策略　　B. 精加工策略

C. 复述策略　　D. 元认知策略

7. 韦纳将导致成败的六项因素归入三个维度，而长期消极归因不利于学生成长。当学生在考试中取得不理想成绩时，教师应给予怎样的归因是最合适的(　　)

A. 该生能力不足　　B. 该生运气不好

C. 考试太难　　D. 该生不够努力

8. 以下对德育表述不正确的是(　　)

A. 德育即思想政治教育

B. 德育在阶级社会里具有鲜明的阶级性

C. 德育具有一定继承性

D. 德育对其他各育起着保持动力的作用

9. 合理运用奖励是提升学习动机的重要方式，在学生具有很高的内部动机且较强自主学习能力的情况下，教师给予以下哪种奖励是不合适的（　　）（易错）

A. 口头表扬　　　　B. 物质奖励

C. 肯定与微笑　　　　D. 教导学生自我表扬

10. 根据《中华人民共和国义务教育法》的规定，以下说法不正确的是（　　）

A. 地方各级人民政府应当在财政预算中将义务教育经费单列

B. 国家鼓励教科书循环使用

C. 国家组织和鼓励经济发达地区支援经济欠发达地区实施义务教育

D. 凡年满七周岁的儿童，其父母或者其他法定监护人应当送其入学接受并完成义务教育

2021年浙江省台州市(临海市、三门县、仙居县、天台县)小学教师招聘考试教育基础知识真题试卷(十三)

(总分100分　时间120分钟)

本套试卷共27小题,包括单项选择题(15小题),辨析题(4小题),简答题(4小题),论述题(2小题),材料分析题(2小题)。

一、单项选择题(在每小题列出的四个备选项中只有一个是符合题目要求的,将其代码填在括号内。错选、多选或未选均不得分。本大题共15小题,每小题2分,共30分)

1. 根据皮亚杰的认知发展阶段理论,(　　)是语言和表象产生前的阶段。本阶段儿童的认知发展具有的主要成就是:主客体的分化和因果联系的形成。

A. 具体运算阶段　　　　B. 前运算阶段

C. 感知运动阶段　　　　D. 形式运算阶段

2. (　　)是通过消除或中止厌恶、不愉快刺激来增强反应频率。

A. 正强化　　　　B. 负强化

C. 消退　　　　D. 惩罚

3. 隋唐时期形成了以"六学二馆"为主干的中央官学。其中,"六学"不包括(　　)

A. 律学　　　　B. 太学

C. 国子学　　　　D. 御学

4. (　　)又称作"发扬优点、克服缺点"的原则,即在德育工作中要充分调动学生自我教育的积极性,依靠和发扬学生的积极因素去克服他们的消极因素,促进学生道德成长。

A. 严格要求与尊重学生相结合原则　　　　B. 教育影响的一致性与连贯性原则

C. 长善救失原则　　　　D. 疏导性原则

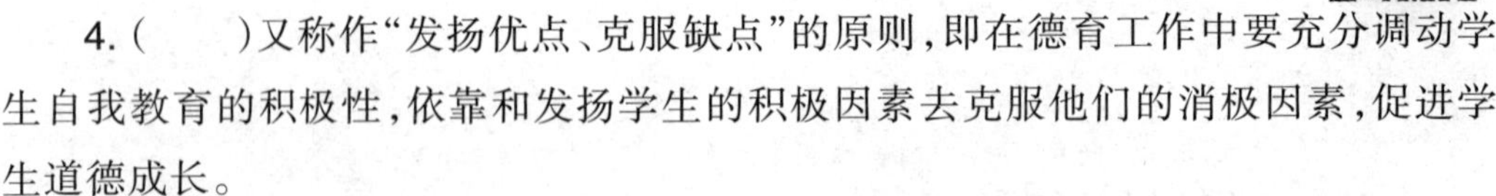

5. 杜威的代表作(　　)及反映在其作品中的实用主义教育思想,在20世纪产生了重要的影响。(常考)

A.《民主主义与教育》　　　　B.《普通教育学》

C.《教育与新人》　　　　D.《大教学论》

6. 个人本位论是教育思想史上具有代表性的教育目的价值取向。这一理论的代表人物是(　　)

A. 福禄贝尔　　B. 夸美纽斯

C. 涂尔干　　D. 赫尔巴特

7. 根据我国《教师法》的规定,侮辱、殴打教师,情节严重,构成犯罪的,依法追究(　　)

A. 行政责任　　B. 民事责任

C. 经济责任　　D. 刑事责任

8. 某校六年级班主任吴老师在课上没收了林某的手机,课后吴老师打开手机,查看了林某的手机短信。吴老师的行为(　　)

A. 正确,学生不应该带手机去学校

B. 正确,老师有权阅读学生的手机短信

C. 不正确,侵犯了学生的隐私权

D. 不正确,侵犯了学生的人格尊严权

9. 学会一种外语,有助于学习同一语系的第二种、第三种外语,这属于(　　)

A. 负迁移　　B. 正迁移　　C. 零迁移　　D. 特殊迁移

10. 处于(　　)的道德定向阶段的儿童的价值是以人际关系的和谐为导向,顺从传统的要求,符合大众意见,谋求大家的称赞。(常考)

A. 好孩子　　B. 服从与惩罚

C. 维护权威或秩序　　D. 相对功利

11. (　　)状态通常是由对个人有重大意义的事件引起的,往往带有特定的指向性,伴随着生理变化和明显的外部行为表现。

A. 应激　　B. 心境

C. 激情　　D. 感情

12. 李老师在课堂上喜欢对学生进行口头提问,以此来检验学生是否掌握了所学的知识点。李老师的这种教学评价被称为(　　)

A. 诊断性评价　　B. 相对性评价

C. 终结性评价　　D. 形成性评价

13. (　　)是学生在教师的指导下巩固知识、运用知识、形成技能技巧的方法。在教学中,该方法被各科教学广泛采用。

A. 讨论法　　B. 练习法

C. 讲授法　　D. 演示法

14.(　　)是指心智技能形成的准备阶段。其目的在于了解智力活动的任务，熟悉活动的对象，使学生明确自己做什么、怎样做，从而在头脑中形成关于活动本身和活动结果的表象。

A. 原型定向　　B. 原型内化　　C. 原型固化　　D. 原型操作

15. 元认知策略大致可分成以下三种：计划策略、监控策略和调节策略。下列属于监控策略的是(　　)(易混)

A. 产生待回答的问题　　B. 分析如何完成学习任务

C. 阅读时对材料进行自我提问　　D. 设置学习目标

二、辨析题(判断正误，并说明理由。本大题共4小题，每小题4分，共16分)

16. 在教育理论上，陶行知继承发展了杜威的现代教育思想。

17. “人心不同，各如其面”反映了个体身心发展的阶段性。

18. 素质教育是促进学生全面发展的教育。

19. 道德与品德是两个相同的概念。

三、简答题(本大题共4小题,每小题5分,共20分)

20. 教师劳动具有复杂性,请简述这一特点的具体表现。

21. 教师主导作用与学生主体作用相结合的规律是教学过程的四大基本规律之一,请简述教师在教学中起主导作用的理由。(常考)

22. 简述影响问题解决的因素。(常考)

23. 班主任应如何组织和培养良好的班集体。

四、论述题(本大题共2小题,每小题10分,共20分)

24. 在教学过程中,最基本最重要的关系就是教师和学生之间的关系。试论述建立良好师生关系的途径与方法。(常考)

25. 培养创造力作为素质教育的一项重要内容被纳入"新课改"计划。试论述如何在教学中培养学生的创造力。

五、材料分析题(本大题共2小题,每小题7分,共14分)

26. 阅读材料,完成问题。

上小学三年级的小秦,有一天上学迟到了,老师很生气,罚他当天打扫教室。放学后,小秦忍着同学们的讥笑扫完了教室。他感到十分委屈。从小到大,爸爸、妈妈和老师一直说劳动是最光荣的,可是今天,他觉得劳动是一种耻辱。回到家里,小男孩躲在房间里写了一篇题为“劳动可耻吗”的日记,他想以日记的形式向老师表达他心中的疑惑与苦恼。第二天,日记本交到老师手里,这下可惹怒了老师!老师在课堂上狠狠地批评他一点也不“尊师重道”,并命令他当着全班同学的面撕掉这篇日记。小秦噙着眼泪,慢慢地,慢慢地将这篇日记撕得粉碎……

问题:依据《中小学教师职业道德规范》,评析材料中老师的行为。

27. 阅读材料，完成问题。

正在读小学六年级的小红放学回家后，一边哼着歌，一边开始写作业。爸爸笑着问道："今天这么开心，一定是有什么好事吧？"小红面露喜色，对爸爸说："前两天我们数学测验了，你猜我考了多少分？"爸爸说："我猜你一定考得不错。"小红使劲点点头说："我考了95分，是全班第三名。"爸爸立刻严肃地说："你以前数学很少上95分，这回是你运气好。一次考好不算真学得好，不能因此而骄傲。"小红低下头，没说什么。接下来的数学考试，小红因为粗心做错了一道大题，失去了好多分。数学老师对小红说："你也太笨了，这么简单的题都做错了，真让我失望。"从此，小红便对数学失去了兴趣并特别害怕数学考试。

问题：运用韦纳的归因理论，具体分析小红爸爸和数学老师归因的维度和因素。

2021年浙江省宁波市中小学教师招聘考试 教育理论基础知识真题试卷(十四)

(本套试卷包括教育理论基础知识和学科专业知识两部分,
仅收录教育理论基础知识部分真题)

本套试卷共20小题,包括判断题(10小题),单项选择题(10小题)。

一、判断题(判断下列各题的正误,并在题后括号内打"√"或"×"。本大题共10小题,每小题1分,共10分)

1. 维果斯基认为决定儿童语言获得的因素不是经验和学习,而是先天遗传的语言能力。 ( )

2. 一般来说,影响儿童的人格发展的社会化因素最主要来自家庭,然后才是学校教育和同伴。 ( )

3. 班主任是学生班级的直接组织者、教育者和领导者。 ( )

4. 在幼儿时期,机械记忆的效果比较好,进入小学阶段,意义记忆的效果比较好。(易错) ( )

5. 西周学校教育的基本内容是六艺,即礼、乐、射、御、书、数。(常考) ( )

6. 赫尔巴特提出的教学过程四阶段包含明了、联合(或联想)、系统和方法。( )

7. 冲动型认知风格的学生的思维方式以冲动为特征,在回答问题时倾向于根据线索形成看法并快速做出反应,但错误较多。因此冲动型认知风格劣于沉思型认知风格。 ( )

8. 张老师经验丰富,他对李老师说:"你班上的张艺同学虽然成绩一般,但很有天赋。"于是李老师对张艺抱有很高的期待,因为这种期待,学期末张艺的成绩突飞猛进,这可以用罗森塔尔效应进行解释。 ( )

9. 正强化,指呈现愉快刺激或消除厌恶的刺激来增加个体的反应效率。(易错) ( )

10. 奥苏伯尔认为学习动机可以分为三种,认知内驱力属于内部动机,自我提高内驱力和附属内驱力属于外部动机。(常考) ( )

判断-8 判断-9

二、单项选择题(在每小题列出的四个备选项中只有一个是符合题目要求的,将其代码填在括号内。错选、多选或未选均不得分。本大题共10小题,每小题1分,共10分)

1. 下列不属于教育活动的四个基本要素的是(   )(常考)

A. 教育者　　B. 受教育者

C. 教育内容　　D. 教育场所

2. 学习是一个日积月累,由量变到质变的过程,不能对学生拔苗助长,这强调的是学习的(   )原则。

A. 直观性　　B. 巩固性

C. 循序渐进　　D. 因材施教

3. 学生的“向师性”和“模仿性”决定了教师劳动具有(   )特性。

A. 示范性　　B. 创造性

C. 长期性　　D. 艰苦性

4. 下列不属于以实际训练为主的教学方法是(   )

A. 练习法　　B. 实验法

C. 读书指导法　　D. 实践活动法

5. “思想自由,兼容并包”是(   )提出的。

A. 晏阳初　　B. 梁启超

C. 蔡元培　　D. 康有为

6. 下列不属于结构良好的问题是(   )

A. 从北京到上海,最快的路线应该怎么走

B. 修电脑

C. 求边长为5cm的正方形的面积

D. 计算35×8的结果

7. 学生在练习投篮技术时,成绩时而提高,时而下降,时而停顿,这是动作技能练习的(   )

A. 高原现象　　B. 反馈

C. 起伏现象　　D. 倒退

8. 小刚发现桌子的螺丝松了,想找螺丝刀重新拧紧,但却找不到,其父知道以后,用小刀把螺丝拧紧,这说明小刚在解决问题的时候,不能摆脱(   )的影响。(易错)

A. 问题的特点　　B. 思维定势

C. 酝酿效应　　　　　　　　　　　　　D. 功能固着

9. 下列关于“学习”表述正确的是(　　)

A. 学习是人类特有的现象,在人的整个生活中都贯穿着学习

B. 学习是有机体后天习得行为经验的过程

C. 鸭子游水,小狗钻火圈都属于学习的范畴

D. 学习表现为个体行为由于经验和遗传而发生的较为稳定的变化

10. 以下与《中华人民共和国义务教育法》规定不符的是(　　)

A. 对违反学校管理制度的学生,学校应当予以批评教育,屡教不改者可以开除

B. 小学应当把德育放在首位,寓德育于教育教学之中,开展与学生年龄相应的社会实践活动

C. 国家实行教科书审定制度,教科书的审定办法由国务院教育行政部门规定

D. 特殊教育学校(班)学生人均公用经费标准应当高于普通学校学生人均经费标准

2021年浙江省绍兴市(越城区、柯桥区、上虞区)小学教师招聘考试教育基础知识真题试卷(十五)

(总分100分　时间150分钟)

本套试卷共19小题,包括单项选择题(10小题),辨析题(3小题),简答题(3小题),论述题(2小题),案例分析题(1小题)。

一、单项选择题(在每小题列出的四个备选项中只有一个是符合题目要求的,将其代码填在括号内。错选、多选或未选均不得分。本大题共10小题,每小题2分,共20分)

1. 1904年,清政府颁布了《奏定学堂章程》,它是我国历史上正式实施的第一个学制,也称为(　　)(常考)

A.“壬寅学制”　　B.“癸卯学制”

C.“壬戌学制”　　D.“辛丑学制”

2. 国家或社会对受教育者提出的总的要求是(　　)

A. 课程目标　　B. 教育目的

C. 培养目标　　D. 教学目标

3. 下列不属于教师劳动特点的是(　　)

A. 复杂性　　B. 示范性

C. 义务性　　D. 长期性

4. 课程文本的三种形式包括课程方案、课程标准和(　　)

A. 课程政策　　B. 课程地图

C. 教学大纲　　D. 教科书

5. 在学校的自然环境中,由学校教师与校外专家共同合作,针对实际教学,经由实施、反思和修改而得到研究结果的研究方法是(　　)

A. 叙事研究　　B. 案例研究

C. 行动研究　　D. 实验研究

6. 提出发现学习理论的心理学家是(　　)

A. 布鲁纳　　B. 乔伊斯　　C. 加涅　　D. 维果斯基

7. 我们日常生活说的“跳一跳，摘桃子”反映了下列哪种理论的观点(　　)(常考)

A. 最近发展区理论　　B. 需要层次理论

C. 尝试—错误理论　　D. 经典条件理论

8. “每一个孩子都是一个潜在的天才儿童，要用多维度的、全面的、发展的眼光来评价”，这个观点来自哪个理论学派(　　)

A. 人本主义理论　　B. 结构主义理论

C. 多元智力理论　　D. 科学发展理论

9. 小学生记忆的主要方式是(　　)

A. 动作记忆　　B. 思维记忆

C. 理解记忆　　D. 形象记忆

10. 儿童在早期发展中存在对特定技能或某种行为模式发展特别敏感的时期，被称为(　　)

A. 发展期　　B. 关键期

C. 同化期　　D. 加速期

二、辨析题(判断正误，并说明理由。本大题共3小题，每小题5分，共15分)

11. 教师对学生的期望越高，学生的成绩越好。(易错)

12. 新学期伊始，学校组织了“摸底测试”，这一次摸底测试就是诊断性评价。

13. 负强化等同于惩罚。

三、简答题(本大题共3小题,每小题5分,共15分)

14. 请简述教学过程中应处理好哪几对关系。(常考)

15. 请简述国内外知名的几种德育模式。

16. 请简述建构主义学习理论的基本观点。

四、论述题(本大题共2小题,每小题15分,共30分)

17. 联系实际,说说班主任应具备的基本素养。

18. 结合实际,谈谈教师应如何运用自我效能感理论激发学生的学习动机?

五、案例分析题（本大题共20分）

19. 我外出开会，接到教导主任的电话，五年级有个学生家长和S老师因争执晕倒了。我立刻指示其拨打120急救电话，并紧急联系家属，随后立即返回学校。通过教导主任和S老师的叙述，了解了事情的经过。

S老师的班级近期有个学生的姥姥经常在上午第一节课来班级找学生，并将他领出去交谈几分钟就走。有时候会跟老师打招呼，有时直接从后门领走学生。今天又来了，S老师实在没忍住，就对孩子姥姥说："有什么事情不能回家再说吗？这样耽误我上课。"孩子姥姥什么都没说就走了。过了一会儿孩子的妈妈找上门来，质问S老师为什么指责孩子姥姥。S老师说正在上课，下课后再说。家长不同意，非要说道说道。S老师提出去办公室说，家长拒绝，非要在教室说。S老师一看形势严峻，就提出一起去找校长。S老师往校长室走，家长一边在后面跟着，一边嚷嚷。教导主任知道我不在，就将他们带入教导处。在教导处，家长辱骂了S老师，S老师为自己辩解但并没有回骂，家长的情绪越来越激动，最后虚脱昏倒。

第二天上午，家长找上我，要求S老师赔礼道歉并承担120急救费用。我表示不同意，S老师在整个过程中没有什么不当的行为，不应该赔礼道歉并承担费用。相反，家长辱骂老师，应向老师赔礼道歉，而且家长是因为自己情绪激动而导致的昏厥。家长表示不同意，要直接找S老师。我表示我是校长，有什么事情直接找我，不用再找S老师了。在整个过程中，S老师都很克制。

家长和我争执了一上午，我据理力争，最后我让家长回去考虑清楚，下午再来找我，不然就报警处理。下午家长来了，很不情愿地接受了我的处理意见，并提出S老师不能报复学生的要求，然后悻悻地走了。这件事到此终结，家长再也没有来过学校。

（1）请你运用依法治校、依法治教的相关理论分析校长的做法。（10分）

（2）请你就如何维护学校及教师的合法权益，谈谈自己的看法。（10分）

2021年浙江省丽水市教育局直属小学教师招聘考试教育基础知识真题试卷(十六)

(本套试卷包括教育基础知识和学科专业知识两部分，仅收录教育基础知识部分真题)

本套试卷共20小题，均为单项选择题。

单项选择题(在每小题列出的四个备选项中只有一个是符合题目要求的，将其代码填在括号内。错选、多选或未选均不得分。本大题共20小题，每小题1分，共20分)

1. 2021年7月，教育部办公厅发布了《关于开展中小学有偿补课和教师违规收受礼品礼金问题专项整治工作的通知》。《通知》明确提出，强化教师“四史”学习教育，开展师德优秀典型先进事迹宣传学习，引导教师学习践行新时代师德规范，集中开展师德(　　)

A. 警示教育　　B. 分类教育　　C. 责任教育　　D. 自省教育

2. (　　)提供了理解教育起源和教育性质的一把“金钥匙”，主要代表人物有苏联教育学家米丁斯基、凯洛夫。

A. 心理起源说　　B. 劳动起源说

C. 神话起源说　　D. 生物起源说

3. 习近平总书记在全国教育大会上发表重要讲话时强调，在党的坚强领导下，坚持社会主义办学方向，培养德智体美劳全面发展的社会主义建设者和接班人。这体现了教育目的的(　　)

A. 激励作用　　B. 评价作用　　C. 导向作用　　D. 调控作用

4. 学生具有可塑性和向师性的特点，教师的言谈举止、行为方式、为人处世的态度等都会对学生产生耳濡目染、潜移默化的影响。这体现了教师的哪一种职业角色(　　)(常考)

A. “教育教学活动的设计者、组织者、管理者”角色

B. “授业、解惑者”角色

C. “传道者”角色

D. 示范者角色

5. 陶行知先生说："接知如接枝""我们必须有从自己经验里发出来的知识做根，然后别人相类的经验才能接得上去。倘使自己对于某事毫无经验，我们决不能了解或运用别人关于此事之经验"。这表明了（　　）（易错）

A. 实践是掌握直接经验的基本途径

B. 教学要贯彻直接经验与间接经验相结合的规律

C. 学生学习间接经验要以直接经验为基础

D. 以间接经验为主是教学活动的主要特点

6. 以发展的眼光客观、全面、深入地了解学生，正确认识和评价青少年学生的思想特点；根据不同年龄阶段学生的特点，选择不同的内容和方法进行教育，防止一般化、成人化、模式化。这属于贯彻我国中小学德育的（　　）的要求。

A. 因材施教原则　　B. 正面教育与纪律约束相结合的原则

C. 教育影响的一致性和连贯性原则　　D. 知行统一原则

7. 学生的发展是班级管理的核心，班级管理的实质是（　　）（常考）

A. 发挥每一位学生的潜能

B. 满足每一位学生的需求

C. 建立学生在班级中的主体地位

D. 有目的地训练学生自我管理班级的能力

8. 教师高某根据学生的心理特点和课堂教学内容设计课外活动，吸引学生积极参与活动，但不强制要求学生参与。这体现了课外活动的哪一特点（　　）

A. 广泛性　　B. 自愿性

C. 延伸性　　D. 灵活性

9. 在（　　）看来，教学的可能性由学生的最近发展区决定，"教学应该走在发展的前面"。

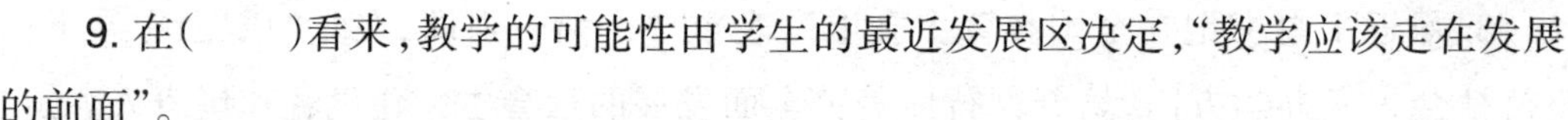

A. 弗洛伊德　　B. 皮亚杰　　C. 维果斯基　　D. 艾里克森

10. 有些学生把精力集中在一步一步的策略上，他们提出的假设一般比较简单，每个假设只包括一个属性，这种认知风格属于（　　）

A. 场依存型　　B. 沉思型

C. 发散型　　D. 序列型

11. 学习联结两个及两个以上刺激—反应动作，如学习划水—蹬脚—呼吸等一系列游泳动作。根据加涅对学习水平的分类，这种学习是（　　）（易混）

A. 连锁学习　　B. 规则学习

C. 辨别学习　　D. 概念学习

12. 斯金纳将操作性条件反射原理应用到教学活动上，提出了(　　)及其教学模式。

A. 程序教学论　　B. 范例教学论

C. 发展教学论　　D. 认知结构教学论

13. 学生小明把在考试中取得的好名次视为获得教师认可的途径，因而努力学习，这种学习动机属于(　　)(常考)

A. 社会交往内驱力　　B. 附属内驱力

C. 认知内驱力　　D. 自我提高内驱力

14. 在学习新材料时，先对材料进行系统分析、归纳和总结，然后按材料的逻辑关系，以简要的词语写下主要与次要的观点，这是运用了哪一种学习策略(　　)

A. 复述策略　　B. 精加工策略

C. 组织策略　　D. 时间管理策略

15. 当客观刺激停止作用后，感觉信息会在一个极短的时间内保存下来，这种记忆叫瞬时记忆。瞬时记忆的主要编码形式是(　　)

A. 视觉编码　　B. 意义编码　　C. 图像记忆　　D. 声像记忆

16. 鲁班爬山时，手一不小心被一种丝茅草割破，疼痛之余，他惊诧柔弱的小草竟如此锋利，他怀着浓厚的兴趣进行研究、琢磨小草的构造，终于找到了秘密所在：草叶边缘的毛刺就是利器。鲁班随后想到，用同样的方式处理一下铁片，岂不可以断木成泥？锯子的雏形就这样产生了。这种从其他事物上发现解决问题的途径和方法称之为(　　)

A. 问题情境　　B. 操作整合

C. 功能固着　　D. 原型启发

17.《中国教育现代化2035》指出，全面落实(　　)根本任务，广泛开展理想信念教育，厚植爱国主义情怀。

A. 依法治教　　B. 立德树人　　C. 融合发展　　D. 共建共享

18.《中国教育现代化2035》指出，加快信息化时代教育变革，统筹建设(　　)教学、管理与服务平台。

A. 专业化常态化　　B. 一体化智能化

C. 精准化科学化　　D. 大众化基础化

19. 课程改革不仅仅意味着内容的更新、完善和平衡，更为重要的是理想的(　　)的创造。

A. 学校文化　　B. 学校资源　　C. 学校生活　　D. 学校环境

20. 新课程非常强调教师的(　　)，其有助于教师形成自我监控的能力。

A. 教学计划　　B. 教学风格　　C. 教学反思　　D. 教学设计

2020年浙江省宁波市杭州湾新区小学教师招聘考试教育综合理论真题试卷(十七)

(本套试卷包括教育综合理论和学科专业知识两部分,仅收录教育综合理论部分真题)

本套试卷共20小题,包括判断题(10小题),单项选择题(10小题)。

一、判断题(判断下列各题的正误,并在题后括号内打"√"或"×"。本大题共10小题,每小题1分,共10分)

1. 教育既作用于人,又作用于社会,但归根到底首先且直接作用于人,所以教育的个体发展功能也称为教育的工具功能。 ( )

2. "蓬生麻中,不扶而直"体现了遗传对人身心发展的影响。(常考) ( )

3. 皮亚杰认为,教师只是儿童学习的促进者,要尊重儿童的学习愿望,不能强加给学生。 ( )

4. 斯金纳提出,学习要遵循三条重要的原则,即效果律、准备律、练习律。(易错) ( )

5. 音乐课上,老师播放了一段轻音乐后,有的学生会在头脑中产生相应的大自然的视觉画面,这种心理活动称之为补偿。 ( )

6. 艾宾浩斯认为,人的遗忘是不均衡的,先快后慢。(常考) ( )

7. 自我意识是人格的重要组成部分,从内容上看,它包括生理自我、社会自我和心理自我三种心理成分。 ( )

8. 现代教育与传统教育的根本区别在于重视创新能力的培养。 ( )

9. 儿童和青少年的智力发展和品德变化都要以领会知识和掌握技能为基础。 ( )

10. 根据《学生伤害事故处理办法》,学校对学生进行安全教育、管理和保护,应当针对学生年龄、认知能力和法律行为能力的不同,采用相应的内容和预防措施。 ( )

判断-4　　判断-6　　判断-7

二、单项选择题(在每小题列出的四个备选项中只有一个是符合题目要求的,将其代码填在括号内。错选、多选或未选均不得分。本大题共10小题,每小题1分,共10分)

11. 美国教育家华虚朋于1919年在芝加哥创建的一种新的教学组织形式为(　　)(易混)

A. 班级授课制　　B. 契约制

C. 文纳特卡制　　D. 设计教学

12. 小悦故事讲得特别好,李老师就觉得她什么都好。这在心理学中被称为(　　)

A. 罗森塔尔效应　　B. 投射效应

C. 光环效应　　D. 首因效应

13. 提出"高难度、高速度、理论知识起主导作用、使学生理解学习过程及使班上所有学生包括'差生'都得到一般发展的原则"的教育学著作是(　　)

A.《教育学》　　B.《教育过程》

C.《普通教育学》　　D.《教学与发展》

14. 把课程实施过程看成是课程变革计划与班级或学校实践情境在课程目标、内容、方法、组织模式诸方面相互调整、改变与适应的过程。这属于课程实施的(　　)取向。

A. 忠实　　B. 相互适应

C. 创新　　D. 创生

15. 班主任把扰乱纪律、成绩不好、升学无望的学生的座位安排在教室的最后一排。此做法(　　)

A. 正确,不干扰其他同学认真学习

B. 正确,有利于犯错同学的反省

C. 不正确,学生是发展中的人,要用发展的眼光看待和对待学生

D. 不正确,没有促进学生的个性发展

16. 掌握了26个英文字母有助于按音序检字法来查汉字;掌握了阅读技能,可以促进写作技能的形成和发展,这都属于(　　)现象。

A. 正迁移　　B. 负迁移

C. 学习的同化　　D. 学习的内化

17. 维果斯基提出“最近发展区”,要求教师在实际教学中坚持(　　)原则。

A. 因材施教　　B. 循序渐进

C. 量力性　　D. 巩固性

18. 随着年龄的增长,学生李华因希望在家庭和学校集体中受到尊重而努力学习争取获得好成绩。该种情况下的内驱力属于(　　)内驱力。

A. 自我提高　　B. 附属

C. 认知　　D. 本能

19. 罗腾伯格通过延迟满足研究儿童的(　　)

A. 守恒概念　　B. 自我中心化

C. 道德情感　　D. 自我控制行为

20. 学生家长既想给孩子报培训班提高其成绩,又怕这样做孩子压力太大。这时家长内心的动机冲突是(　　)(常考)

A. 双趋冲突　　B. 双避冲突

C. 趋避冲突　　D. 多重趋避冲突

2020年浙江省宁波市中小学教师招聘考试教育理论基础知识真题试卷(十八)

(本套试卷包括教育理论基础知识和学科专业知识两部分,仅收录教育理论基础知识部分真题)

本套试卷共20小题,包括判断题(10小题),单项选择题(10小题)。

一、判断题(判断下列各题的正误,并在题后括号内打“√”或“×”。本大题共10小题,每小题1分,共10分)

1. 班集体发展呈现螺旋式上升的特点。 ( )

2. 发现法是美国心理学家斯金纳所提倡的一种教学方法。 ( )

3. 启发性原则的核心就是用“问答法”教学,实质就是老师少讲,学生多学。 ( )

4. 多元智能理论的教学意义之一是多一把衡量的尺子,让学生有成功感。 ( )

5. 德育过程具有“多开端性”,不必按照“晓之以理、动之以情、导之以行、持之以恒”的次序进行。(常考) ( )

6. 儿童道德评价的发展经历了从他律到自律的过程。 ( )

判断-6　判断-8

7. 活动课程重视学生对知识的系统学习,便于学生对知识的掌握和运用。 ( )

8. 培养创造性思维并不是提倡发散思维,反对集中思维。 ( )

9. 短时记忆的容量是5~9个项目。 ( )

10. 适龄儿童、少年的父母或者其他监护人以及有关社会组织和个人有义务使适龄儿童、少年接受并完成规定年限的义务教育。 ( )

二、单项选择题(在每小题列出的四个备选项中只有一个是符合题目要求的,将其代码填在括号内。错选、多选或未选均不得分。本大题共10小题,每小题2分,共20分)

1. 我国古代思想家荀子认为:“兰槐之根是为芷,其渐之滫,君子不近,庶人不服。

其质非不美也，所渐者然也。故君子居必择乡，游必就士，所以防邪辟而近中正也。”荀子这种观点属于(　　)

A. 遗传决定论　　B. 环境决定论

C. 教育主动论　　D. 主观能动论

2. 下列对《学记》的表述，错误的是(　　)

A. 是世界上最早论述教育和教学问题的论著

B. 是一本比较系统、全面地总结和概括了中国秦汉时期教育经验的著作

C. 认为教育与个人发展和社会进步密切相关

D. “道而弗牵，强而弗抑，开而弗达”出自《学记》

3. 下列有关教育功能的说法，错误的是(　　)

A. 教育功能有正向和负向之分

B. 教育功能即教育价值

C. 教育的政治功能自学校出现就出现了

D. 教育功能有隐性和显性之分

4. 下列组合不正确的是(　　)

A. 夸美纽斯——泛智教育

B. 布鲁纳——结构主义学说

C. 裴斯泰洛齐——五段教学法

D. 苏霍姆林斯基——和谐教育

5. 小强很快就要参加期末考试了，爸爸问：“儿子，你估计自己有多大把握能考100分？”小强想了想，答：“八成吧。”在这段对话里，小强对自己考满分的可能性的主观估计在心理学上被称为(　　)(常考)

A. 信心　　B. 自我效能感

C. 自我概念　　D. 自尊感

6. 维果斯基强调社会文化历史在心理发展中的作用，特别强调活动和(　　)在人的高级心理机能发展中的突出作用。(易错)

A. 社会交往　　B. 文化素养

C. 道德教育　　D. 生活态度

7. 罗杰斯认为，人格形成的原动力源于自我实现的需要，人格发展的关键在于形成和发展正确的(　　)

A. 自我评价　　B. 自我认同

C. 自我实现　　D. 自我观念

8. 小李在阅读课文时，喜欢对重点内容进行“画线”和“摘录”，这属于（　　）（易混）

A. 复述策略　　B. 精细加工策略

C. 组织策略　　D. 元认知策略

9. 一名学生上课举手发言，得到老师的表扬后，该学生举手发言的频率高了，相应的心理学解释是（　　）

A. 经典性条件反射　　B. 操作性条件反射

C. 社会学习　　D. 顿悟

10. 根据《中华人民共和国教育法》，下列说法错误的是（　　）

A. 国家实行教育与宗教相分离，任何组织和个人不得利用宗教进行妨碍国家教育制度的活动

B. 国家采取措施促进教育公平，推动教育均衡发展

C. 国家采取措施，为少数民族学生为主的学校及其他教育机构实施双语教育提供条件和支持

D. 初等教育和高等教育均在国务院领导下，由地方人民政府管理

2020年浙江省丽水市缙云县中小学教师招聘考试真题试卷(十九)

(本套试卷包括公共基础知识、教育理论知识和学科专业知识三部分,仅收录公共基础知识和教育理论知识两部分真题)

本套试卷共20小题,包括不定项选择题(10小题),判断题(10小题)。

一、不定项选择题(在每小题列出的选项中,至少有一个是正确的,将其代码填在括号内,错选、多选、少选或未选均不得分。本大题共10小题,每小题1分,共10分)

1. 截至目前,全球累计确诊的新冠肺炎病例正不断逼近(　　)万。

A. 500　　B. 1000

C. 1500　　D. 2000

2. 2020年7月23日12时41分,我国在海南文昌航天发射场,用长征五号遥四运载火箭将我国首次火星探测任务“(　　)”探测器发射升空,飞行2000多秒后,成功将探测器送入预定轨道,开启火星探测之旅,迈出了我国自主开展行星探测的第一步。

A. 玉兔一号　　B. 天问一号

C. 天河一号　　D. 嫦娥一号

3. “老师是人类灵魂的工程师,再穷也不能穷老师,再穷也要对未来投资”“我希望从青少年开始,就不要单纯就是数理化,应该有全面的思想的发展,奠定一个广阔的文化基础”“国家的未来就是教育”。——源自央视《面对面》栏目对某位名人的专访,这位名人是(　　)

A. 马云　　B. 袁隆平

C. 于漪　　D. 任正非

4. 从省城某知名高中校长岗位退下来后,有民办学校许下重金礼聘,但他最终选择远赴贵州,在黔东南苗族侗族自治州的国家级贫困县从事支教工作。他是(　　)

A. 张桂梅　　B. 窦桂梅

C. 陈立群　　D. 李金战

5. 国家规定每年12月4日为(　　)

A. 国家宪法日　　B. 中国农民丰收节

C. 中国人民警察节　　D. 烈士纪念日

6. 中国古代最早出现的专门论述教育问题的著作《学记》提出了"学不躐等"的教育主张。与该主张相一致的教育思想有(　　)(常考)

A. 因材施教　　B. 不陵节而施

C. 循序渐进　　D. 长善救失

7. 保护未成年人的工作,应当遵循(　　)原则。

A. 适应未成年人身心发展的规律和特点

B. 教育与保护相结合

C. 不得批评未成年人

D. 尊重未成年人的人格尊严

8. 学生品德发展的重要标志是其具有(　　)

A. 自我教育能力　　B. 爱国热情

C. 吃苦耐劳精神　　D. 公民意识

9. 心理辅导老师设身处地地去体会受辅导学生的内心感受,进入到他的内心世界之中。这种辅导方法被称为(　　)(易错)

A. 内化　　B. 同感

C. 系统脱敏法　　D. 自我控制法

10. 以下是部分国家的教育家与其代表著作,连线配对正确的有(　　)

A. 苏霍姆林斯基(苏)——《给教师的一百条建议》

B. 杜威(美)——《民主主义与教育》

C. 卢梭(英)——《大教学论》

D. 赫尔巴特(德)——《普通教育学》

二、判断题(判断下列各题的正误,并在题后括号内打"√"或"×"。本大题共10小题,每小题1分,共10分)

1. 党的教育方针是引领教育发展的思想旗帜和行动指南。新时代全面贯彻党的教育方针,在教育培养目标上,必须把"努力培养担当民族复兴大任的时代新人,培养德智体美劳全面发展的社会主义建设者和接班人"作为根本目标。(　　)

2. 习近平总书记强调,"全社会都要行动起来,共同呵护好孩子的眼睛,让他们拥有一个光明的未来"。近视一旦发生,不可逆转。(　　)

3.《中华人民共和国香港特别行政区维护国家安全法》由第十三届全国人民代表大会常务委员会第二十次会议于2020年6月30日通过，该法的颁布实施，迈出了建立健全香港特别行政区维护国家安全的法律制度和执行机制的关键一步。（　　）

4. 教育现代化最重要的是教育硬件设施现代化。（　　）

5. 培养学生的创新精神和实践能力是素质教育的重点和核心。（常考）（　　）

6. 教师的期望或明或暗地传递给学生，学生会按照教师所期望的方向来塑造自己的行为，这种现象被称为罗森塔尔效应。（常考）（　　）

7. 教育的"贴近"原则是指贴近实际、贴近生活、贴近教材。（　　）

8. 班主任在日常教育教学管理中，有采取适当方式对学生进行批评教育的权利。（　　）

9. 受教育权是学生在学校各项权利中最基本的权利。（　　）

10. 师生关系在人格上是一种管理与被管理的关系。（　　）

2020年浙江省衢州市江山市中小学教师招聘考试教育理论知识真题试卷(二十)

(本套试卷包括教育理论知识和学科专业知识两部分,仅收录教育理论知识部分真题)

本套试卷共7小题,包括填空题(5小题),简答题(2小题)。

一、填空题(在下列每小题的空格中填上正确答案,错填、不填均不得分。本大题共5小题,每小题2分,共10分)

1. 为不断改善教师的工作、学习和生活条件,吸引优秀人才长期从教、终身从教,依法保证教师平均工资水平________国家公务员的平均工资水平,并逐步提高。确保义务教育教师平均工资收入水平________当地公务员的平均工资收入水平。

2.《中华人民共和国教师法》规定,每年________为教师节。

3. 新时代对广大教师落实立德树人根本任务提出新的更高要求,进一步增强教师的责任感、使命感、荣誉感,规范职业行为,明确师德底线,引导广大教师努力成为有理想信念、有________、有________、有仁爱之心的好老师,着力培养德智体美劳全面发展的社会主义建设者和接班人。(常考)

4. 2008年修订的《中小学教师职业道德规范》的基本内容包括________、爱岗敬业、关爱学生、教书育人、为人师表、________。

5.《中华人民共和国教育法》第六条规定,"教育应当坚持________,对受教育者加强________教育,增强受教育者的社会责任感、创新精神和实践能力"。

二、简答题(本大题共2小题,第1小题4分,第2小题6分,共10分)

1. 如何培养与激发学生的学习动机?

2. 简述最近发展区理论的内容及其在教学中的应用。(常考)

2019年浙江省教师招聘考试小学教育基础知识真题试卷(二十一)

(总分100分　时间150分钟)

本套试卷共26小题,包括单项选择题(15小题),辨析题(4小题),简答题(4小题),论述题(2小题),材料分析题(1小题)。

一、单项选择题(在每小题列出的四个备选项中只有一个是符合题目要求的,将其代码填在括号内。错选、多选或未选均不得分。本大题共15小题,每小题2分,共30分)

1. 以下出自《学记》的是(　　)

A. 道而弗牵,强而弗抑,开而弗达

B. 学而不思则罔,思而不学则殆

C. 富贵不能淫,贫贱不能移,威武不能屈

D. 温故而知新,可以为师矣

2. 马克思主义关于人的全面发展学说认为,(　　)是实现人的全面发展的社会条件。(易错)

A. 旧式分工　　B. 生产劳动

C. 社会主义制度　　D. 机器大工业生产

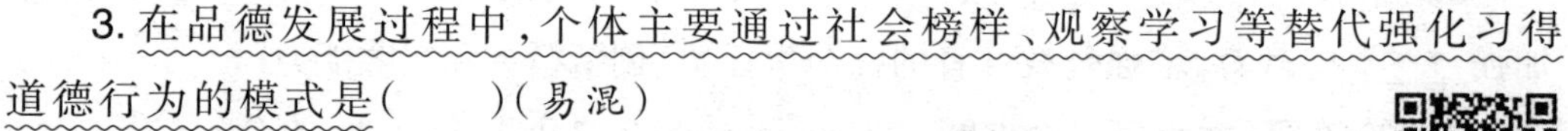

3. 在品德发展过程中,个体主要通过社会榜样、观察学习等替代强化习得道德行为的模式是(　　)(易混)

A. 道德认知发展模式　　B. 社会学习模式

C. 价值澄清模式　　D. 体谅模式

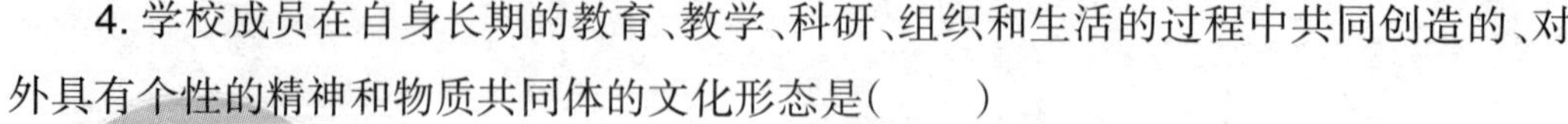

4. 学校成员在自身长期的教育、教学、科研、组织和生活的过程中共同创造的、对外具有个性的精神和物质共同体的文化形态是(　　)

A. 学校文化　　B. 物质文化

C. 教师文化　　D. 制度文化

5. 提出"平行教育影响原则和前景教育原则"德育思想的是(　　)

A. 科尔伯格　　B. 彼得·麦克费尔

C. 班杜拉　　D. 马卡连柯

6. 以下不属于行动研究特点的是(　　)

A. 为教育行动而研究　　B. 研究成果的广泛适用性

C. 在教育行动中研究　　D. 由教育行动者研究

7. 以下不属于多元智力理论提出的智力的是(　　)

A. 逻辑—数学智力　　B. 空间智力

C. 社交智力　　D. 美术智力

8. 学生根据一定的词语或符号的概述、示意得出的形象属于(　　)

A. 再造想象　　B. 创造想象

C. 幻想　　D. 表象

9. 以下选项中能有效反映测量心理品质的准确程度的是(　　)(易错)

A. 效度　　B. 信度

C. 准确度　　D. 标准化

10. 学生做选择题时,进行的记忆活动是(　　)

A. 回忆　　B. 再认

C. 识记　　D. 保持

11. 某小学校长明明知道学校的篮球架有问题,却依旧让学生使用该篮球架打篮球,结果篮球架倒塌导致学生死亡,校长要负(　　)

A. 民事责任　　B. 刑事责任

C. 行政处罚　　D. 行政处分

12. 参加教师资格考试有作弊行为的,其考试成绩作废,(　　)年内不得再次参加教师资格考试。(易混)

A. 5　　B. 4　　C. 3　　D. 2

13. 王某担任某县教师期间通过了硕士研究生入学考试,学校以王某的服务期未满、学校英语教师不足为由不予批准王某在职学习,王某欲以剥夺其参加进修权利为由提出申诉,受理申诉的机构应当是(　　)

A. 当地县教育局　　B. 当地县人民政府

C. 地市教育局　　D. 省教育厅

14. 以下选项中属于体罚的是(　　)

A. 体育老师让小雪把新学的投篮动作练习5遍

B. 小刚破坏了班里的教具,老师让其按原价赔偿

C. 小林上课说话,老师用胶布封住他的嘴

D. 语文老师安排学生将需要背诵的课文先抄写2遍

15.(　　)的颁布，标志着我国开始进入全面依法治教的新时期。

A.《中华人民共和国宪法》　　B.《中华人民共和国教育法》

C.《中华人民共和国教师法》　　D.《中华人民共和国义务教育法》

二、辨析题(判断正误，并说明理由。本大题共4小题，每小题4分，共16分)

16.人的身心发展在整个生命过程中是均衡和匀速的。

17.校本课程就是学校自己组织的活动课程。(易错)

18.建构主义学习过程常常是在社会文化互动中完成的。(常考)

19.依法治教就是以法治教。

三、简答题(本大题共4小题,每小题5分,共20分)

20. 简述现代教师应有的学生观。

21. 简述教育影响的一致性与连贯性德育原则的贯彻要求。(常考)

22. 简述创造性思维的特征。

23. 简述《中国学生发展核心素养》的三大基本原则及基本内涵。

四、论述题(本大题共2小题,每小题10分,共20分)

24. 结合教学实际,论述教师主导作用与学生主体地位相统一的教学规律。

25. 如何运用注意规律提高小学生的课堂注意力?(常考)

五、材料分析题(本大题共14分)

26. 阅读下面材料并回答下列问题。

东东是个说话有些口吃的四年级男孩,经常被同学取笑,行为上变得更加退缩、不敢说话,在学校表现也很被动,学习成绩一直处在中下游,家长向班主任反映东东厌学情绪严重、害怕上学。新来的语文老师黄老师发现东东的作文写得很不错,想让几个作文写得好的同学上讲台朗读自己的作品,其中包括东东。由于了解到东东的特殊情况,黄老师决定先找他单独谈话。下面是黄老师和东东的部分谈话内容。

黄老师:"东东,老师觉得你这次作文写得不错,想请你上台和同学们分享,好吗?"

东东:"……老师,我怕……怕出错,同学们会笑话我。"

黄老师:"你是怕同学们会笑话你说话结巴,对吗?"

东东:"是的……"

黄老师:"但老师觉得说话结巴和分享优秀作文是两回事,老师认真读了你的作文,感觉文笔优美、感情真挚、观察细腻。在文中你不是也表达了希望同学们能知道你的心声嘛……这次参加作品朗读,老师相信你一定会成功!"

……

经过老师的一番耐心谈话,东东最后决定接受黄老师的邀请。在黄老师的帮助下,东东朗读时同学们并没有笑话他。后来黄老师经常邀请东东和其他作文写得好的同学一起朗读作文。一年过后,东东不仅学习成绩有了很大的进步,口吃也明显有了好转。

(1)结合心理学相关理论分析黄老师的做法和东东的改变。(6分)

(2)结合材料分析教师如何运用培养与激发学习动机的策略。(8分)

2019年浙江省宁波市北仑区教师招聘考试教育理论知识真题试卷(二十二)

(本套试卷包括教育理论知识和学科专业知识两部分，仅收录教育理论知识部分真题)

本套试卷共15小题，包括判断题(10小题)，单项选择题(5小题)。

一、判断题(判断下列各题的正误，并在题后括号内打"√"或"×"。本大题共10小题，每小题1分，共10分)

1.《中华人民共和国义务教育法》规定，教师的平均工资水平应当高于当地公务员的平均工资水平。 (　　)

2. 黄宗羲、颜元是明末清初实学教育思想的代表人物。 (　　)

3. 客观测验的优点是有利于测量发散思维和创造力。 (　　)

4. 终身教育是人一生各阶段当中所受教育的总和，因此终身教育既包括正规教育，也包括非正规教育。 (　　)

5. 赫尔巴特提出的教学形式阶段理论包括明了、联合、系统和方法。(常考) (　　)

6. 有意义学习的实质是在学习知识过程中，将符号所代表的新知识与学习者认知结构中已有的适当观念建立实质性和人为的联系的过程。(易错) (　　)

7. 学生在课堂上总是打扰其他同学听课，老师批评了他，结果他扰乱课堂的行为非但没有减少，反而增多了。这种强化属于负强化。(易错) (　　)

8. 思维定势是以最熟悉的方式做出反应的倾向，对解决问题的影响是消极的。 (　　)

9. 开放型问卷可以用来了解学生独特的观点、思想，尤其是在试探性调查中。 (　　)

10. 动作技能的学习受到众多内外部因素的影响，能否掌握某种动作技能取决于学习者是否具备相应的内部条件以及能否充分利用外部条件。 (　　)

二、单项选择题(在每小题列出的四个备选项中只有一个是符合题目要求的，将其代码填在括号内。错选、多选或未选均不得分。本大题共5小题，每小题1分，共5分)

1. 下列说法不符合《中华人民共和国教师法》规定的是(　　)

A. 国务院教育行政部门主管全国的教师工作

B.《中华人民共和国教师法》适用于在各级各类学校专门从事教育教学工作的教师，但不适用于在其他教育机构中从事教育教学工作的教师

C. 教师享有进行教育教学活动，开展教育教学改革和实验的权利

D. 各级人民政府、教育行政部门、有关部门、学校和其他教育机构应当提供符合国家安全标准的教育教学设施和设备

2. 以下选项中属于托尔曼提出的学习理论的是(　　)

A. 替代学习　　B. 有意义学习

C. 潜伏学习　　D. 机械学习

3. “改良学校的基础应当是万物的严谨秩序”“教导的严谨秩序应当以自然为鉴”。这体现了夸美纽斯的(　　)原则。

A. 教育适应自然　　B. 实事求是

C. 直观性　　D. 系统性

4. 下列现象不属于教师体罚学生的是(　　)

A. 让初学英语的学生每个单词抄写5遍

B. 让迟到的学生打扫教室卫生

C. 不许打架、上课说话的学生吃午饭

D. 让考试不及格的学生罚站

5. 小明在解数学题时，怎么也想不出解题方法，将问题搁置了几天后，突然想到了如何解那道题。这种现象属于(　　)(常考)

A. 晕轮效应　　B. 高原现象

C. 酝酿效应　　D. 定势效应

2019年浙江省丽水市景宁畲族自治县中小学教师招聘考试真题试卷(二十三)

(总分100分　时间120分钟)

本套试卷共38小题,包括单项选择题(20小题),多项选择题(5小题),填空题(7小题),简答题(3小题),案例分析题(2小题),论述题(1小题)。

一、单项选择题(在每小题列出的四个备选项中只有一个是符合题目要求的,将其代码填在括号内。错选、多选或未选均不得分。本大题共20小题,每小题2分,共40分)

1. 习近平新时代中国特色社会主义思想明确了中国特色社会主义最本质的特征是(　　)

A.“五位一体”总体布局

B. 建设中国特色社会主义法治体系

C. 人民利益为根本出发点

D. 中国共产党领导

2. 十九大报告指出,中华民族伟大复兴的基础工程是建设(　　)

A. 经济强国　　B. 政治强国

C. 教育强国　　D. 文化强国

3. 我国当前的教育指导思想是(　　)

A. 应试教育　　B. 素质教育

C. 普通教育　　D. 融合教育

4. 教师的工作目的和使命是(　　)

A. 教书育人　　B. 为人师表

C. 传授知识　　D. 热爱学生

5. 世界教育史上的第一部教育学专著是(　　)

A.《理想国》　　B.《论语》

C.《学记》　　D.《教育漫话》

6.“知子莫若父,知女莫若母”说明家庭教育比学校教育更具有(　　)

A. 感染性　　B. 针对性　　C. 权威性　　D. 先导性

7.“学而时习之”“温故而知新”体现的教学原则是（　　）

A. 量力性原则　　B. 直观性原则

C. 巩固性原则　　D. 循序渐进原则

8.“学为人师，行为世范”体现了教师工作的（　　）

A. 复杂性、创造性　　B. 连续性、广延性

C. 长期性、间隔性　　D. 主体性、示范性

9. 著名的“罗森塔尔效应”说明（　　）（常考）

A. 道德教育要根据儿童的道德发展的程度来进行

B. 心理引导要根据儿童的心理发展的程度来进行

C. 教师威信对学生发展有积极影响

D. 教师期望对学生发展有积极影响

10. 青少年的感知成熟先于思维成熟，而思维成熟先于情感成熟。这表明个体身心发展具有（　　）

A. 顺序性　　B. 不平衡性

C. 阶段性　　D. 连续性

11.（　　）是情绪和情感的基本特征。

A. 形象　　B. 概念

C. 想象　　D. 体验

12. 在布卢姆的认知学习领域目标分类系统中，处在最低层次的是（　　）

A. 分析　　B. 领会

C. 知识　　D. 评价

13. 学生有预定的目的、任务，有意识地进行并需付出艰苦的意志努力的记忆属于（　　）

A. 无意记忆　　B. 有意记忆

C. 情景记忆　　D. 意义记忆

14. 一个人在一个对象上注意较长的时间，就能将其看得更清楚，听得更明白，想得更清楚，记得更牢固。这是（　　）的表现。（易错）

A. 注意指向性　　B. 注意集中性

C. 注意分配　　D. 注意转移

15.“感受性高而耐受性低，不随意反应性低，严重内向，情绪兴奋性高，反应速度慢，具有刻板性和不灵活性。”以上描述符合（　　）的气质特征。（易错）

A. 胆汁质　　B. 多血质　　C. 黏液质　　D. 抑郁质

16. 根据不同的标准,可以把学业成绩考试划分为不同的类别。按照考试的性质和功能来划分,普通高等学校招生全国统一考试属于(　　)

A. 水平性考试　　B. 选拔性考试

C. 诊断性考试　　D. 评价性考试

17. 保护未成年人的工作,应当遵循的原则包括尊重未成年人的人格尊严,适应未成年人身心发展的规律和特点,以及(　　)

A. 教育与保护相结合　　B. 教育与管理相结合

C. 监督与保护相结合　　D. 惩罚与监督相结合

18. 小王每天都下决心要戒掉网络游戏,认真学习,可是每天放学后做的第一件事还是玩网络游戏。对于小王的教育,应当培养其(　　)

A. 道德行为　　B. 道德认识

C. 道德意志　　D. 道德情感

19. 小林知道"粒粒皆辛苦",可是吃饭时还是掉饭粒,他自己也觉得不好意思。对小林教育的最好方法是(　　)

A. 说服教育法　　B. 指导实践法

C. 品德评价法　　D. 陶冶教育法

20. 课堂提问要根据学生的实际水平,不可过浅,以免走过场;也不可过难,以防学生产生畏难情绪。所以教师要把握让学生"跳一跳,够得着"的原则来提问。这体现出课堂提问要(　　)

A. 难易适度　　B. 有计划性

C. 多表扬、少批评　　D. 有启发性

二、多项选择题(下列每小题列出的选项中至少有两个是正确的,请将其代码填在括号内。错选、多选、少选或未选均不得分。本大题共5小题,每小题2分,共10分)

21. 班主任工作的内容有(　　)

A. 了解和研究学生　　B. 组织和培养班集体

C. 做好学生家长工作　　D. 做好个别学生的教育工作

E. 结合学习任务做好思想品德教育工作

22. 劳动教育的主要内容有(　　)

A. 学会珍惜劳动成果

B. 树立正确的劳动观点

C. 参加力所能及的自我服务劳动、家务劳动等

D. 培养勤俭节约、吃苦耐劳的品质和作风

E. 培养热爱集体的情感

23. 某教师在对小学科学《我们吃什么》一课进行教学设计时，设计了以下教学目标：

①了解人类主要需要哪些营养及其来源，懂得营养全面、合理的重要性

②学习用分类的方法认识身边熟悉的食物，培养分类的能力

③能够用简单的图表进行统计，锻炼学生整理资料和评价结果的能力

④激发学生关心食物的兴趣，增进学生的健康意识

这些教学目标存在的问题有(　　)

A. 教学目标指向主体错误

B. 教学目标不全面

C. 教学目标水平层次混乱

D. 教学目标脱离学生的实际

E. 教学目标表述不确切，难以检测

24. 课堂教学上，吴老师讲完"三角形全等的判定"后，让学生进行课堂练习，巩固知识点，并让赵明同学上讲台展示。赵明同学板书十分规范，解答过程详细、正确。吴老师微笑地夸赞："赵明真棒，其他同学也要注意三角形全等的判定方法和书写格式。"上述教学案例中，吴老师采用了(　　)

A. 语言强化

B. 物质强化

C. 标志强化

D. 练习强化

E. 替代强化

25. 根据《中华人民共和国教师法》，教师有下列情形之一，情节严重构成犯罪的，要依法追究刑事责任的是(　　)

A. 品行不良、侮辱学生，影响恶劣的

B. 向学生推销商品或强迫学生购买各种学习资料的

C. 故意不完成教育教学任务，给教育教学工作造成损失的

D. 体罚学生，经教育不改的

E. 利用假期举办培训班的

三、填空题(在下列每小题的空格中填上正确答案，错填、不填均不得分。本大题共7小题，每空1分，共8分)

26. ________是教育的首要问题。

27. 影响人发展的基本因素有遗传、________、教育和个体主观能动性。

28. 在教育史上主张“有教无类、因材施教”的教育家是________。

29. 马克思主义观点认为，培养全面发展的人的唯一方法是________。

30. 中国特色社会主义进入新时代，我国社会主要矛盾已经转化为人民日益增长的________和________的发展之间的矛盾。

31. 一名合格教师应具备的能力结构主要包括组织教育和教学的能力、________、组织管理能力、自我调控和自我反思能力。

32. 2019年3月22日在杭州召开的全省教育大会上，省委书记车俊指出评价一个老师当得好不好，主要看是否把________挺在前头，能不能教好书、育好人。

四、简答题（本大题共3小题，33题6分，34题、35题各5分，共16分）

33. 请写出中国学生发展的六大核心素养。

34. 简述防止遗忘的方法。（常考）

35. 如何对品德不良的小学生进行纠正和教育。

五、案例分析题(本大题共2小题,每小题8分,共16分)

36. 李老师是一位班主任,在教学方面,他大胆实施“自主合作,当堂达标”的教学模式,让学生体验课堂、享受课堂。学生小琴说:“老师让我们自己上台去讲,尽管很紧张,但是讲完后得到了老师的夸奖,会有很大的成就感。”在新的教学模式中,学生学得快乐了,学习效果也好多了。李老师发现小宇等几个同学学习很用功,但是见到人不敢说话。李老师觉得应该给学生创造机会,锻炼学生的人际交往能力。于是,他在班上组织演讲比赛、口语交际大赛等,还组织了社会调查活动。小宇等同学逐渐变得开朗大方了。班上还有一个小洋同学因为身体虚弱而经常请假,李老师在家访时帮助他养成良好的生活习惯,并督促他加强体育锻炼,小洋的身体逐渐变得强壮了。

结合教育学相关知识,分析李老师的做法。

37. 相关调查显示，大部分的学生都喜欢老师始终面带笑容，这种情绪时时感染着学生，使学生在平时的生活和学习中心情放松，产生对教师的亲近感与信任感。

结合材料，试分析如何建立良好的师生关系。

六、论述题(本大题共10分)

38. “多一把尺子，就多一个好学生。”以此为话题，自选角度，自拟标题，写一篇不少于400字的观点报告。

2019年浙江省衢州市江山市中小学教师招聘考试教育理论知识真题试卷(二十四)

(本套试卷包括教育理论知识和学科专业知识两部分,
仅收录教育理论知识部分真题)

本套试卷共9小题,包括填空题(4小题),单项选择题(4小题),简答题(1小题)。

一、填空题(在下列每小题的空格中填上正确答案,错填、不填均不得分。本大题共4小题,每空1分,共7分)

1. 习近平总书记在2018年全国教育大会上的讲话中提出6个“下功夫”,要在________上下功夫;要在厚植爱国主义情怀上下功夫;要在加强品德修养上下功夫;要在________上下功夫;要在培养奋斗精神上下功夫;要在增强综合素质上下功夫。

2. “学为人师,行为世范”体现了教师劳动的________和________。

3. 《国家中长期教育改革和发展规划纲要(2010~2020年)》指出,要以________为主体,以________为主导,把促进学生健康成长作为学校一切工作的出发点和落脚点。

4. 教师在备课中应努力做到“三吃透”,即吃透________、教材、学生。

二、单项选择题(在每小题列出的四个备选项中只有一个是符合题目要求的,将其代码填在括号内。错选、多选或未选均不得分。本大题共4小题,每小题2分,共8分)

1. 下列关于“学生发展核心素养”理解正确的一项是(　　)

A. 主要指学生应具备的,能够适应终身发展和社会发展需要的必备品格和关键能力

B. 主要指学生应具备的,能够参与各种活动,适应社会发展的各种能力和品格

C. 主要指学生应具备的,适应社会的发展能力、研究能力、生存能力等多种能力的总和

D. 主要指学生应具备的,适应社会发展的各种知识、各种能力的总和

2. 人们对他人的认知判断首先是根据个人的好恶得出的,然后再从这个判断推论出认知对象的其他品质。这种现象叫作(　　)

A. 近因效应　　　　B. 首因效应

C. 刻板效应　　D. 晕轮效应

3. 教育法律关系中两个最为重要的主体是(　　)

A. 教育部门和下属学校

B. 教育机构和非教育机构

C. 教师和学生

D. 教育领导和老师

4. 内化是指在思想观点上与他人的思想观点相一致,将自己所认同的新思想和自己的原有观点、信念融为一体,构成一个完整的(　　)

A. 新观点　　B. 认知结构

C. 策略系统　　D. 价值体系

三、简答题(本大题共5分)

关于课程定义,当前有一个颇有影响的隐喻:“课程不再是跑道,而是跑的过程自身。”据此说说你对课程的理解。

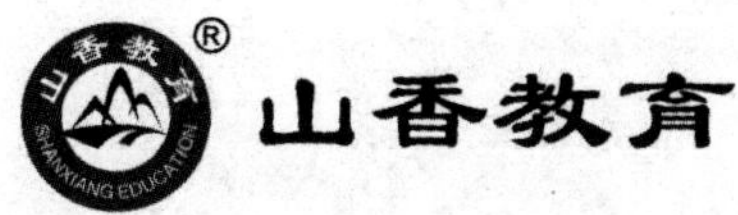

浙江省教师招聘考试历年真题详解及预测试卷

教育基础知识·小学

预测试卷

（本预测试卷由山香教师招聘考试命题研究中心精心编写）

目　录

浙江省教师招聘考试小学教育基础知识预测试卷(一)

(总分100分　时间150分钟)

本套试卷共26小题,包括单项选择题(15小题),辨析题(4小题),简答题(4小题),论述题(2小题),材料分析题(1小题)。

一、单项选择题(在下列每小题列出的四个备选项中只有一个是最符合题目要求的,将其代码填在括号内。错选、多选或未选均不得分。本大题共15小题,每小题2分,共30分)

1. “六艺”中重在陶冶人的内在精神、情操的是(　　)

A. 数　　B. 书　　C. 御　　D. 乐

2. 荀子说:“干、越、夷、貉之子,生而同声,长而异俗,教使之然也。”这强调影响人的身心发展的因素是(　　)

A. 遗传　　B. 环境

C. 个体主观能动性　　D. 教育

3. “允许成绩优秀的学生跳级”体现了(　　)原则。

A. 启发性　　B. 直观性

C. 因材施教　　D. 巩固性

4. 我国学校德育的最基本途径是(　　)

A. 思想品德课之外的其他各科教学　　B. 课外、校外活动

C. 社会实践活动　　D. 校会、班会

5. 在浙江安吉,科学老师带领一群小学生自制了三级“水火箭”,并进行了成功的发射,以致敬我们的神舟十四号飞天。这个“水火箭”也有一级、二级助推分离的过程,而一级助推器还能通过自制小降落伞进行回收。整个过程仿真度高,还原了火箭发射过程,给同学们带来了生动的一课。该老师采用的教学方法是(　　)

A. 情境教学法　　B. 演示法和实验法

C. 谈话法和探究法　　D. 现场教学法

6. 教育目的不仅为受教育者指明方向,预定发展结果,也为教育工作者指明工作

方向和奋斗目标。这体现了教育目的的(　　)

A. 导向作用　　　　B. 激励作用

C. 评价作用　　　　D. 调节作用

7. (　　)认为人是有自由意志的,是有自我实现的需要的。

A. 行为主义学派　　　　B. 精神分析学派

C. 人本主义学派　　　　D. 构造主义学派

8. 学生在学习数学知识时,将学到的数学知识按照一定的逻辑归纳成一个知识网络。这种学习策略是(　　)

A. 组织策略　　　　B. 计划策略

C. 复述策略　　　　D. 精加工策略

9. 随着知识经验的积累,儿童情感的分化逐渐精细、准确。以"笑"为例,小学儿童除了会微笑、大笑外,还会羞涩地笑、偷笑、嘲笑、冷笑、苦笑、狂笑等。这一表现说明了小学儿童情感(　　)的发展。

A. 丰富性　　　　B. 深刻性

C. 可控性　　　　D. 稳定性

10. 小江上课时因正确回答问题被老师表扬,心里很是开心。但是下午放学回到家因为房间很乱被妈妈训了一顿,还被禁止玩游戏。小江的老师和妈妈的行为分别属于(　　)

A. 正强化、负强化　　　　B. 正强化、惩罚

C. 负强化、惩罚　　　　D. 负强化、消退

11. 人们常说:"三岁看大,七岁看老。"这句话反映了人格的(　　)

A. 社会性　　　　B. 稳定性

C. 整体性　　　　D. 独特性

12. 某同学读书读了10遍后刚刚好能背诵下来,他需要再读(　　)遍才能达到最好的记忆效果。

A. 5　　　　B. 10

C. 15　　　　D. 20

13. 根据《中华人民共和国教育法》的规定,对在校园内结伙斗殴、寻衅滋事,扰乱学校及其他教育机构教育教学秩序或者破坏校舍、场地及其他财产的,由(　　)给予处罚。

A. 学校　　　　B. 教育主管部门

C. 家长　　　　D. 公安机关

14.《学生伤害事故处理办法》中规定，在学校实施的教育教学活动或者学校组织的校外活动中，以及在学校负有（　　）责任的校舍、场地等范围之内发生的，造成在校学生人身损害后果的事故的处理，适用本方法。

A. 管理　　B. 监管　　C. 教育　　D. 监护

15. 林老师在签订聘任合同后，经与校方商量又增加合同内容的行为，属于教育法律关系的（　　）

A. 形成　　B. 调整　　C. 变更　　D. 消灭

二、辨析题（判断正误，并说明理由。本大题共4小题，每小题4分，共16分）

1. 幼儿教育小学化、小学教育成人化违背个体身心发展的互补性。

2. 与动物完全依靠本能的学习不同，人类的行为有时即便错过了关键期，也能经过补偿学习而获得。

3. 性格有好坏之分。

4. 学习的成败经验是影响学生自我效能感的重要因素，学生的学习成功经验越多，其自我效能感就会越强。

三、简答题（本大题共4小题，每小题5分，共20分）

1. 人口对教育发展有哪些影响？

2. 简述现代教育制度的发展趋势。

3. 简述奥苏伯尔提出的有意义学习的条件。

4. 简述高原现象产生的原因。

四、论述题（本大题共2小题，每小题10分，共20分）

1. 试述“学生是具有独立意义的人”的内涵。

2. 试述如何培养学生的创造性思维能力。

五、材料分析题(本大题共14分)

职业倦怠是个体在长期的职业压力下,缺乏应对资源和应对能力而产生的身心耗竭状态。教师职业倦怠是指教师由于长期的工作压力,导致教师的认知、态度、情感和行为等方面出现问题。

调查显示,很多工作多年的中小学教师都出现了职业倦怠现象。教师们对学校教学工作产生了困惑,认为日复一日的教学工作枯燥、重复、单调。他们经常自问“我的一生就要这么度过吗”“这样的工作有什么意义”等。教师职业倦怠现象产生了很大的危害,甚至导致教师职业枯竭。

(1)试分析教师职业倦怠现象产生的原因。(7分)

(2)分析教师职业倦怠的表现有哪些?(7分)

浙江省教师招聘考试小学教育基础知识预测试卷(二)

(总分100分　时间120分钟)

本套试卷共39小题,包括单项选择题(30小题),辨析题(3小题),简答题(5小题),材料分析题(1小题)。

一、单项选择题(在下列每小题列出的四个备选项中只有一个是最符合题目要求的,将其代码填在括号内。错选、多选或未选均不得分。本大题共30小题,每小题1.55分,共46.5分)

1. 将人类的教育行为混同于无意识模仿,导致了教育的生物学化的教育起源说是(　　)

A. 生物起源说　B. 心理起源说　C. 劳动起源说　D. 神话起源说

2. 学校正式产生于(　　)

A. 原始社会　B. 奴隶社会

C. 封建社会　D. 资本主义社会

3. 各类研究中唯一能确定因果关系的研究方法是(　　)

A. 观察研究法　B. 行动研究法　C. 实验研究法　D. 个案研究法

4. 教师热爱教育事业的具体体现是(　　)

A. 热爱学生　B. 为人师表　C. 团结协作　D. 无私奉献

5. 下列不属于拓展型课程的是(　　)

A. 小学自然常识教育　B. 环境保护教育

C. 学生知识和社会实践相结合的能力教育　D. 小学语文

6. 课的类型一般分为两类,即(　　)

A. 讲授课和复习课　B. 讲授课和练习课

C. 讲授课和实验课　D. 单一课和综合课

7. 某教师对学生说:"我让你们干什么,你们就得干什么。"这种教师的管理类型属于(　　)

A. 仁慈专断型　B. 放任自流型　C. 民主管理型　D. 强硬专断型

8. 下列关于发现教学的基本程序,说法正确的是(　　)

A. 提出问题;提出假设;创设问题情境;确认

B. 创设问题情境;提出问题;提出假设;验证假设,得出结论

C. 提出问题;创设问题情境;提出假设;验证假设,得出结论

D. 定向;自学;讨论;自结

9. 对学前、小学、初中和高中学生进行思想品德教育,应注重教育内容的相互衔接,体现出螺旋式的上升,这一做法体现了(　　)

A. 知行统一原则

B. 正面教育与纪律约束相结合的原则

C. 集体教育与个别教育相结合的原则

D. 教育影响的一致性和连贯性原则

10. (　　)明显反映了资产阶级在学制方面的要求,是我国教育史上第一个具有资本主义性质的学制。

A. 癸卯学制　　B. 壬子癸丑学制　　C. 壬寅学制　　D. 六三三学制

11. 美国教育家帕克认为:“一切教育的真正目的是人,即人的身体、思想和灵魂的和谐发展。”这种教育目的观属于(　　)

A. 个人本位论　　B. 社会本位论　　C. 文化本位论　　D. 生活本位论

12. 从教育的社会功能来看,一个人通过自学,从一名初级会计晋升为中级会计,这体现了(　　)

A. 社会变迁功能中的经济功能

B. 社会变迁功能中的政治功能

C. 社会流动功能中的横向流动功能

D. 社会流动功能中的纵向流动功能

13. 教育心理学研究的核心内容是(　　)

A. 学习过程　　B. 教学过程　　C. 评价过程　　D. 反馈过程

14. “前怕狼、后怕虎”描述的动机冲突类型是(　　)

A. 双趋冲突　　B. 双避冲突

C. 趋避冲突　　D. 多重趋避冲突

15. 夜空中划过的流星,容易引起我们的无意注意。流星能引起这种注意的原因是(　　)

A. 刺激物的活动与变化　　B. 刺激物的复杂性

C. 刺激物的强度　　D. 刺激物的对比关系

16. 苛勒用以说明“关系转换的学习迁移理论”的著名实验是(　　)

A. 黑猩猩取香蕉　　B. 小白鼠走迷宫

C. 小鸡觅食　　D. 鸽子转圈

17. 某学生认为插队是不文明的行为,但是当遇到孕妇和老人时,可以让他们“插队”。根据皮亚杰的认知发展阶段理论,该学生处于(　　)

A. 感知运动阶段　　B. 前运算阶段

C. 具体运算阶段　　D. 形式运算阶段

18. 把解决问题的一切做法步骤都列出来,然后逐一加以尝试,最终使问题得到一个正确的解答,这种解决问题的方式是(　　)

A. 研究式　　B. 探索式　　C. 启发式　　D. 算法式

19. 成就动机理论的主要代表人物是阿特金森,他认为力求成功者的目的是获取成就,即通过各种活动努力提高自尊心和获得心理上的满足,成功概率为(　　)的任务是他们最有可能选择的。

A. 25%　　B. 50%　　C. 80%　　D. 100%

20. 小慧从小就练习拉小提琴,所以她很快就学会了拉大提琴。这种现象属于(　　)

A. 逆向、正迁移　　B. 逆向、负迁移

C. 顺向、正迁移　　D. 顺向、负迁移

21. 下列情况中,不属于资源管理策略的是(　　)

A. 曾凯相信自己努力学习就可以提高成绩

B. 孙强碰到不懂的问题就会向老师请教

C. 何梅喜欢在安静的环境中学习

D. 何俊常常不断地复述需要背诵的内容

22. 潇潇面对新鲜事物,有比较强的接受能力和学习能力。即便是外出到一个陌生的地方,也可以很快地适应,潇潇的气质类型最有可能是(　　)

A. 多血质　　B. 黏液质　　C. 胆汁质　　D. 抑郁质

23. 小学低年级学生常混淆“b”和“d”,根本在于(　　)发展不完善。

A. 大小知觉　　B. 深度知觉

C. 方位知觉　　D. 运动知觉

24. 下列选项中关于小学生想象发展的特点,说法不正确的是(　　)

A. 想象的有意性迅速发展　　B. 想象中的创造性成分日益增多

C. 想象的内容逐渐接近现实　　D. 想象中的幻想和理想交叉进行

25. 明明知道某位明星的名字,也记得其容貌,却在某一瞬间回想不起该明星的名字,这是哪种遗忘学说的典型例子(　　)

A. 消退说　　B. 干扰说　　C. 同化说　　D. 提取失败说

26.《中华人民共和国教育法》规定,学校中的教学辅助人员和其他专业技术人员,实行(　　)

A. 事业单位聘用制度　　B. 专业技术职务聘任制度

C. 公开招聘制度　　D. 教育职员制度

27. 因学校教师或者其他工作人员在履行职务中的故意或者重大过失造成的学生伤害事故,应当(　　)

A. 由学校予以赔偿

B. 由直接责任人赔偿

C. 由学校和直接责任人各赔偿一半或协商赔偿

D. 由学校予以赔偿后,可以向有关责任人追偿

28. 我国现行义务教育的法定起始年龄是(　　)

A. 五或六周岁　　B. 六或七周岁

C. 七或八周岁　　D. 未作规定

29. 学生们都很讨厌田老师,原因在于他经常讽刺学生、说话刻薄,在很多场合下,挫伤了学生的自尊心。按照《中华人民共和国教师法》的规定,学校可以(　　)

A. 给予行政处罚　　B. 给予行政处分

C. 取消教师资格　　D. 撤职留校察看

30.《中华人民共和国义务教育法》属于(　　)

A. 教育行政法规　　B. 教育单行法律

C. 教育基本法　　D. 教育规章

二、辨析题(判断正误,并说明理由。本大题共3小题,每小题4.5分,共13.5分)

1. 学校教育对人的发展起主导作用是有条件的。

2. 根据遗忘的干扰说可知，为了防止遗忘，应及时复习。

3. 刺激泛化和刺激分化是互补的过程。

三、简答题（本大题共5小题，每小题5分，共25分）

1. 简述我国新型师生关系的特点。

2. 简述教学的一般任务。

3. 简述如何培养学生的思维能力。

4. 简述建构主义学习观的内容。

5. 简述教育法律责任的归责要件。

四、材料分析题(本大题共15分)

阅读下面一段材料,分析材料所揭示的现象及产生这种现象的原因,并论述如何通过改进课堂教学组织形式来促进教学过程中的机会均等。

每个教师都意识到应努力为班内的所有学生提供均等的学习机会,然而,群体教学中的实际情况与这种理想相差甚远。对师生在课堂上互动情况所进行的观察表明:教师(可能是习惯性的)针对某些学生进行教学与讲解,而忽视了其他学生。教师给予了某些学生更多的积极强化与鼓励,鼓励他们积极参与课堂讨论以及回答问题,对待其他学生就并非如此。一般情况下,教师对班内三分之一或四分之一的优秀学生最为关注并给予最多的鼓励,班内半数以上较差的学生所得到的关注与帮助最少。师生之间关系的这些差异,使得一些学生得到了(其他学生所得不到的)更多的机会与鼓励。

浙江省教师招聘考试小学教育基础知识预测试卷(三)

(总分100分　时间90分钟)

本套试卷共12小题,包括单项选择题(6小题),辨析题(2小题),简答题(2小题),论述题(1小题),案例分析题(1小题)。

一、单项选择题(在下列每小题列出的四个备选项中只有一个是最符合题目要求的,将其代码填在括号内。错选、多选或未选均不得分。本大题共6小题,每小题3分,共18分)

1. 法国社会学家利托尔诺认为,教育活动不仅存在于人类社会之中,而且也存在于人类社会之外,甚至存在于动物界。这种理论是(　　)

A. 教育的神话起源说　　B. 教育的生物起源说

C. 教育的心理起源说　　D. 教育的劳动起源说

2. 下列选项中,描述卢梭的教育思想的观点是(　　)

A."生活就是发展,而不断发展,不断生长,就是生活"

B."把一切事物教给一切人类"

C."出自造物主之手的东西都是好的,而一到人的手里,就全变坏了"

D."不存在无教学的教育,正如反过来,我也不承认有任何无教育的教学一样"

3. 德育应坚持正面教育与纪律约束相结合,所以(　　)

A. 只用说服法就可以了　　B. 适当体罚也可以

C. 要以说服教育为主,辅之以纪律约束　　D. 要以纪律约束为主,说服教育为辅

4. 加涅根据学习情境由简单到复杂、学习水平由低级到高级的顺序,把学习分成八类。其中,学生学习"长方形的周长=(长+宽)×2"属于(　　)

A. 刺激—反应学习　　B. 解决问题学习

C. 连锁学习　　D. 规则或原理学习

5. 对于自发的、原本就有兴趣的学习任务,外部的物质奖励往往会降低个体的内在学习动机。这一现象被称为(　　)

A. 罗森塔尔效应　　B. 教师期望效应

C. 德西效应　　　　　　　　　　　　　D. 蔡格尼克效应

6. 根据《中华人民共和国教育法》的规定，下列做法中侵犯了学生的受教育权的是(　　)

A. 某学生的一件贵重物品丢失后，教师丁某立即对班上所有的同学进行搜查

B. 学生曾某不听教师刘某的话，因此刘某经常在其他任课老师面前丑化曾某

C. 由于陈某等学生的成绩较差，班主任张某不允许陈某等学生参加期末考试

D. 教师李某在班级规章制度中做出明确规定，乱丢垃圾者一次罚款五元

二、辨析题(判断正误，并说明理由。本大题共2小题，每小题6分，共12分)

1. 教师用连贯的语言传授知识是谈话法。

2. 简要地说，智力就是指学生的聪明程度。

三、简答题(本大题共2小题，每小题10分，共20分)

1. 简述班集体的教育作用。

2. 简述小学生自我意识的发展特点。

四、论述题(本大题共20分)

论述如何培养小学生的学习兴趣。

五、案例分析题(本大题共30分)

小李老师对三年级学生的能力水平非常不满意,总觉得他们笨,问什么都不会。在一次学校组织的公开课活动中,小李老师因担心学生表现不好影响观摩老师们对自己教学能力的评价,所以在教学过程中基本以自我展示为主,只偶尔对学生进行提问。当个别学生回答迟疑时,小李老师马上替学生说出答案,并问学生是不是这样。于是整堂公开课上,学生回答最多的就是一个字"是"。

(1)从学生角度看,小李老师的做法是否可取? 为什么?(10分)

(2)结合案例,谈谈现代教师应具备什么样的学生观?(10分)

(3)结合案例,谈谈教师对小学生的教育要注意哪些方面?(10分)

浙江省教师招聘考试小学教育基础知识预测试卷(四)

(总分100分　时间150分钟)

本套试卷共40小题,包括单项选择题(20小题),判断题(10小题),名词解释(5小题),简答题(3小题),论述题(1小题),案例分析题(1小题)。

一、单项选择题(在下列每小题列出的四个备选项中只有一个是最符合题目要求的,将其代码填在括号内。错选、多选或未选均不得分。本大题共20小题,每小题2分,共40分)

1. 对于学生来说,完全凭借科学真理的思想品德教育价值去直接、自动地发挥作用是不够的,需要教育者引导和挖掘,使之充分地对受教育者产生熏陶作用,对于理性和逻辑思维能力尚处于十分稚嫩阶段的小学生来说尤其如此。这要求教师在教学中坚持(　　)

A. 可接受性原则　　B. 教育性与科学性相统一的原则

C. 理论联系实际原则　　D. 系统性原则

2. 班主任采用班干部轮换、定期评议、同学轮流值日等方式,激发学生的主人翁意识,这属于(　　)

A. 班级目标管理　　B. 班级民主管理

C. 班级平行管理　　D. 班级常规管理

3. 明显体现张之洞"中学为体,西学为用"思想的学制是(　　)

A. 癸卯学制　　B. 壬子癸丑学制　　C. 壬戌学制　　D. 1951年学制

4. 陶行知先生的"捧着一颗心来,不带半根草去"的教育信条体现了教师的(　　)素养。

A. 教育理论知识　　B. 崇高的职业道德

C. 文化科学知识　　D. 过硬的教学基本功

5. 依据学生个人的学习成绩在该班学生成绩序列中所处的位置来判定其成绩的优劣,而不考虑其是否达到了教学目标的要求。这种教学评价属于(　　)

A. 诊断性评价　　B. 绝对性评价　　C. 总结性评价　　D. 相对性评价

6. 德育过程的基本矛盾是(　　)

A. 教育者与德育内容的矛盾

B. 教育者提出的德育要求与受教育者已有的品德水平之间的矛盾

C. 教育者与德育方法的矛盾

D. 受教育者与德育方法的矛盾

7. 规范教育学建立的标志是(　　)的出版。

A.《大教学论》　　B.《爱弥儿》

C.《民主主义与教育》　　D.《普通教育学》

8. “一方水土养一方人”这句话反映了(　　)对人的发展的影响。

A. 环境　　B. 遗传　　C. 教育　　D. 社会活动

9. 菲茨和波斯纳将动作技能的学习分为:认知阶段、联系形成阶段和(　　)

A. 完善阶段　　B. 操作阶段　　C. 自动化阶段　　D. 能动阶段

10. 小学生记拼音时常用具体的事物来帮助自己记忆,如m就像两个门洞,h就像一把小椅子。这种学习策略属于(　　)

A. 复述策略　　B. 资源管理策略　　C. 组织策略　　D. 精加工策略

11. 人们在欣赏名画《蒙娜丽莎》时,陶醉在“永恒”的微笑中,感到非常愉悦。这种情感属于(　　)

A. 道德感　　B. 美感　　C. 理智感　　D. 自豪感

12. 变色龙会根据周围环境调节自身颜色,从而达到避免被人发觉的目的。这主要是利用了知觉的(　　)

A. 整体性　　B. 选择性　　C. 理解性　　D. 恒常性

13. 学生在知道了“玫瑰”“百合”“月季”等概念之后,再学习“花卉”这个概念就会更加容易,这一学习属于(　　)

A. 同位学习　　B. 上位学习

C. 下位学习　　D. 并列结合学习

14. 能否自觉关注(　　)是衡量一个教师是否成熟的重要标志之一。

A. 教师　　B. 生存　　C. 学生　　D. 教材

15. 小学生往往不能同时进行听讲和记笔记两项活动,主要是由于小学生(　　)

A. 注意的分配能力较差　　B. 注意的集中性差

C. 注意力的范围有限　　D. 有意注意逐渐发展

16. 皮亚杰把儿童道德的发展划分为四个阶段,其中8至10岁属于(　　)

A. 权威阶段　　B. 可逆性阶段　　C. 自我中心阶段　　D. 公正阶段

17. 某学生发现如果坐在教室后排并趴在桌子上，就不会被提问。他不喜欢回答问题，所以就更频繁地趴在桌子上。从行为主义的观点来看，该生之所以频繁地趴在桌子上是因为(　　)的作用。

A. 正强化　　B. 负强化　　C. 正惩罚　　D. 负惩罚

18. 教师向学生推销商品(　　)

A. 属于侵犯学生的财产权　　B. 属于侵犯学生的著作权

C. 属于侵犯学生的人身权利　　D. 没有侵害学生的权利

19. 根据《中华人民共和国教育法》的规定，下列不属于学校及其他教育机构应当履行的义务是(　　)

A. 遵守法律、法规

B. 维护受教育者、教师及其他职工的合法权益

C. 依法接受监督

D. 组织实施教育教学活动

20. 下列属于教师申诉范围的是(　　)

A. 政府行政部门侵犯其合法权益　　B. 企业单位侵犯其合法权益

C. 事业单位侵犯其合法权益　　D. 其他个人侵犯其合法权益

二、判断题(判断下列各题的正误，正确的打“√”，错误的打“×”。本大题共10小题，每小题1分，共10分)

1. 相对于生物起源说、心理起源说而言，马克思主义的劳动起源说更能反映教育起源的本质。(　　)

2. 老师采用画小星星的方式鼓励学生，这种德育方法是榜样示范法。(　　)

3. 了解和研究学生是班主任工作的前提和基础。(　　)

4. 教育家苏霍姆林斯基指出“一个好的教师是一个懂得心理学和教育学的人”。这要求教师应当具有本体性知识。(　　)

5. 夸美纽斯说过：“凡是需要知道的事物，都要通过事物本身来学习，应该尽可能把事物本身或代替事物的图像呈现给学生。”这体现了教学的量力性原则。(　　)

6. “骑虎难下”“左右为难”所描述的动机冲突是多重趋避冲突。(　　)

7. 建构主义学习理论认为“情境”“协作”“会话”“意义建构”是学习环境中的四大要素。(　　)

8. 学生将成败归因于能力比归因于努力会产生更强烈的情绪体验。(　　)

9. 人的气质无优劣、好坏之分，每一种气质都有积极的一面、有消极的一面，教师可以帮助学生克服不同气质类型的消极面。(　　)

10. 由于教师个人与职务无关的行为导致他人合法权利受损，学校也要承担责任。（ ）

三、名词解释（本大题共5小题，每小题3分，共15分）

1. 不愤不启，不悱不发

2. 实习作业法

3. 自我效能感

4. 最近发展区

5. 归属与爱的需要

四、简答题（本大题共3小题，每小题5分，共15分）

1. 简述小学生素质教育的特点。

2. 简述影响识记效果的因素。

3. 什么是教育法律救济？途径有哪些？

五、论述题(本大题共10分)

请对“教师是教学过程的主角，学生学得好坏由教师决定”这句话进行分析。

六、案例分析题(本大题共10分)

学生小王成绩不理想，他对此十分忧虑。班主任了解情况后，发现小王平时上课不主动记笔记，一般老师让记什么就记什么；课后也从不复习；考试前复习也只是死记硬背，结果不仅没什么用，还因为成绩的不理想越来越打击自己的信心。对此，班主任决定对小王的学习策略加以指导。

请根据学习策略和方法的内容对小王的学习策略加以指导。

浙江省教师招聘考试中小学教育基础知识预测试卷(五)

(总分100分　时间60分钟)

本套试卷共24小题,包括单项选择题(20小题),简答题(3小题),案例分析题(1小题)。

一、单项选择题(在下列每小题列出的四个备选项中只有一个是最符合题目要求的,将其代码填在括号内。错选、多选或未选均不得分。本大题共20小题,每小题2.75分,共55分)

1. 教师的根本任务是(　　)

A. 教书育人　　B. 揭示教育规律

C. 实现人的全面发展　　D. 开展科学研究

2. 依据当地的政治、经济、文化、民族等发展的需要而开发设计的课程是(　　)

A. 国家课程　　B. 校本课程

C. 地方课程　　D. 活动课程

3. 某小学老师围绕小学生网瘾问题,采用问卷、谈话、座谈等方式收集资料,并对所收集的资料进行定量、定性分析,找出小学生网瘾的成因并提出建议。这种研究方法属于(　　)

A. 调查研究法　　B. 观察研究法

C. 实验法　　D. 个案研究法

4. 个体的发展总是从无意注意到有意注意,从机械记忆到意义记忆。这体现了个体身心发展的(　　)

A. 阶段性　　B. 顺序性　　C. 不平衡性　　D. 个别差异性

5. 新课程把教学过程看成是(　　)的过程。

A. 教师有目的、有计划、有组织地向学生传授知识

B. 师生交往、积极互动、共同发展

C. 以教为中心,学围绕教转

D. 你讲,我听;你问,我答;你写,我抄

6. (　　)以后,学校教育制度已发展到比较完备的形式,形成了“学在官府,政教合一”的官学体系,并有了“国学”与“乡学”之分。

A. 西周　　B. 夏商　　C. 春秋　　D. 两汉

7. 下列不属于“教育万能论”的代表人物是(　　)

A. 高尔顿　　B. 华生

C. 爱尔维修　　D. 康德

8. 教师在教学中“只有深入才能浅出,只有居高才能临下”。这表明教师必须具备(　　)

A. 基本的文化科学知识　　B. 扎实的专业知识

C. 高超的教学实践能力　　D. 较强的语言表达能力

9. 平行管理是班级管理的常见模式之一,源于(　　)的“平行影响”教育思想。

A. 马卡连柯　　B. 巴班斯基　　C. 夸美纽斯　　D. 陈鹤琴

10. “一个水管,如果强行关闭,它会慢慢爆裂或者倒流,而如果在合适的地方打开缺口,把水疏导出来,则会相安无事。”这句话暗含的德育原则是(　　)

A. 长善救失原则　　B. 导向性原则

C. 知行统一原则　　D. 疏导原则

11. 小江学习刻苦认真,虽然基础并不好,但他遇到困难时总能勇往直前,不达目的不罢休,因此他的学习成绩在班里一直名列前茅。这体现了小江性格的(　　)特征。

A. 态度　　B. 理智　　C. 意志　　D. 情绪

12. 关于效度与信度等测验指标,下列说法错误的是(　　)

A. 效度是指测验能够准确测出所需测量的事物的程度

B. 信度是指测验获得结果的可靠性和一致性程度

C. 效度低,信度一定会低

D. 信度低,效度一定会低

13. 某学生的数学总是考不及格,他认为自己没有数学细胞,不是学数学的料。他的这种归因属于(　　)

A. 内部、稳定的归因　　B. 外部、稳定的归因

C. 内部、不稳定的归因　　D. 外部、不稳定的归因

14. 某教师至今依然记得当初接到学校录取通知时的激动心情。这类记忆属于(　　)

A. 情绪记忆　　B. 形象记忆　　C. 逻辑记忆　　D. 动作记忆

15. 某学生根据芭蕾舞裙和游泳圈的形状和功能发明了一种充气雨衣，雨衣下面是一个圈，充气后雨衣张开，雨水就不会落进鞋子，这体现的是(　　)

A. 原型启发　　　　B. 功能固着

C. 酝酿效应　　　　D. 思维定势

16. 在英语课上，邓老师在教同学们记单词时，鼓励他们把一些跟生活紧密相关的单词写出来，贴在相应的物品上，例如在家具上贴上英文单词，使自己看到对应物品时就能记住相应的单词。结合加涅的信息加工学习理论，学生所利用的单词记忆方法属于教学活动中的(　　)

A. 选择阶段　　　　B. 回忆阶段

C. 概括阶段　　　　D. 保持阶段

17. 军军最近废寝忘食地学习，为的是得到老师的认可和表扬。根据奥苏伯尔的理论，军军的学习动机属于(　　)

A. 认知内驱力　　　　B. 生理内驱力

C. 附属内驱力　　　　D. 自我提高内驱力

18. 刘老师热爱教育事业，平时认真备课，辅导学生，批改作业，勤写教学反思、总结。除上班时间外，还利用休息时间提升自己的教学能力。这主要体现的教师职业道德规范是(　　)

A. 爱国守法　　B. 爱岗敬业　　C. 廉洁奉公　　D. 关爱学生

19. 根据《中华人民共和国义务教育法》的规定，义务教育阶段适龄儿童、少年(　　)

A. 缴费入学　　B. 考核入学　　C. 注册入学　　D. 免试入学

20. 教育法律关系的(　　)是指教育法律关系的参加者，即在教育法律关系中享有权利并承担义务的人或组织。

A. 主体　　B. 客体　　C. 内容　　D. 组织

二、简答题(本大题共3小题，每小题10分，共30分)

1. 在德育工作中贯彻知行统一原则的基本要求有哪些？

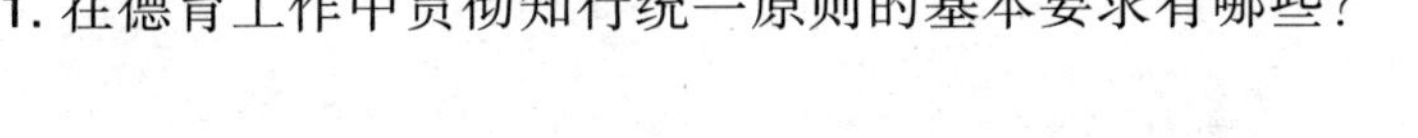

2. 简述社会政治经济制度对教育发展的影响和制约。

3. 简述班杜拉社会学习理论中学习的实质、含义和过程。

三、案例分析题(本大题共15分)

在学习几何体的平面展开图的知识时,郑老师提出一个问题:一只蚂蚁从一个啤酒瓶的瓶口爬到瓶底最短和最长的距离分别是多少?学生们纷纷摇头,不知道怎么计算。于是郑老师在下一节课带来了啤酒瓶、卡纸、记号笔,让学生们先独立研究,再进行小组合作。学生们兴趣十足,除了几种常规的方法外,还创造性地探索出几种不同的方法。

小景说:"可以把酒瓶想象成圆柱体,然后根据展开图计算最短和最长距离。"小孙说:"我觉得最短可以计算,但最长没法计算,因为蚂蚁可以绕着瓶子走螺旋路线。"

郑老师表扬了小景能够对所学知识学以致用,也肯定了小孙的发散思维。郑老师提醒学生,学习知识既要能够学以致用,也要能够根据实际情况进行发散思维。

根据以上案例,回答下列问题。

(1)郑老师这一做法体现了什么教学原则?(6分)

(2)请结合案例对这些原则加以分析。(9分)

浙江省教师招聘考试中小学教育基础知识预测试卷(六)

(总分100分　时间150分钟)

本套试卷共42小题,包括单项选择题(10小题),多项选择题(5小题),填空题(10小题),判断题(10小题),简答题(3小题),论述题(2小题),材料分析题(2小题)。

一、单项选择题(在下列每小题列出的四个备选项中只有一个是最符合题目要求的,将其代码填在括号内。错选、多选或未选均不得分。本大题共10小题,每小题1分,共10分)

1. 陶行知说:"你的教鞭下有瓦特,你的冷眼里有牛顿,你的讥笑中有爱迪生,你别忙着把他们赶跑,你可不要等到坐火车、点电灯、学微积分,才认识到他们是你当年的小学生。"这一思想体现的学生观是(　　)

A. 教师要重视学生的完整性　　B. 教师要重视学生的发展性

C. 教师要重视学生的主体性　　D. 教师要重视学生的独立性

2. "亲其师,信其道;尊其师,奉其教;敬其师,效其行"所体现的教师职业角色是(　　)

A. 传道者　　B. 示范者

C. 教育工作实施者　　D. 教育活动组织者

3. "上山方知山高低,下水方知水深浅"体现的教学原则是(　　)

A. 理论联系实际原则　　B. 量力性原则

C. 因材施教原则　　D. 循序渐进原则

4. "视其所以,观其所由,察其所安。"这句话反映了德育的(　　)

A. 导向性原则

B. 疏导性原则

C. 尊重信任学生与严格要求学生相结合原则

D. 因材施教原则

5. 教学的首要任务是(　　)

A. 培养学生的社会主义品德和审美情趣,奠定学生的科学世界观基础

B. 发展学生的智力、体力和创造才能

C. 引导学生掌握科学文化基础知识和基本技能

D. 关注学生个性发展

6. 小明将"人人平等，尊重他人的尊严与权利"等作为道德判断的标准。根据科尔伯格的道德发展阶段理论，小明处于（　　）

A. 前习俗水平　　B. 习俗水平

C. 后习俗水平　　D. 超习俗水平

7. 学生对数学定理、公式、哲学命题等内容的记忆属于（　　）

A. 语词逻辑记忆　　B. 程序性记忆

C. 形象记忆　　D. 长时记忆

8. 5岁的毛毛第一次参观海洋馆，当他看到玻璃展缸中的潜水员时，大喊："看，消防员。"根据皮亚杰的认知发展理论，毛毛的认知过程属于（　　）

A. 同化　　B. 顺应

C. 平衡　　D. 组织

9. 教育法律救济的途径不包括（　　）

A. 诉讼救济　　B. 行政申诉和行政复议

C. 民间调解　　D. 自决

10. 拖欠教师工资，侵犯教师其他合法权益的。根据《中华人民共和国教师法》的规定，应当（　　）

A. 责令其限期改正　　B. 给予行政处分

C. 依法追究刑事责任　　D. 对其处以罚款并责令改正

二、多项选择题（在下列每小题列出的选项中至少有两个是正确的，请将其代码填在括号内。错选、多选、少选或未选均不得分。本大题共5小题，每小题2分，共10分）

1. 下列表述中，体现对教师能力素养要求的是（　　）

A. "要使学生获得一点知识的亮光，教师应吸进整个光的海洋"

B. 教师应"既知教之所由兴，又知教之所由废"

C. 教师语言表达要做到"生动、形象、具有启发性"

D. 教师应注意课堂教学中的自我监控与课后的自我反思

2. 根据方法论的不同，教育研究可以分为（　　）

A. 定量研究　　B. 应用研究

C. 定性研究　　D. 基础研究

3. 正迁移是一种学习对另外一种学习的促进，以下属于正迁移的是（　　）

A. 学习西方文化知识有利于学生理解英语单词的含义

B. 丰富的古诗词知识的掌握促进学生欣赏美的能力的提升

C. 学习地理知识有利于学习导游知识

D. 掌握骑自行车有助于掌握骑电动车

4. 下列选项中，属于内部学习动机的有（　　）

A. 对工作的好奇　　B. 获取丰厚报酬

C. 避免受到处罚　　D. 对学习的兴趣

5. 国家在受教育者中进行（　　）的教育，进行理想、道德、纪律、法治、国防和民族团结的教育。

A. 共产主义　　B. 爱国主义

C. 集体主义　　D. 中国特色社会主义

三、填空题（在下列每小题的空格中填上正确答案，错填、不填均不得分。本大题共10小题，每小题1分，共10分）

1. ________提出“人是唯一需要教育的动物”。

2. “教师的劳动不直接创造物质财富，而是以学生为中介实现教师劳动的价值。”这句话体现了教师劳动的________。

3. 陶行知曾用松树和牡丹比喻人：用松树的肥料培养牡丹，牡丹会瘦死；用牡丹的肥料培养松树，松树会被烧死。这一比喻所体现的是________的教学原则。

4. 学生是学习的________，是具有能动性的教育对象。

5. ________是全部教育活动的主题和灵魂，是教育的最高理想。

6. “一个小丑进城，胜过一打医生”说明情绪和情感具有________功能。

7. 当学生取得好的成绩后，老师、家长给予其表扬和鼓励，这符合桑代克学习规律中的________。

8. 学生学习《登鹳雀楼》这首古诗时，头脑中呈现诗句所描绘的相关景象。这种心理活动属于有意想象中的________。

9. 老师教学时用“山巅一寺一壶酒”来帮助学生识记圆周率3.14159……，这一记忆术是________。

10. 根据《学生伤害事故处理办法》的有关规定，学生伤害事故应当遵循________、________、________的原则，及时、妥善地处理。

四、判断题(判断下列各题的正误,正确的打"√",错误的打"×"。本大题共10小题,每小题1分,共10分)

1. 实用主义教育在一定程度上忽视了系统知识的学习,弱化了教师在教育教学过程中的主导作用,模糊了学校的特质。 ( )

2. 教育的多元化就是教育思想的多元化。 ( )

3. "文以载道"体现了量力性的教学原则。 ( )

4. 教学方法就是教师讲课的方法,是教师为完成教学任务而采用的方法。 ( )

5. 许老师经常在课堂上通过表扬、奖励、处分、批评等方式塑造学生品德,这是典型的榜样示范法。 ( )

6. 消退是一种强化的过程,其作用在于降低某种反应在将来发生的概率。 ( )

7. 定势可能加快问题解决的速度,也可能影响问题解决的效率和质量。 ( )

8. 教育政策与教育法规的制定主体是不同的,前者由政府制定,后者则由立法机关制定。 ( )

9. 人与人没有完全一样的人格特点,例如,"固执"在不同的环境下有其特定的含义。在娇生惯养、过度溺爱的环境中,"固执"带有"撒娇"的意思;而在冷淡疏离、艰难困苦的环境中,"固执"又带有"反抗"的意思,这就说明了人格具有稳定性的特点。( )

10. 教师对做事总是虎头蛇尾的学生应着重培养其意志品质的自制性。 ( )

五、简答题(本大题共3小题,每小题5分,共15分)

1. 简述德育过程的基本规律。

2. 简述针对抑郁质的学生应如何因材施教。

3. 简述学习策略的训练要遵循哪些原则。

六、论述题(本大题共2小题,每小题11分,共22分)

1. 联系实际,谈谈在教学中应如何贯彻理论联系实际的原则。

2. 试述成就动机理论及其教育启示。

七、材料分析题(本大题共2小题,第1小题12分,第2小题11分,共23分)

1. **材料一** 习近平总书记在全国教育大会上强调:“要在学生中弘扬劳动精神,教育引导学生崇尚劳动、尊重劳动,懂得劳动最光荣、劳动最崇高、劳动最伟大、劳动最美丽的道理。”

材料二 《中国教育报》记者在湖南省平江县进行实地调查时发现,当前一些学生劳动意识日渐淡薄,一些学校和家庭的劳动教育趋于边缘化。一位老师说:“一些孩子不爱劳动,不会劳动,甚至扫一下地都不愿意。”

(1)简要分析当前劳动教育不容乐观的原因。(3分)

(2)谈谈劳动教育对促进学生全面发展的意义。(3分)

(3)你认为学校应如何开展劳动教育?(6分)

2. 某小学五年级(1)班在操场上体育课,学习踢足球。体育老师在给学生讲解完踢足球的要领及注意事项之后,把班上的学生分成几个小组练习。李某(10岁)和王某(11岁)分在一个小组内,由于地面不平,李某在奔跑的过程中不慎摔倒,恰好被跑上前来的王某踩在腿上,导致小腿骨折。此时,体育老师正在指导其他小组练习。李某住院三个月,共花费医疗费、护理费、营养费等1万余元。事后,李某家长认为李某是在学校受伤的,应当由学校承担全部责任,且花费的1万余元费用应由学校承担。

(1)学校是否应该承担责任?请说明理由。(6分)

(2)王某的父母是否应该承担责任?请说明理由。(5分)

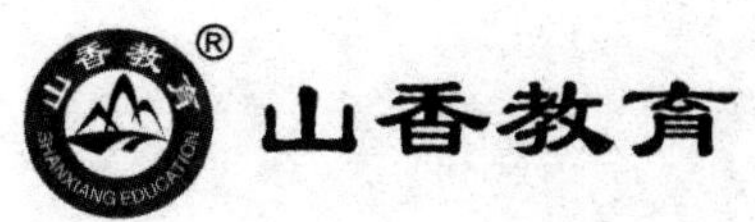

浙江省教师招聘考试历年真题详解及预测试卷

教育基础知识·小学

参考答案及解析–真题试卷

（参考答案及解析由山香教师招聘考试命题研究中心编写）

目　录

2023年浙江省金华市永康市中小学教师招聘考试教育基础知识真题试卷(一)

一、单项选择题

1. A 【解析】本题考查教育时政。2022年9月27日,教育部举行"教育这十年""1+1"系列发布会(第十五场)。会上,教育部财务司司长郭鹏介绍优先保障教育投入的有关情况。他提到,在党中央坚强领导下,在中央和地方各级党委政府共同努力下,在财政、发展改革、人力资源社会保障等各部门大力支持下,国家财政性教育经费支出占GDP比例连续10年保持在4%以上。4%这一比例并不高,十年平均下来是4.13%,与世界平均4.3%和OECD国家平均4.9%的水平相比,我们还有一定差距,只能说达到了世界平均水平,这也是与我国目前经济社会发展阶段、发展水平、国家财力状况相适应的投入水平。我国是在财政收入占GDP比例低于世界平均水平的情况下,达到了世界平均的财政教育投入水平。故选A项。

2. B 【解析】本题考查道尔顿制。1922年,《教育杂志》刊登《道尔顿实验室计划》一文,道尔顿制被介绍到中国。1923年,全国教育会联合会第九届年会议决《新制中学及师范学校宜研究试行道尔顿制案》,该案认为道尔顿制作为新教学法,"其用意在适应个性,指导研究,打破学年制";提议在中学和师范学校先行试验,若确有成效,再不断推广。故选B项。

3. C 【解析】本题考查因材施教原则。A项,启发性原则是指在教学活动中,教师要调动学生的主动性和积极性,引导他们通过独立思考、积极探索,生动活泼地学习,自觉地掌握科学知识,提高分析问题和解决问题的能力。

B、D项,量力性原则,也称可接受性原则、发展性原则,是指教学的内容、方法、分量和进度要适合学生的身心发展,使他们能够接受,但又要有一定的难度,需要他们经过努力才能掌握,以促进学生的身心发展。

C项,因材施教原则是指教师在教学中,要从课程计划、学科课程标准的统一要求出发,面向全体学生,同时又要根据学生的个别差异,有的放矢地进行有差别的教学,使每个学生都能扬长避短,获得最佳的发展。我国古代孔子善于根据学生的不同特点,有针对性地进行教育,以发挥他们各自的专长。

材料内容出自《论语·先进》,讲的是,子路和冉有问同一个问题"闻斯行诸",孔子却做出了不同的回答。这是由于子路做事有时不免轻率,所以孔子要他在听到一件该做的事时最好向父兄请教后再去做。而冉有则个性谦退,遇事往往畏缩,因此孔子要他在听到一件该做的事后立刻去做。孔子的做法体现了因材施教原则。故选C项。

4. A 【解析】本题考查实行因材施教原则的关键和基础。充分了解学生是实行因材施教原则的关键和基础。故选A项。B项，抓住主要矛盾是贯彻循序渐进原则的要求之一。C项，在真实情境中教学可以使学生获得更多的感性认识和情感体验。D项，善于提问激疑是贯彻启发性原则的要求之一。

5. 缺失

6. B 【解析】本题考查《中国学生发展核心素养》。中国学生发展核心素养，以科学性、时代性和民族性为基本原则，以培养"全面发展的人"为核心，分为文化基础、自主发展、社会参与三个方面。文化基础方面要求的素养包括：人文底蕴，科学精神。自主发展方面要求的素养包括：学会学习，健康生活。社会参与方面要求的素养包括：责任担当，实践创新。故选B项。

7. 缺失

8. D 【解析】本题考查动机理论。动机的唤醒理论提出了三个原理。第一个原理是人们偏好最佳的唤醒水平。研究发现，每一个个体都有自己的最佳唤醒水平，高于这个水平时就需要减少刺激，低于这个水平时就需要增加刺激。第二个原理是简化原理，即重复进行刺激能使唤醒水平降低。第三个原理是个人经验对于偏好的影响。研究表明，富有经验的个体偏好于复杂的刺激。如有经验的音乐爱好者喜欢欣赏复杂的音乐。经验也能够帮助个体更好地组织刺激。例如，初学国际象棋的人，在考虑一个战术时，需要32步；而有经验的人则将32步并为一步。题干中，小吴熟练后能将原先十步并成一步，体现出动机的唤醒理论。

9. A 【解析】本题考查艾森克的人格维度理论。英国心理学家艾森克根据内倾—外倾和情绪稳定—不稳定这两个基本的人格维度，把人分成四种类型，即稳定内倾型、稳定外倾型、不稳定内倾型和不稳定外倾型。其中，稳定内倾型相当于黏液质；稳定外倾型相当于多血质；不稳定内倾型相当于抑郁质；不稳定外倾型相当于胆汁质。

10. D 【解析】本题考查言语的理解。言语的理解可分为三级水平：(1)词汇理解或词汇识别是言语理解的第一级水平；(2)句子的理解是言语理解的第二级水平；(3)篇章理解(课文或话语的理解)是言语理解的第三级水平。故篇章理解是言语理解的最高水平，D项正确。

11. A 【解析】本题考查校本教研的基本要素。校本教研的基本要素包括：(1)自我反思。自我反思是教师与自我的对话，是开展校本研究的基础和前提，是校本教研最普遍和最基本的活动形式。(2)同伴互助。同伴互助是教师与同行的对话，是校本研究的标志和灵魂。(3)专业引领。专业引领主要是指各层次专业研究人员对校本教研的介入。

12. B 【解析】本题考查皮亚杰的认知发展阶段理论。当已有图式不能解决个体正面临的问题情境时，就产生了皮亚杰所说的不平衡状态，皮亚杰认为心理发展就是个体通过同化和顺应而达到平衡的过程。当个体既有图式能轻易同化环境中的新知识经验时，个体在心理上感到平衡。当个体既有图式不能轻易同化环境中的新知识经验时，个体在心理上感到失衡。故选B项。A项易混淆，不平衡状态侧重新的刺激情境，即新的问题情境，并非泛指的相关问题，故排除。

13. C 【解析】本题考查赞科夫的发展性教学理论。赞科夫把学生的一般发展作为教学的出发点，提出了发展性教学理论的五条教学原则，即高难度、高速度、理论知识起主导作用、理解学习过程、使所有学生包括"差生"都得到一般发展的原则。其中，理解学习过程的原则要求学生把前后所学的知识进行联系，了解知识网络关系，使之融会贯通，灵活运用，教学要引导学生寻找掌握知识的途径，要求学生明确学习产生错误与克服错误的机制等。概括地说，要发展学生的认知能力，培养学生的自学能力，才有利于学生的发展。故选C项。

易错提示：赞科夫的发展性教学理论的五条教学原则的具体含义：(1)高难度：用稍高于学生原有水平的教学内容来教学生，注意掌握难度的分寸；(2)高速度：不要搞多次的、单调的重复，以致把教学进程拖得很慢；(3)理论知识起主导作用：掌握理论知识是形成技能、技巧的主要条件；(4)理解学习过程：教学生学会怎样学习，即发展学生的认知能力，培养学生的自学能力；(5)使所有学生包括"差生"都得到一般发展：面向全体学生，特别是要促进"差生"的发展。

14. B 【解析】本题考查《关于防范以"家庭教育指导师"名义开展违规校外培训的提示》。《关于防范以"家庭教育指导师"名义开展违规校外培训的提示》中指出，教育部校外教育培训监管司、人力资源和社会保障部职业能力建设司、全国妇联家庭和儿童工作部联合提示：(1)家庭教育指导是为未成年人的父母或者其他监护人实施家庭教育提供服务，重在宣传正确的家庭教育知识、帮助家长掌握科学家庭教育理念和方法。(2)"家庭教育指导师"尚未纳入《国家职业资格目录(2021年版)》，相关主管部门未颁发或授权颁发"家庭教育指导师"证书。(3)"家庭教育指导师"不符合《校外培训机构从业人员管理办法(试行)》有关资质要求，不能招用为中小学生校外培训机构教学、教研人员。(4)家庭教育指导服务的对象是成年人，以"家庭教育指导"等名义开展面向中小学生的各类培训活动，属于违规行为。故①④的说法错误，②③的说法正确，本题答案选B项。

15. C 【解析】本题考查《中共中央办公厅 国务院办公厅关于适应新形势进一步

加强和改进中小学德育工作的意见》。《中共中央办公厅 国务院办公厅关于适应新形势进一步加强和改进中小学德育工作的意见》指出：要把思想政治教育、品德教育、纪律教育、法制教育作为中小学德育工作长期坚持的重点，遵循由浅入深、循序渐进的原则，确定不同教育阶段的内容和要求。小学德育工作主要通过生动活泼的校内外教育教学活动，对学生进行以“爱祖国、爱人民、爱劳动、爱科学、爱社会主义”为基本内容的社会主义公德教育、社会常识教育和文明行为习惯的养成教育。中学德育工作的基本任务是把学生培养成为热爱社会主义祖国的具有社会公德、法制意识、文明行为习惯的遵纪守法的公民，引导他们逐步树立正确的世界观、人生观和价值观，不断提高爱国主义、集体主义和社会主义思想觉悟，为他们中的优秀分子将来能够成长为共产主义者奠定基础。中学特别是高中阶段，要注重有针对性地对学生进行马列主义、毛泽东思想和邓小平理论基本观点教育，辩证唯物主义和历史唯物主义基本观点教育。C项属于小学德育的基本任务，故本题选C项。

二、辨析题(参考答案)

16. 分科课程的弊端之一是割裂了知识的整体性，不利于学生理解能力的培养。

(1)这种说法是不正确的。(2)分科课程是根据学校教育目标、教学规律和一定年龄阶段的学生发展水平，分别从各门学科中选择部分内容，组成各种不同的学科，彼此分立地安排它们的教学顺序、教学时数和期限。一方面，分科课程有利于学生在短时间内系统接受各学科的基本知识，有效地保证学习的逻辑性、系统性和整体性，深化学生对所学领域的认识。另一方面，分科课程过于强调学科内部的知识结构，忽视学科之间的相互联系，造成了各学科之间的隔离，割裂了知识的整体性，不利于发展学生综合性地认识世界的能力。综上所述，分科课程有利于深化学生对某一领域的理解，但不利于培养学生的综合认识能力。故题干前半句说法正确，后半句说法错误。

(共5分。判断1分，判断“说法正确”本题不得分；理由4分，答出分科课程的概念1分，优点1分，缺点1分，具体表明错误原因1分)

17. 最近发展区是指学生现有的发展水平。

(1)这种说法是不正确的。(2)维果斯基认为，儿童有两种发展水平：一是儿童的现有水平，即由一定的已经完成的发展系统所形成的儿童心理机能的发展水平；二是可能(即将)达到的发展水平。这两种水平之间的差异，就是最近发展区。也就是说，最近发展区是儿童在有指导的情况下，借助成人帮助所能达到的解决问题的水平与独自解决问题所达到的水平之间的差异，实际上是两个邻近发展阶段间的过渡状态。故题干说法不正确。

（共5分。判断1分，判断“说法正确”本题不得分；理由4分，答出最近发展区的概念2分，具体的解释2分）

三、简答题（参考答案）

18. 从课程的组织、实施、评价等方面阐述课程目标的功能。

（1）为课程内容的选择提供依据。判断什么知识最有价值应以课程目标为重要依据。

（2）为课程的组织提供依据。把课程组织为什么样的类型（如学科课程或经验课程；分科课程或综合课程；必修课程或选修课程），这在某种意义上取决于课程目标，因为目标反映了特定的教育价值观。

（3）为课程实施提供依据。课程实施过程在某种意义上是创造性地实现课程目标的过程，因此，课程目标必然是课程实施的重要依据。

（4）为课程评价提供依据。课程评价是用一种标准对课程进行价值判断，而课程目标则是这种价值判断的基本标准。

（共15分。从“课程内容”“课程组织”“课程实施”“课程评价”等方面阐述课程目标的功能，至少能阐述3个方面，每个方面5分，理论依据准确、充分2分，展开阐述合理3分）

四、论述题（参考答案）

19. 论述教师如何克服及缓解职业倦怠。

减少和消除职业倦怠的方法主要有以下三点：

（1）个体的自我干预。个体干预的目的是通过改变个体自身的某些特点来增强适应工作环境的能力。个体干预的主要方法有：放松训练、时间管理、社交训练、压力管理和态度改变等。以下是个体干预职业倦怠的几种有效建议：①观念的改变；②积极的应对策略和归因方式；③合理的饮食和锻炼。

（2）组织的有效干预。组织干预的思路是通过削减过度的工作时间、降低工作负荷、明确工作任务、积极沟通与反馈、建立有效的社会支持系统来预防和缓解职业倦怠。学校对教学的评价机制是影响教师工作的积极性和创造性的重要因素，改善学校领导方式是缓解教师职业压力的有效途径。学校应提倡过程性和发展性评价，为教师建立有效的社会认同支持系统，正确认识教师的教育教学成果。另外，要为教师提供深造及参与学校民主决策的机会，增强教师对学校的认同感和归属感。

（3）构建社会支持网络。减少和消除职业倦怠，需要建立一个和谐的社会支持网络。首先，对教师的角色期待进行合理定位；其次，国家应切实采取措施提高教师的经济待遇和社会地位，维护教师的合法权利，使教师切实感受到社会的尊重；最后，教育部门应探索出有效的教师教育培训体系，将职前与职后培训有机结合起来，提高教师智力方面与非智力方面的水平，重视教师承受压力和自我缓解压力的训练。

（共20分。从“个体的自我干预”方面论述如何克服及缓解职业倦怠8分，理论依据准确、充分4分，展开论述合理4分；从“组织的有效干预”“构建社会支持网络”两个方面论述如何克服及缓解职业倦怠，每个方面6分，理论依据准确、充分3分，展开论述合理3分）

五、材料分析题（参考答案）

20.（1）客观因素：学校环境、家庭环境、社会环境等方面的因素综合影响学生的学习和生活。高中学生面临着升学考试方面的巨大压力，同时父母、社会对他们的不同期望使他们对于学习过分看重，容易形成过分概括化和绝对化要求的不合理观念，无法良好地平衡学习和生活。

主观因素：①不正确的归因方式。根据韦纳的归因理论，当学生将失败归因于能力弱、不努力等内部原因时，会产生愧疚感。材料中，有的学生因为未取得优异的成绩而觉得自己一事无成，学生可能将失败归因于自己能力弱，进而感到失落和沮丧。②不合理的目标定向。根据目标设置理论，目标本身就具有激励作用，目标能把人的需要转化为动机，使人的行为朝着一定的方向努力，并将自己的行为结果与既定的目标相对照，及时进行调整和修正，从而实现目标。明确具体的、中等难度的、近期可达到的目标，会加强学生的动机和完成目标任务时的持久性。而不合理的目标（如难度过大）则可能会降低学生的学习动机，进而影响其学业表现。材料中，有的学生制定了进入班级前十的目标，结果不进反退，这可能因为该学生未根据实际情况制定合理、可行的目标。③过低的自我效能感。自我效能感是指人对自己能否成功从事某一成就行为的主观判断。材料中的学生，缺少良好的成功体验，不能在日常的学习和生活中形成良好的结果期待和效能期待，进而降低了自我效能感，对学习和生活作不良的评价。

（共10分。从“客观因素”方面分析材料中学生的表现产生的原因4分，理论依据准确、充分2分，结合材料分析合理2分；从“主观因素”方面分析材料中学生的表现产生的原因6分，每点2分，理论依据准确、充分1分，结合材料分析合理1分。考生若有其他合理回答可酌情给分）

（2）①全面了解学生情况。作为班主任，在开展班会前需要充分了解学生的真实想法和需求，倾听学生的意见和反馈，选择学生共同关心的内容作为班会的主题。

②一起确定班会主题。要想开好一个成功的班会，班会的主题选择十分关键。班会主题的确定，既要依据学校的中心工作，又要服从于班级的共同努力目标，避免

主题的随意性和盲目性。针对材料中的学生高考压力过大的情况，作为班主任可以和学生一起商量，确定班会主题，如“直面高考压力——我坦言”等，从而释放学生的压力，充分发挥主题班会的作用。

③营造和谐的班会氛围。和谐的班会氛围有利于学生放下压力，畅所欲言。作为班主任，可以通过布置环境、设计相关活动等来营造和谐的班会氛围。

④鼓励学生主动表达。班会活动应该充分体现学生的主体地位。作为班主任，在开展班会时，要鼓励学生主动表达，积极讨论，释放内心压力，促进学生思想的转变和情感的变化。

⑤及时总结班会经验。学生的思想问题并不是靠一次班会就能解决的。所以，班会之后学生的思想巩固和行动是非常重要的。作为班主任，要结合不同学生的不同情况，与学生进行思想交流，使学生的认识转化为行动。

（共15分。从“了解学生情况”“确定班会主题”“营造和谐氛围”“鼓励学生表达”“及时总结经验”五个方面回答如何开展班会，每点3分。考生若有其他合理回答可酌情给分）

2023年浙江省宁波市中小学教师招聘考试教育理论基础知识真题试卷(二)

一、判断题

1. √ 【解析】本题考查孔子的教育思想。孔子提出的“有教无类”的教育思想就是关于“教育公平”的问题，“有教无类”就是教育面前人人平等，每个人都有接受教育的权利，教育没有高低贵贱之分。故题干说法正确。

2. × 【解析】本题考查巴甫洛夫的经典性条件作用理论的主要规律。分化是指机体只对条件刺激做出条件反应，而对其他相似刺激不做反应。泛化是指机体对与条件刺激相似的刺激做出条件反应。题干所述属于泛化，说法错误。

3. × 【解析】本题考查课堂提问的类型。应用型提问要求学生能够掌握概念、定理、方法的应用，并且能主动运用新获得的知识和回忆所学过的知识解决新的问题，或进一步要求学生独立思考，灵活运用学习过的知识，进而提出解决问题的新途径、新方法、新见解，同时培养学生的思维能力。综合型提问要求学生对已有材料进行分析、综合，独立思考，发现知识之间的内在联系，提出新见解、新观点，从分析中得出结论，或要求学生根据已有事实推理想象可能的结论。故题干说法错误。

4. √ 【解析】本题考查新课程教学评价倡导的基本理念。新课程课堂教学要真正体现以学生为主体，以学生发展为本，就必须对传统的课堂教学评价进行改革，体现以学生的“学”来评价教师“教”的“以学论教”的评价思想，强调以学生在课堂教学中呈现的状态为参照来评价课堂教学质量。提倡“以学论教”,主要从学生的情绪状态、注意状态、参与状态、交往状态、思维状态、生成状态六个方面进行评价。

5. × 【解析】本题考查强化程序。所谓强化程序,是按合乎要求的反应次数以及各次强化之间的时距的适当组合而做出的各种强化安排。它包括连续强化和间隔强化。一般来说,间隔强化的效果比连续强化的效果好,连续强化在教导新反应时最为有效,间隔强化比连续强化具有更高的反应率和更低的消退率。故题干说法错误。

6. √ 【解析】本题考查卡特尔的智力形态论。美国心理学家卡特尔根据因素分析结果,按心智能力功能上的差异,将人的智力分为流体智力和晶体智力两种不同的形态。其中,晶体智力主要表现为运用已有知识和技能去吸收新知识和解决新问题的能力,如词汇理解和计算方面的能力都是晶体智力。

7. × 【解析】本题考查学习动机的种类。按学习动机的作用与学习活动的关系,可分为近景的直接性学习动机和远景的间接性学习动机。其中,远景的间接性学习动机是指由了解活动的社会意义、活动结果的社会价值而引起的对某种活动的动机,这种学习动机既具有一定的社会性和理想色彩,又与个人的志向、世界观相联系,具有较强的稳定性和持久性,能在相当长的时间内起作用。题干中,小王因崇拜外交部发言人而立志成为一名优秀的外交部发言人(志向),这属于远景的间接性学习动机。故题干说法错误。

8. × 【解析】本题考查情绪的种类。依据情绪发生的强度、持续性和紧张度的不同,可以把情绪状态划分为激情、心境和应激。其中,心境是一种微弱的、持续时间较长的,带有弥漫性的情绪状态,如“人逢喜事精神爽”。应激是出乎意料的紧迫情况所引起的急速而高度紧张的情绪状态。一般的应激状态是一种行为保护机制,能使机体具有特殊防御、排险机能,使人更加机智勇敢,集中全身精力以应付危急局面,急中生智,摆脱困境。故“急中生智”属于应激,“人逢喜事精神爽”属于心境,题干说法错误。

9. √ 【解析】本题考查儿童人际关系发展的特点。儿童早期(幼儿期)的友谊一般是脆弱、易变的,很快形成又很快破裂。幼儿的友谊多半建立在地理位置接近(邻居)、有共同的兴趣和喜爱的活动以及拥有有趣的玩具的基础上。故题干说法正确。

10. √ 【解析】本题考查《中华人民共和国教师法》。根据《中华人民共和国教师法》第三十七条规定,教师有下列情形之一的,由所在学校、其他教育机构或者教育行政部门给予行政处分或者解聘:(1)故意不完成教育教学任务给教育教学工作造成损失的;(2)体罚学生,经教育不改的;(3)品行不良、侮辱学生,影响恶劣的。教师有前款第(2)项、第(3)项所列情形之一,情节严重,构成犯罪的,依法追究刑事责任。

二、单项选择题

1. C　**【解析】**本题考查教育与社会关系的主要理论。A项，教育独立论以蔡元培为主要代表人物。

B项，筛选假设理论强调教育的信号本质，强调筛选作用为教育的主要经济价值。

C项，教育万能论认为人完全是教育的产物，片面地夸大了教育在人的发展中的作用。洛克是教育万能论的代表人物之一，他反对天赋观念，提出了“白板说（白纸说）”，认为人的心灵原来就像一块白板（白纸），没有一切特性，没有任何观念，天赋的智力人人平等。题干所述即洛克关于白纸说的阐述，故选C项。

D项，20世纪60年代，以美国的舒尔茨为代表的西方经济学家，提出了人力资本理论。

2. D　**【解析】**本题考查影响人的身心发展的因素。总体看来，影响人的身心发展的因素主要有遗传、环境、教育和个体主观能动性等。教育学中所说的环境一般指社会环境，优良的班风、学风等都属于环境因素。故选D项。

3. A　**【解析】**本题考查知识的表征。知识的表征形式有概念、命题和命题网络、表象、图式、产生式等。其中，概念代表着事物的基本属性和基本特征，是一种简单的表征形式。命题是意义或观念的最小单元，用于表述一个事实或描述一个状态，通常由一个关系和一个以上的论题组成，关系限制论题。表象是人们头脑中形成的与现实世界的情境相类似的心理图像。命题和表象都只涉及单个观念，心理学家提出图式的概念来组合概念、命题和表象。图式表征了对某个主题的综合性知识。比如，我们在头脑中都有关于教室的图式，与它相关的信息有教师、学生、黑板、课桌、讲台等。通过这样的图式，我们可以预想到整个教室的布置，可以预想到上课时的情境。题干中，浩浩形成了关于非洲象的综合性知识，这属于图式。故选A项。（具体参看陈琦、刘儒德主编的《当代教育心理学》）

4. B　**【解析】**本题考查影响问题解决的因素。人们把某种功能赋予某物体的倾向称为功能固着。在功能固着的影响下，人们不易摆脱事物用途的固有观念，从而直接影响问题解决的灵活性。题干中，壮壮只想到丝巾可以保暖，却想不到其还可以起到装饰的作用，壮壮受到了功能固着的影响。

5. C　**【解析】**本题考查皮亚杰的认知发展四阶段。在发展中处于具体运算阶段的儿童能够去中心化并能逆向运算，因此守恒能力迅速发展。儿童开始进行一些运用符号的逻辑思考活动，可以形成一系列的行动心理表象。比如，8岁左右的儿童去过几次小朋友的家，就能够画出具体的路线图来，而5、6岁的儿童则无法做到。题干中，西西之前不能记住回家的路线，之后能够在纸上画出具体的路线图，说明其认知发展现在处于具体运算阶段。

6. D 【解析】本题考查学习策略的种类。复述策略是指在工作记忆中为了保持信息,运用内部语言在大脑中重现学习材料或刺激,以便将注意力维持在学习材料上的方法。题干中,彤彤通过默读(内部语言)来记忆电话号码,这属于复述策略。

7. A 【解析】本题考查教学评价的类型。诊断性评价是在学期开始或一个单元教学开始时,为了了解学生的学习准备状况及影响学习的因素而进行的评价。也可以说是在某项教学活动开始之前对学生的知识、技能以及情感等状况进行的预测。它包括各种通常所称的摸底考试。由题干中"开始一个新的单元教学时"可知,孟老师进行的是诊断性评价。故选A项。

8. D 【解析】本题考查学习迁移的种类。根据迁移内容的抽象和概括水平不同,迁移可分为水平迁移和垂直迁移。其中,垂直迁移也称纵向迁移,是指先行学习内容与后续学习内容是不同水平的学习活动之间产生的影响。垂直迁移表现在两个方面:(1)自下而上的迁移,即下位的较低层次的经验影响上位的较高层次的经验的学习;(2)自上而下的迁移,即上位的较高层次的经验影响下位的较低层次的经验的学习。题干中,学生在课前形成的对历史的整体认识(较高层次的经验)影响后面具体学习的历史知识,这体现了垂直迁移的作用。故选D项。

9. B 【解析】本题考查学生心理发展的特点。青少年的心理发展具有闭锁性,所谓闭锁性是指人的心理活动具有某种含蓄、内隐的特点,它是相对于人的外部行为表现与内部心理活动之间的一致性而言。闭锁性主要表现在:(1)出现了"内心的秘密",开始愿意有自己的房间,自己的抽屉要上锁,反感别人随便翻动自己的房间,开始记日记,自己向自己倾诉内心的秘密;(2)与人交往中变得不那么坦率了,即使对最亲近的人也不易做到心理上毫无保留。青少年心理的闭锁性,使他们不轻易向别人吐露真情,交往中要求较高,选择条件较苛刻。故题干所述属于闭锁性的表现。

10. A 【解析】本题考查逆反心理。少年期学生常见的逆反心理主要有:(1)情境相悖逆反心理,即当学生正想着做某一件事,而这时别人又要求他们去做另一件事,这时就容易产生情境相悖逆反心理。例如,已经到了放学回家的时候,老师还要把学生留下来抄写课文,此情此境就容易引起他们拒绝本来可以接受的要求,产生逆反心理。题干中,李老师在户外活动时间让学生做英语试题,有些学生由此产生的逆反心理属于情境相悖逆反心理。(2)信度可疑逆反心理。(3)禁果诱惑逆反心理。(4)态度对立逆反心理,即学生往往对与他们关系紧张的教师或家长产生态度对立逆反心理。(5)超限刺激逆反心理,即在日常生活或学习中,当对学生的某种刺激过于强烈或作用的时间过长时,学生反而会对这种刺激不按要求地作出反应。(6)自主倾向逆反心理。(7)归因失真逆反心理。(8)评定失实逆反心理,即在评定某一事物时,如果别人与他们的标准不一致,评定的结果不真实,那么,他们就会产生评定失实逆反心理。

2022年浙江省金华市永康市小学教师招聘考试教育基础知识真题试卷(三)

一、单项选择题

1. C 【解析】本题考查夏朝的教育机构。夏朝,贵族为了培养自己的子弟,建立了学校,名叫"校"。《礼记·王制》和《礼记·明堂位》又说夏的学校叫作"序"。东汉时郑玄注《仪礼》时则说夏后氏之学叫作"庠"。根据这些内容,我们可以说夏朝已有了"庠""序""校"三种尚未完全发展成为学校形式的非专门的教育机构。"庠"是从虞舜时代继承下来的。"序"和"校"则是夏朝新增加的。到了殷商和西周,又有"学""瞽宗""辟雍""泮宫"等学校的设立。故选C项。

易错提示:我国古代的教育机构多种多样,考生除识记各时期对应的教育机构外,还需了解各教育机构的具体意义。

时期	教育机构	具体意义
夏	庠	兼顾养老与教育的机构
	序	具有明显武士教育的特点
	校	一种比较完备的军体性的教育机构
商	学	有一定的场所、有一定的学习内容和教与学的活动
	瞽宗	商代大学特有的名称,是当时奴隶主贵族子弟学习礼乐的场所
周	辟雍	天子学所
	泮宫	诸侯学所

2. A 【解析】本题考查循序渐进原则。循序渐进原则在西方常称为系统性原则,是指教师要严格按照科学知识的内在逻辑和学生的认知发展规律进行教学,使学生掌握系统的科学文化知识,能力得到充分的发展。

3. B 【解析】本题考查教育目的的作用。教育目的对学校教育的作用包括:(1)定向作用。教育目的规定了学校教育和学生发展的根本方向,是学校办学的根本指导思想,也是学生发展的总方向,是学校教育工作的起点和归宿,并制约其全过程。学校只能根据教育目的办学,否则,就会偏离正确的办学方向。(2)调控作用。教育目的规定了学校教育培养人才的基本质量规格,对学校教育的内容和活动方式起选择、协作、调节和控制作用。(3)评价作用。学校的办学质量以及学生的发展质量如何,可以有很多的标准来衡量,但根本标准乃是教育目的。一般来说,凡是遵循并实现了学校教育目的的学校,其教育质量就高。相反,偏离了教育目的,其教育质量就不可能高。

故选B项。

4. D 【解析】本题考查个人本位论的观点。个人本位论认为,教育的根本目的是人的本性和本能的高度发展。其观点包括:(1)教育目的是根据个人发展的需要制定的,而不是根据社会的需要制定的;(2)个人价值高于社会价值;(3)人生来就有健全的潜在本能,教育的基本职能就在于使这种潜能得到发展。故ABC三项属于个人本位论的观点。社会本位论认为,教育以社会的稳定和发展为最高宗旨。其观点包括:(1)个人的一切发展都有赖于社会;(2)教育除了满足社会需要以外并无其他目的;(3)教育的结果或效果是以其社会功能发挥的程度来衡量的。故选D项。

5. B 【解析】本题考查杜威的教育思想。杜威认为课程组织应以学生的经验为中心。20世纪20年代,进步主义教育思潮盛行,受美国实用主义教育家杜威的教育思想影响,人们强调尊重儿童的兴趣与需要,发展儿童的个性,主张以儿童的生活经验为课程。持这种课程观(课程即"经验")的人把课程看作学生在教育环境中与教师、材料等相互作用的所有经验。故题干所述课程观念是杜威的典型论述。

6. A 【解析】本题考查弗洛伊德的道德情感发展理论。弗洛伊德认为人格是一个整体,由彼此相关的本我、自我和超我构成。本我是人格结构中最原始的部分,是一些生物性或本能性的冲动。它遵循的是"快乐原则",毫无道德可言。自我遵循"现实原则",既要满足本我的本能需要,又要抑制和控制其冲动,使其获得的是现实所允许的快乐和满足。超我是从自我中分化出来的,是对自我的监督,遵循的是"至善原则"。在个体的行为中,道德行为的原动力来自超我的支配。超我的监督作用是通过自我理想和良心实现的。在弗洛伊德看来,超我中的自居作用、自我惩罚、内疚是儿童道德发展的强大推动力。其中,自居作用是个体无意识地将某一客体的某些方面或属性同化的心理过程。它使儿童以某些人为榜样,建立自己的理想自我。故A项符合题意。

7. C 【解析】本题考查心理发展的影响因素。在探讨儿童心理发展的影响因素的过程中,很长时间以来存在着关于遗传和环境在发展中作用的争论。这场争论大致经历了三个阶段:(1)绝对决定论。争论的双方把遗传与环境完全对立起来,或者是强调遗传决定发展,完全否定环境的作用;或者是环境决定发展,完全否定遗传的作用。(2)共同决定论。既承认环境影响,又承认遗传影响。(3)相互作用论。相互作用论的观点是当前已被普遍承认的观点,其基本论点可以归结为:①遗传与环境的作用是互相制约、互相依存的;②遗传与环境的作用是互相渗透、互相转化的;③遗传与环境、成熟与学习对发展的作用是动态的。故选C项。

8. B 【解析】本题考查皮亚杰的认知发展四阶段。皮亚杰认为认知发展是一个建构的过程,是个体在与环境的相互作用中实现的。他提出了认知发展阶段理论,将个体的认知发展分为感知运动阶段、前运算阶段、具体运算阶段和形式运算阶段。其中,前运算阶段的儿童还没有"守恒"能力或没有形成"守恒"的概念,思维缺乏观念的传递性。思维活动表现的关系单一,不能进行可逆运算,即他们进行运算时还只能往前推而不能后退。题干中,毛毛只能往前推理,不能后退的表现属于前运算阶段的特点,故选B项。

易错提示:考生易混淆四个认知发展阶段的特征,在做题时,考生应注意:感知运动阶段常考查客体永久性;前运算阶段常考查自我中心性、不可逆性和泛灵论;具体运算阶段常考查可逆性和守恒;形式运算阶段常考查抽象逻辑思维和假设—演绎推理。

9. D 【**解析**】本题考查记忆的分类。语义记忆是以语词所概括的事物的关系以及事物本身的意义和性质为内容的记忆。短时记忆是指人脑中的信息在1分钟之内加工与编码的记忆。瞬时记忆是指当客观刺激停止作用后,感觉信息会在一个极短的时间内保存下来的记忆。情景记忆是以亲身经历的、发生在一定时间和地点的事件(情景)为内容的记忆。题干所引诗句描述的是诗人故地重游,来到与"去年"相同的地方时所浮现的记忆场景,属于情景记忆。故选D项。

10. C 【**解析**】本题考查个体身心发展规律。个体身心发展的个别差异性,是指个体之间的身心发展以及个体身心发展的不同方面之间,存在着发展程度和速度的不同。人的先天素质、环境和教育以及自身的主观能动性的不同,决定了人的身心发展存在着个别差异。个体身心发展的个别差异性的表现之一是,不同儿童所具有的个性心理不同,如同年龄的儿童具有不同的兴趣、爱好和性格等。题干中,小梅和小丽的性格、能力等差异,即体现了个体发展的个别差异性特点。

11. C 【**解析**】本题考查提高注意力的方法。提高学生注意力的方法有:(1)提前注意学习目标;(2)重点标示;(3)增加材料的情绪性;(4)使用独特的刺激;(5)告知重要性。C项属于提高领会监控策略的方法,本题为选非题,故C项符合题意。

12. B 【**解析**】本题考查教育的文化功能。教育的文化功能表现在:(1)教育对文化的传递;(2)教育对文化的选择;(3)教育对文化的发展。(具体参看王道俊、郭文安主编的《教育学(第七版)》)

13. D 【**解析**】本题考查教育法规的体系结构。《中华人民共和国宪法》由最高国家权力机关(全国人民代表大会)制定,具有最高的法律地位和法律效力,是国家的根本大法,是其他一切法律法规制定的依据。《中华人民共和国宪法》中有关教育的条款是我国教育立法的根本依据,是教育法规的最高层次,其他形式的教育法律、法规都不得与之相违背。故选D项。

14. A 【解析】本题考查《中华人民共和国预防未成年人犯罪法》。根据《中华人民共和国预防未成年人犯罪法》第十六条规定,未成年人的父母或者其他监护人对未成年人的预防犯罪教育负有直接责任,应当依法履行监护职责,树立优良家风,培养未成年人良好品行;发现未成年人心理或者行为异常的,应当及时了解情况并进行教育、引导和劝诫,不得拒绝或者怠于履行监护职责。故选A项。

15. D 【解析】本题考查《教育部等九部门关于防治中小学生欺凌和暴力的指导意见》。《教育部等九部门关于防治中小学生欺凌和暴力的指导意见》中指出,严格学校日常安全管理。对发现的欺凌和暴力事件线索和苗头要认真核实、准确研判,对早期发现的轻微欺凌事件,实施必要的教育、惩戒。故选D项。

二、辨析题(参考答案)

16. 教学等同于课程。

(1)这种说法是不正确的。(2)课程是指学校学生所应学习的学科总和及其进程与安排。教学是在一定教育目的的规范下,教师的教和学生的学共同组成的传递和掌握社会经验的双边活动。二者的区别主要表现为:它们侧重教育的不同方面。课程是指学校的意图,侧重“教什么”的问题;教学是指达到教育目的的手段,侧重“怎么教”的问题。故把教学等同于课程是不正确的。

(共4分。判断1分,判断“说法正确”本题不得分;理由3分,答出课程的概念1分,答出教学的概念1分,答出并阐述课程与教学的区别1分)

17. 正强化和负强化的作用效果不同,前者增强行为,后者弱化行为。

(1)这种说法是不正确的。(2)强化有正强化和负强化之分。正强化是通过呈现想要的愉快刺激来增强反应频率;负强化是通过消除或中止厌恶、不愉快刺激来增强反应频率。两者的作用效果都是使相应的反应频率增加。

(共4分。判断1分,判断“说法正确”本题不得分;理由3分,答出正强化的概念1分,答出负强化的概念1分,正确阐述两者的作用效果1分)

18. 存在特定方法,可用于提高所有学生的学习动机。

(1)这种说法是不正确的。(2)学习动机是指激发个体进行学习活动,维持已引起的学习活动,并使行为朝向一定学习目标的一种心理倾向或内部动力。学习动机与学生的学习兴趣,学习需要,个人价值观,态度,志向水平,外来鼓励,学习后果(学位、待遇及社会地位等)以及客观现实环境的要求(考试、竞赛和升学)等诸多因素紧密相连。由于学习动机与诸多因素紧密相连,所以任何一组特定的方法对某些学生很成功,但对另一些学生却不一定奏效。因此,不存在特定方法可提高所有学生的学习动机。

（共4分。判断1分，判断“说法正确”本题不得分；理由3分，答出学习动机的概念1分，答出影响学习动机的因素1分，合理阐述1分）

19. 消极情绪对学生的作用一定是有害的。

（1）这种说法是不正确的。（2）消极情绪是指生活事件对人的心理所造成的负面影响，如痛苦、悲伤、愤怒、恐惧等。适度的消极情绪有时是有益的，如在适度的焦虑情绪下，大脑和神经系统的张力增加，思考能力亢进，反应速度加快，因而能提高工作效率和学习效果。相反，过于强烈和持久性的消极情绪则对人的健康和社会适应有害。它能抑制大脑皮层的高级心智活动，如推理、辨别，使人的认识范围缩小，不能正确评价自己行动的意义及后果，自制力降低；引起正常行为的瓦解，并使工作和学习效率降低。如果消极情绪长期存在，而个人的心理适应力又差，不能及时疏导、缓解，还会引起相应的心理疾病。

（共4分。判断1分，判断“说法正确”本题不得分；理由3分，答出消极情绪的概念1分，答出适度的消极情绪的作用1分，答出强烈和持久性的消极情绪的作用1分）

三、简答题（参考答案）

20. 简述教育的社会横向流动功能。

教育的社会横向流动功能，是指社会成员因受到教育和训练而提高了能力，可以根据社会需要，结合个人意愿与可能，更换其工作地点、单位等，做水平的流动，改变其环境而不提升其在社会阶层或科层结构中的地位，亦称水平流动。

（共5分。答案完整得满分；答出“受到教育和训练”“提高能力”“更换工作”“不提升阶层或地位”“水平流动”等关键词可得3分）

21. 你如何看待赫尔巴特的师生关系，请简单评价。

（1）赫尔巴特主张教师中心的师生关系。他认为，教育的天职就是要将大量的知识快速地传递给学生，教师作为知识的拥有者和传递者，理所当然地成为权威，教师的传授就是教育活动的中心。教师主宰教育过程中的一切，学生完全成为一个被改造的对象、被灌输的容器。至于学生的独立性、自主性反被认为是有害的东西，从而使教学变得死板、枯燥、乏味。

（2）评价：在以教师为中心的传统师生关系中，教师与学生之间是支配与从属、控制与服从、统治与被统治的关系。学生的主体性被漠视，与此同时教师的主体性也丧失了，因为他们也同样被知识所奴役，丧失了自己的精神自由。

（共5分。答案完整得满分；答出赫尔巴特的师生观1分，具体阐述2分，评价2分）

22. 简述观察学习的一般过程。

班杜拉把观察学习的过程分为注意、保持、复现和动机四个子过程。

(1)在注意过程中,观察者注意并知觉榜样情境的各个方面。

(2)在保持过程中,观察者记住从榜样情境中了解的行为,以表象和语言形式将它们在记忆中进行表征、编码以及存储。

(3)在复现过程中,观察者将头脑中有关榜样情境的表象和符号概念转为外显的行为。

(4)在动机过程中,观察者因表现所观察到的行为而受到激励。他还认为习得的行为不一定都表现出来,学习者是否会表现出已习得的行为,受强化的影响。

(共5分。答案完整得满分;答出“注意”“保持”“复现”“动机”等关键词可得2分,合理阐述3分)

23. 简述皮格马利翁效应的实验中,教师期待如何影响学生学业表现。

(1)皮格马利翁效应也叫教师期望效应、罗森塔尔效应,即教师的期望或明或暗地传递给学生,会使学生按照教师所期望的方向来塑造自己的行为。

(2)①老师因收到实验者的暗示,不仅对名单上的学生抱有更高期望,而且有意无意地通过态度、表情、体谅和给予更多提问、辅导、赞许等行为方式,将隐含的期望传递给这些学生,学生则给老师以积极的反馈。②这种反馈又激起老师更大的教育热情,维持其原有期望,并对这些学生给予更多关照。如此循环往复,以致这些学生的智力、学业成绩以及社会行为朝着老师期望的方向靠拢,使期望成为现实。

(共5分。答案完整得满分;答出皮格马利翁效应的概念1分,概念表述需完整、准确;具体操作每点2分)

四、论述题(参考答案)

24. 对学生进行思想品德教育为什么是长期的、反复的、逐步提高的过程?

(1)德育过程的长期性是由人类认识规律决定的。构成思想品德的因素比较复杂,知、情、意、行各因素本身和各因素之间要通过不断斗争,才能得到发展和统一。

(2)青少年正处于成长时期,可塑性比较强,思想不成熟,其发展也具有双向性,某一阶段出现某些倒退是正常的,这使得德育过程是一个反复的持续的过程。

(3)德育过程中,学生除了接受学校的有目的、有计划、有组织的正规教育影响外,还受到来自社会的、家庭的多种影响,这些影响中难免会有负面的,因而一个人思想品德提高过程中出现反复是正常的。

(4)当前意识形态领域中斗争的复杂性,也使得对学生社会主义品德的培养是长期的、反复的过程。

(共10分。从“人类认识规律”“青少年的特点”“社会、家庭的多种影响”“意识形态领域中斗争的复杂性”四个方面论述原因,每点2.5分,理论依据准确、充分1分,展开合理论述1.5分)

25. 论述罗杰斯教学观的创新意义。

(1)罗杰斯提倡将学生视为教育的中心,学校为学生而设,教师为学生而教,即“以人为中心”的教学观。该教学观充分强调学生的主体地位,对调动学生的学习积极性,充分发挥其创造力具有积极意义。罗杰斯对影响学生潜能发挥的条件的探索和他主张人际关系、情感态度是影响潜能发挥的主要条件的观点,正是行为主义和认知学派所忽视的一个重要方面。

(2)罗杰斯教学观对当今教育改革的意义主要有:①把教学看成是培养“完整的人”的活动,引起教学目的的转变;②以情感领域为突破口,对传统的理性教育提出挑战;③主张“以人为本”,让学校成为学生实现生命价值的地方;④强调尊重学生的个性,发展学生的潜能,使其在主动的参与中享受到自身价值实现的快乐;⑤强调师生的情感与人际关系的重要性,主张努力形成一种具有真诚、接受和理解特征的课堂心理气氛。

(共10分。从“以人为中心”方面论述罗杰斯教学观的创新意义5分,教学观的简单阐述2分,积极意义3分;从“对当今教育改革的意义”方面论述罗杰斯教学观的创新意义5分,每点1分)

五、材料分析题(参考答案)

26. (1)①斯金纳的操作性条件作用理论认为,强化是采用适当的强化物而使机体反应频率、强度和速度增加的过程。凡是能增强行为频率的刺激或事件叫作强化物。斯金纳认为,强化是塑造行为的有效而重要的条件。材料中刘老师获奖后,父母并未对其进行言语上的表扬(强化物),甚至会贬低她。这样的行为会使被强化的对象(刘老师)得不到满意的结果,从而可能会降低其强化行为(获奖)的频率,影响刘老师学习的积极性。

②班杜拉的自我效能感理论认为,自我效能感是指人对自己能否成功从事某一成就行为的主观判断。期待包括结果期待和效能期待。结果期待是指人对自己的某一行为会导致某一结果的推测。效能期待是指人对自己能够进行某一行为的能力的推测或判断,它意味着人是否确信自己能够成功地进行带来某一结果的行为。当个体确信自己有能力进行某一活动,他就会产生高度的“自我效能感”,并努力实施该活动。材料中刘老师的父母将刘老师的奖状贴在墙上的行为,可能会使刘老师产生高度的结果期待,即如果能够再拿到奖状,就可以继续贴在墙上,从而增加其自我效能感,驱使其向着期待的方向前进。

(共8分。从“斯金纳的操作性条件作用理论”“班杜拉的自我效能感理论”两个方面分析刘老师父母的做法,每个方面4分,理论依据准确、充分2分,结合材料阐述合理2分。考生若有其他合理回答可酌情给分)

(2)①有利于塑造学生良好的行为。刘老师将奖励物换成猪肉、甘蔗等可以品尝、分享的物品，比传统的强化物更直观，更能给学生带来丰富的情感体验，能够让学生对于自己的行为所带来的良好结果有一个更加清晰的认识，有利于增强强化行为之间的连接，增强学生良好行为出现的频率。

②有利于学生与父母之间的交流。刘老师创新式的奖励方式使学生需要与父母进行一定的沟通。食品类的强化物需要经过学生父母的处理才可以转化为进一步的强化刺激(喜欢的饭菜)，这在父母和孩子之间增加了一条日常交流的渠道，有助于良好亲子关系的建立。

③有利于教师与家长之间良好关系的建立。刘老师创新式的奖励方式，对于家长来说是新颖的，为家长和教师的沟通提供了机会。

(共6分。从“塑造学生良好行为”“亲子关系”“教师与家长的关系”等方面分析刘老师创新式的奖励方式的意义，至少能提出3条意义，每条意义2分。考生若有其他合理回答可酌情给分)

2022年浙江省温州市苍南县中小学教师招聘考试教育基础知识真题试卷(四)

单项选择题

1. B 【解析】本题考查卢梭的《爱弥儿》。卢梭于1762年出版了他的教育小说《爱弥儿》，系统阐述了他的自然主义教育思想，强调教育活动必须注重感性、直观，必须遵循儿童的自然本性。故选B项。A项，洛克在其著作《教育漫话》一书中，详细论述了绅士教育的内容(即体育、德育和智育)及方法。C项，夸美纽斯在《大教学论》中，提出了普及初等教育，主张建立适应学生年龄特征的学校教育制度，论证了班级授课制度，规定了广泛的教学内容，论述了教学原则，高度评价了教师职业，强调了教师的作用。D项，裴斯泰洛齐的教育思想主要反映在他的教育小说《林哈德与葛笃德》中。

易错提示：卢梭和洛克的教育著作及教育思想易混淆，考生可通过以下内容进行区分：

口诀	含义
卢梭自然爱弥儿	卢梭倡导自然教育，其代表作是《爱弥儿》
洛克白板话绅士	洛克主张“白板说”，其代表作是《教育漫话》，提出了绅士教育论

2. A 【解析】本题考查全面发展教育中各育的作用。德育、智育、体育、美育和劳动技术教育各有自己的特殊任务、内容和方法，对人的发展起着不同的作用，同时又相互依存、相互渗透、相互促进。主要表现在：体育是各育实施的物质前提，是人的一切活动的基础；智育是各育实施的认识基础和智力支持；德育则是各育实施的方向统

帅和动力源泉;美育协调各育的发展;劳动技术教育是各育的实践基础。各育不能偏废,都具有不可替代的作用,共同促进人的全面发展。故选A项。

3. C 【解析】本题考查旧中国的学制沿革。旧中国的四个学制公布的先后顺序为:1902年的“壬寅学制”→1904年的“癸卯学制”→1912~1913年的“壬子癸丑学制”→1922年的“壬戌学制”。故选C项。

4. A 【解析】本题考查直观性原则。A项,直观性原则是指在教学活动中,教师应尽量利用学生的多种感官和已有的经验,通过各种形式的感知,使学生获得生动的表象,从而比较全面、深刻地掌握知识。

B项,思想性(教育性)和科学性相统一的原则是指教学要以马克思主义为指导,授予学生科学知识,并结合知识教学对学生进行社会主义品德和正确人生观、科学世界观教育。

C项,循序渐进原则在西方常称为系统性原则,是指教师要严格按照科学知识的内在逻辑和学生的认知发展规律进行教学,使学生掌握系统的科学文化知识,能力得到充分的发展。

D项,巩固性原则是指教师在教学中要引导学生在理解的基础上牢固地掌握基本知识和基本技能,而且在需要的时候,能够准确无误地呈现出来,以利于知识技能的利用。

题干所述表明,“天宫课堂”中的液桥演示实验的教学效果好于课堂上教师的语言讲述,这说明教师在教学中应遵循直观性原则,使学生获得生动的表象。故选A项。

5. B 【解析】本题考查教师成长的历程。福勒和布朗根据教师的需要和不同时期所关注的焦点问题,把教师的成长划分为关注生存、关注情境和关注学生三个阶段。其中,处于关注生存阶段的一般是新教师,他们非常关注自己的生存适应性,最担心的问题是“学生喜欢我吗”“同事们如何看我”“领导是否觉得我干得不错”等。故选B项。

6. D 【解析】本题考查知识的分类。由于反映活动的深度不同,知识可分为感性知识和理性知识。所谓感性知识是对活动的外表特征和外部联系的反映,可分为感知和表象两种水平。所谓理性知识,反映的是活动的本质特征与内在联系,包括概念和命题两种形式。波兰尼提出了“显性知识”(明确知识)和“隐性知识”(缄默知识)的知识形态分类。显性知识是指用“书面文字、图表和数学公式表述的知识”,通常是用言语等人为方式,通过表述来实现的,所以又称为“言明的知识”。隐性知识是指尚未被言语或其他形式表述的知识,是“尚未言明的”或者“难以言传的”知识。题干中强调学生通过教师的言传身教领悟了计划外的知识、观念和情感,这属于隐性知识。

7. C 【解析】本题考查创设理想课堂教学的提问策略。A项，学生回答问题后，教师不应马上评论或判断，而应停顿片刻（3～5秒），略作思考。当学生回答错误时，教师应通过层层启发，逐级诱导，帮助学生慢慢接近正确答案，而非立刻纠正。A项行为不当。

B项，在实际的教学提问中，许多教师不能公平分配问题，往往对某些学生施以更多关注，提许多问题，而对另一些学生则是忽视，从不提问或很少提问。这种提问方式，必然导致不平衡的课堂互动，不利于学生的发展。因此，教师要公平而恰当地将问题分配给每一个学生，使所有学生都有所发展。B项行为不当。

C项，如果教师过分追求标准答案，对学生独特的理解、视角或疑问进行否定或压制，那么不仅学生的参与积极性会受到抑制，而且更为严重的是其独立思考的习惯、创造性和主动性也会受到限制。因此，教师应避免追求标准答案的倾向。C项行为正确。

D项，大量的研究表明，适当的停顿有助于提升教学提问的效果。发问中的停顿主要包括教师提问之前的停顿、教师提问之后与学生回答问题之前的停顿。其中，教师提问之后与学生回答之前的停顿即候答时间，候答时间的长短，直接影响到教学提问的效果。教师如果延长候答时间至3秒或更长，给学生提供更多的思考时间，学生的回答就会有显著的改善，教学效果明显提高。D项行为不当。

综上所述，本题选C项。

8. C 【解析】本题考查学习动机的作用。学习动机对学习产生以下四个方面的作用：(1)引发作用。当学生对于某些知识或技能产生迫切的学习需要时，就会引发学习内驱力，唤起内部的激动状态，产生焦急、渴求等心理体验，并激发起一定的学习行为。(2)定向作用。学习动机以学习需要和学习期待为出发点，使学生的学习行为在初始状态时就指向一定的学习目标，并推动学生为达到这一目标而努力学习。(3)维持作用。学习动机促使学生能在长时间的学习活动中保持认真的态度，坚持把学习任务胜利完成。(4)调节作用。学习动机调节学习行为的强度、时间和方向。如果行为活动未达到既定目标，动机还将驱使学生转换行为活动方向以达到既定目标。题干中小莲无法与前来问路的外国人正常交流，产生了羞耻感，便想通过培训班来学习外语口语，这体现了学习动机的引发作用。

易错提示：考生易混淆学习动机的引发作用和定向作用。考生在做题时应注意引发作用强调行为从无到有，定向作用强调指向某一具体目标。

9. D 【解析】本题考查创造性思维的特征。创造性思维以发散思维为核心。发散思维具有流畅性、灵活性（变通性）和独创性（独特性）等特点。其中，流畅性是指在限定时间内产生观念数量的多少。在短时间内产生的观念越多，流畅性越大。题干中该学生在一分钟内回答出火柴的多种用途，这体现了创造性思维的流畅性。

10. B 【解析】本题考查班杜拉对强化的重新解释。班杜拉将强化分为直接强化、替代强化和自我强化。其中,替代强化是指观察者因看到榜样的行为被强化而受到强化。题干中强调小明因看到小王被老师表扬而决定努力学习,这属于替代强化。故选B项。

11. A 【解析】本题考查桑代克的学习理论。19世纪末期,受达尔文进化论思想和当时美国机能主义心理学的影响,美国著名心理学家桑代克于1896年开始从事动物学习的实验研究,其中最具代表性的实验是"猫的迷笼实验"。1898年,桑代克在实验研究的基础上,完成并发表了题为《动物的智慧:动物联想过程的实验研究》的博士论文。他在论文中详细描述了动物学习的"尝试错误"过程。在此基础上,桑代克提出了世界上第一个学习理论——学习的"联结说",提出用"问题情境"与"反应"的"联结"来解释学习过程,并提出了学习的三大定律。

12. D 【解析】本题考查疏导原则。疏导原则是指进行德育时要循循善诱、以理服人,从提高学生认识入手,调动学生的主动性,使他们积极向上。贯彻疏导原则的基本要求包括:(1)讲明道理,疏导思想;(2)因势利导,循循善诱;(3)以表扬、激励为主,坚持正面教育。故ABC三项属于疏导原则的基本要求。D项属于贯彻长善救失原则的基本要求。故选D项。

13. D 【解析】本题考查学习策略训练的原则。学习策略训练的原则包括主体性原则、内化性原则、特定性原则、生成性原则、有效监控原则和个人效能感原则。其中,内化性原则是指在学习策略的学习过程中,学生能够不断实践各种学习策略,逐步将其内化成自己的学习能力,熟练掌握并达到自动化的水平,从而能够在新的情境中灵活应用。故题干所述体现了内化性原则。

14. B 【解析】本题考查弗洛伊德的理论。在弗洛伊德看来,道德情感的形成导致了儿童内在的双重性,一方是超我的力量,另一方是本能需要。遵从超我的力量,儿童就要把遵守社会规范当作一种义务。恰当的超我将使儿童形成合理内化的道德情感,这是一种稳定的、不可改变的道德情感。

15. C 【解析】本题考查《生命安全与健康教育进中小学课程教材指南》。《生命安全与健康教育进中小学课程教材指南》中指出,初中阶段的目标包括引导学生:理解生长发育的主要规律和影响因素,正确评估生长发育状况;学习青春期保健的基本知识和技能,提高预防性骚扰与性侵害的能力;积极应对青春期心理健康问题,学会正确对待挫折。学会客观认识和对待自己,学会欣赏和宽容他人;做好进入高中学习或就业的准备;提高情绪管理的能力,学会减压放松方法,学会克服焦虑情绪,提高应对挫折的能力,能够主动求助。故A、B、D三项属于初中阶段的目标。高中阶段的目标包括引导学生:了解社交与心理健康的关系,提高健康的异性交往能力;适应高中生活，学会正确应对校园欺凌和校园暴力，做好进入高校学习或就业的准备；正确认识和对待童年期不良经历，健康成长；理解竞争和合作的关系，学会公平竞争和团结合作；能够识别并预防焦虑抑郁等心理问题。C项属于高中阶段的目标。本题为选非题，故选C项。

2022年浙江省台州市（临海市、三门县、仙居县、天台县）小学教师招聘考试教育基础知识真题试卷（五）

一、单项选择题

1. B 【解析】本题考查教育的起源学说。劳动起源说在马克思历史唯物主义理论指导下形成，认为教育起源于人类所特有的生产劳动。其代表人物有苏联的米丁斯基和凯洛夫以及我国的大多数学者。故选B项。孟禄是心理起源说的代表人物；利托尔诺和沛西·能是生物起源说的代表人物。

2. D 【解析】本题考查20世纪后期教育的特征。20世纪后期教育的特征包括：教育的终身化、教育的全民化、教育的民主化、教育的多元化、教育技术的现代化、教育全球化、教育信息化、教育具有科学性等。D项，宗教性为西方封建社会教育的特征之一。

3. C 【解析】本题考查教育的政治功能。教育的政治功能的表现之一是，教育促进民主化进程，但对政治经济制度不起决定作用。一个国家的民主程度直接取决于一个国家的政体，但又间接取决于这个国家人民的文化程度和教育事业发展的程度。一个国家普及教育的程度越高，人的知识越丰富，就越能增强人民的权利意识，认识民主的价值，推崇民主的政策，推动政治的改革和进步。故题干凸显了教育的政治功能。

4. A 【解析】本题考查生活本位论。生活本位论主张教育要和生活相联系，注重的是使受教育者怎样生活。其代表人物主要是斯宾塞和杜威。故选A项。卢梭、罗杰斯是个人本位论的代表人物；赫尔巴特是社会本位论的代表人物。

5. C 【解析】本题考查壬子癸丑学制。壬子癸丑学制承认女子受教育的权利，第一次规定了男女同校，设立女子高师，使女子享受高等教育，体现了男女平等的思想。

易错提示：在旧中国的学制中，关于“男女同校”的规定，考生可根据下表对比记忆：

学制名称	关于“男女同校”的规定
癸卯学制	规定不许男女同校，轻视女子教育
壬子癸丑学制	第一次规定了男女同校，体现了男女平等的思想

6. A 【解析】本题考查实验研究法的类型。A项，根据自变量的多少，可把教育实验分为单因素实验和多因素实验。其中，单因素实验（又称单一变量实验）指在实验过程中，只施加一种实验变量的实验。如“小学低年级学生抄写生字遍数与识字巩固率关系的研究”，实验变量只有学生抄写生字遍数一个。题干中，探究“学校室内装潢对学生创造力和创新能力的影响”，实验变量只有学校室内装潢一个，属于单因素实验。故选A项。

B项，根据实验研究的目的不同，可把教育实验分为探索性实验、验证性实验和改进性实验。其中，验证性实验（又称确认性实验）指对同一问题和同一理论假设，用同一方法再一次进行实验，也就是说在实验方法、实验设计等方面重复他人做过的实验。

C项，根据被试的选择和对实验的控制程度，可把教育实验分为前实验、准实验和真实验。其中，准实验是对实验环境无法做严密的控制，是一种缺少一个或者几个方面控制的实验。

D项，根据实验环境和控制程度不同，可把教育实验分为实验室实验和自然实验。其中，实验室实验是借助自然科学实验的方法，在人为设计的环境下，按照自然科学实验的标准严格控制外界条件，操作自变量，探索自变量与因变量之间的关系的实验。

7. A 【解析】本题考查综合课程的形式。综合课程的形式包括相关课程、融合课程、广域课程和核心课程等。内涵如下表所示：

类型	内涵
相关课程	在保留原来学科的独立性基础上，寻找两个或多个学科之间的共同点，使这些学科的教学顺序能够相互照应、相互联系、穿插进行
融合课程	即把有内在联系的学科的内容融合在一起而形成一门新的学科。例如，把动物学、植物学、微生物学、生理学、解剖学、遗传学融合为生物学
广域课程	即合并数门相邻学科的内容形成的综合课程。例如，社会研究课综合了历史、地理、经济学、社会学、政治学、法学和人类学等有关学科内容
核心课程	即以问题为核心，将几门学科结合起来的课程。例如，以人类生存、环境保护、交通运输、社会组织与管理、娱乐和审美活动等人类的基本活动为主题设计的课程

其中，广域课程和融合课程没有本质的区别，二者的区别在于广域课程的综合范围和综合程度高于融合课程。广域课程不仅横跨一个知识门类中的几个学科，而且横跨不同知识门类中的几个学科。故生物、地理、化学等不同学科综合而成的小学科学课属于广域课程。

8. D 【解析】本题考查教师劳动的特点。教师劳动成果的群体性是指，教师的劳动成果是集体劳动和多方面影响的结果，教师的个体劳动最终都要融汇于教师的集体劳动之中。题干中，培养学生需要多位教师共同合作，就体现了教师劳动成果的群体性特点。

9. A 【解析】本题考查课程开发的基本模式。A项，目标模式是以目标为课程开发的基础和核心，围绕课程目标的确定、实现和评价等环节进行课程开发的模式。其主要代表人物是美国课程论专家泰勒。他提出的泰勒原理可概括为目标、内容、方法、评价。泰勒原理的实质是以目标为中心的模式，因此又被称为“目标模式”。

B项，过程模式是英国课程论专家斯腾豪斯针对目标模式过分强调预期行为结果即“目标”而忽视“过程”的缺陷而提出的。

C项，情境模式是强调通过社会的或学校的文化情境分析，着重于进行文化选择，使课程生成于时代文化之中的一种课程开发模式。情境模式的主要代表人物是英国教育家斯基尔贝克和劳顿。

D项，沃克的自然模式倾向于对成功的课程开发自然过程的摹写，追求以自然科学的态度、思维和方法来认识和把握课程开发过程。

综上所述，本题选A项。

10. B 【解析】本题考查小学常用的教学原则。直观性原则是指在教学活动中，教师应尽量利用学生的多种感官和已有的经验，通过各种形式的感知，使学生获得生动的表象，从而比较全面、深刻地掌握知识。直观手段种类繁多，一般分为三大类：实物直观、模像直观和言语直观。题干中，教师在课堂上进行实物展示，便属于实物直观，这体现了直观性教学原则。

11. B 【解析】本题考查发现教学。发现教学，又称启发式教学，指学生通过自身的学习活动而发现有关概念或抽象原理的一种教学策略。它由布鲁纳明确提出，是一种以学生自身活动为主的教学策略，适用于小组和个别教学。

12. B 【解析】本题考查教师的领导方式（教师的管理类型）。不同的教师进行教学管理的方式不同，主要存在四种教师管理类型：强硬专断型、仁慈专断型、放任自流型以及民主管理型。其中，仁慈专断型的教师的行为特点包括：(1)不认为自己是一个专断独行的人；(2)经常表扬学生并关心学生；(3)他专断的症结在于他的自信，他的口头禅是：我喜欢这样做/你能给我这样做吗；(4)这种教师以自我为班级一切工作的标准。在这种领导方式下，学生的典型反应包括：(1)大部分学生喜欢他，但看穿他的这套方法的学生可能恨他；(2)学生在各方面都依赖教师，没有多大的创造性；(3)屈从，缺乏个人的发展。因此，题干中的温老师对班级的领导方式是仁慈专断型。

13. A 【解析】本题考查记忆的分类。根据记忆的内容和经验的对象，可将记忆分为形象记忆、情景记忆、语义记忆、情绪记忆和动作记忆。其中，语义记忆是以语词所概括的事物的关系以及事物本身的意义和性质为内容的记忆。形象记忆是以我们感知过的事物形象为内容的记忆。情绪记忆是以曾经体验过的情绪或情感为内容的记忆。根据信息加工与存储的内容不同，可将记忆分为陈述性记忆和程序性记忆，其中，程序性记忆是对如何做事情的记忆，包括对知觉技能、认知技能和运动技能的记忆。题干中，小婧通过音乐对歌词进行记忆，是对歌词本身的意义和性质的记忆，属于语义记忆。故选A项。

14. A 【解析】本题考查问题解决的策略。A项，手段—目的分析法，就是将需要达到的问题的目标状态分成若干个子目标，通过实现一系列的子目标而最终达到总目标。B项，爬山法是采用一定的方法逐步降低初始状态和目标状态的距离，以达到问题解决的一种方法。C项，逆推法是从问题的目标状态开始搜索直至找到通往初始状态的方法。D项，算法策略是将所有可能的针对问题解决的方法都一一列举出来并进行尝试，直到最终从根本上解决问题。故选A项。

15. B 【解析】本题考查操作性条件作用的基本规律。强化有正强化和负强化之分。正强化是通过呈现想要的愉快刺激来增强反应频率；负强化是通过消除或中止厌恶、不愉快刺激来增强反应频率。负惩罚(移除性惩罚)是通过取消愉快刺激来降低反应频率。消退是指条件反应形成以后，如果得不到强化，条件反应会逐渐减弱，直至消失的现象。题干中，妈妈通过免去彤彤口算的作业(不愉快刺激)来增加其作业拿到A+的频率，属于负强化。故选B项。

方法技巧：有关强化和惩罚的判定是常考点，考生可从两个方面进行判断。(1)行为的结果：强化，反应频率增加；惩罚，反应频率减少。(2)强化的方式：正向，呈现刺激；负向，取消刺激。

16. C 【解析】本题考查学习动机的种类。根据学校情境中的学业成就动机的不同，奥苏伯尔等人把动机分为认知内驱力、自我提高内驱力和附属内驱力三个方面。其中，附属内驱力是指个体为了获得长者们(如家长、教师)的赞许或认可而表现出把工作、学习做好的一种需要。题干中，学生在听到老师的夸奖后会更加努力学习，其属于附属内驱力的表现。故选C项。

17. D 【解析】本题考查韦纳的归因理论。习得性无助是当个体感到无论做什么事情都不会对自己的重要生活事件产生影响时所体验到的一种抑郁状态。一个总是失败并把失败归于内部的、稳定的和不可控的因素(即能力低)的学生会形成一种习得性无助的自我感觉。而学生将成败归因于努力比归因于能力会产生更强烈的情绪体验。努力而成功,体验到愉快;不努力而失败,体验到羞愧;努力而失败,也应受到鼓励。因此,教师要尽量引导学生将成败的原因归结于内部、不稳定和可控制的因素(即努力)。

18. D 【解析】本题考查学习迁移的种类。根据迁移内容的抽象和概括水平不同,迁移可分为水平迁移和垂直迁移。其中,水平迁移也叫横向迁移,是指先行学习内容与后继学习内容在难度、复杂程度和概括层次上属于同一水平的学习活动之间产生的影响。题干中,学习加法和学习减法属于同一水平的学习活动,属于水平迁移。故选D项。负迁移强调已经掌握的知识或技能对学习新知识或技能的消极影响。题干中小磊还未学会加法,不能体现负迁移。故排除B项。

19. A 【解析】本题考查学习策略的种类。学习策略一般可分为认知策略、元认知策略和资源管理策略三种。资源管理策略是辅助学生管理可用的环境和资源的策略,包括时间管理策略、环境管理策略、努力管理策略、学业求助策略。其中,环境管理策略主要是指善于选择安静、干扰较小的地点学习,充分利用学习情境的相似性。题干中的军军利用的学习策略是环境管理策略。故选A项。

20. A 【解析】本题考查气质类型及其特征。胆汁质的个体精力旺盛、粗枝大叶、表里如一、刚强、鲁莽冒失、易感情用事,如张飞、李逵等。题干中对于小章的描述符合胆汁质的特征,故选A项。

易错提示:考生易混淆四种气质类型的特征,简单记忆就是胆汁质易感情用事,多血质活泼好动、不稳定,黏液质踏实、死板,抑郁质敏锐、深刻。

21. C 【解析】本题考查艾里克森的人格发展阶段理论。美国精神分析学家艾里克森认为,人格发展是一个逐渐形成的过程,必须经历八个顺序不变的阶段,每一个阶段都有一个由生物学的成熟与社会文化环境、社会期望之间的冲突和矛盾所决定的发展危机。其中,6~11岁(约为小学阶段)的发展危机是勤奋感对自卑感,本阶段的发展任务是培养勤奋感。故选C项。

22. A 【解析】本题考查认知风格。根据个体在进行信息加工时所采用概念水平的高低,可以把认知风格区分为具体型和抽象型。一个抽象型风格的学生,能够看到某个问题或论点的众多方面,可以避免刻板印象(定型),能够容忍情景的模糊度并进行抽象程度较高的思考。而具体型风格的学生则能比较深入地分析某一具体观点或情境,但要向他们提供尽可能多的有关信息,否则很容易造成偏见。因此,看到问题能够从多方面思考属于抽象型认知风格,故选A项。

23. C 【解析】本题考查小学生心理发展的特点。和初中生、高中生相比,小学生心理发展与变化具有较大的可塑性,无论是智力还是个性在小学阶段都容易培养,不良习惯通过教育也容易矫正。所以,小学时期又是培养良好心理品质与行为习惯的一个好时机。

24. D 【解析】本题考查小学生观察力的发展特点。小学生观察力的发展特点主要包括以下四个方面:(1)观察力目的性较差。小学生在观察活动中,易受外来刺激的干扰。(2)观察缺乏精确性。小学生在观察事物时,往往只注意事物的主要特征或活动的主要过程,对细小部分则缺乏观察,即观察不够精确。(3)观察缺乏顺序性。观察时往往只注意事物较突出的特征,导致观察无序,观察的结果缺乏全面性、完整性。(4)观察缺乏深刻性。观察事物时,小学生还主要以感性经验为主,缺乏思维活动的参与,使得观察的深刻性不够,只看到事物的表面现象和表面特征,难以抓住事物的本质。故D项说法错误,当选。

25. A 【解析】本题考查《小学管理规程》。根据《小学管理规程》第十二条规定,小学对因病无法继续学习的学生(须具备指定医疗单位的证明)在报经有关部门批准后,可准其休学业。学生休学时间超过三个月,复学时学校可据其实际学力程度并征求其本人及父母或其他监护人意见后编入相应年级。故选A项。

26. B 【解析】本题考查《中华人民共和国教师法》。根据《中华人民共和国教师法》第十四条规定,受到剥夺政治权利或者故意犯罪受到有期徒刑以上刑事处罚的,不能取得教师资格;已经取得教师资格的,丧失教师资格。故B项符合题意。

27. B 【解析】本题考查体育活动。课外体育活动具有明显的开放性、对抗性和风险性。班级篮球赛一般属于课外体育活动,具有对抗性和风险性,学生在比赛中发生伤害事故的比例最大。故B项符合题意。

28. C 【解析】本题考查《中小学幼儿园安全管理办法》。根据《中小学幼儿园安全管理办法》第三十一条规定,小学、幼儿园应当建立低年级学生、幼儿上下学时接送的交接制度,不得将晚离学校的低年级学生、幼儿交与无关人员。A项错误,C项正确。根据第三十四条规定,学校不得出租校园内场地停放校外机动车辆;不得利用学校用地建设对社会开放的停车场。B项错误。根据第二十三条规定,新生入学应当提交体检证明。托幼机构与小学在入托、入学时应当查验预防接种证。学校应当建立学生健康档案,组织学生定期体检。D项错误。故C项符合题意。

29. D 【解析】本题考查《中华人民共和国义务教育法》。根据《中华人民共和国义务教育法》第三十九条规定,国家实行教科书审定制度。教科书的审定办法由国务院教育行政部门规定。未经审定的教科书,不得出版、选用。故题干中张老师的行为是错误的,其用来给学生学习的资料是未经审定的,D项当选。

30. A 【解析】本题考查《中小学教育惩戒规则(试行)》。根据《中小学教育惩戒规则(试行)》第八条规定,教师在课堂教学、日常管理中,对违规违纪情节较为轻微的学生,可以当场实施以下教育惩戒:(1)点名批评;(2)责令赔礼道歉、做口头或者书面检讨;(3)适当增加额外的教学或者班级公益服务任务;(4)一节课堂教学时间内的教室内站立;(5)课后教导;(6)学校校规校纪或者班规、班级公约规定的其他适当措施。教师对学生实施前款措施后,可以以适当方式告知学生家长。故A项当选。

二、辨析题(参考答案)

1. 无意注意不需要意志努力,不受任何因素影响。

(1)这种说法是不正确的。(2)无意注意也称不随意注意,是没有预定目的、无需意志努力、不由自主地对一定事物所发生的注意。引起无意注意的条件包括:①客观条件,即刺激物本身的特点。包括刺激物的强度、刺激物之间显著的对比关系、刺激物的活动和变化、刺激物的新异性。②主观条件,即人本身的状态。包括当时的需要、当时的特殊情绪状态、当时的直接兴趣、个体的知识经验等。因此,无意注意虽然不需要意志努力,但受主客观条件的影响。

(共4.5分。判断1分,判断"说法正确"本题不得分;理由3.5分,答出无意注意的概念1.5分,引起无意注意的客观条件1分,引起无意注意的主观条件1分)

2. 人只能被动接受环境对人的发展的作用。

(1)这种说法是不正确的。(2)环境包括自然环境和社会环境两大部分,教育学中所说的环境一般指社会环境。社会环境为个体的发展提供了多种可能,使遗传提供的发展可能变成现实,是推动人身心发展的动力。但是,环境不决定人的发展。人对环境的反应是能动的,个体受环境的影响是积极能动的实践过程。环境对人的发展的影响要通过个体的主观努力和社会实践活动才能实现。主观能动性是外部影响转化为内部发展要素的根据。故题干说法不正确。

(共4.5分。判断1分,判断"说法正确"本题不得分;理由3.5分,答出环境对人的影响1.5分,具体阐述人面对环境的能动性2分)

3. 教育法律关系是只存在于教育者和受教育者之间的特殊关系。

(1)这种说法是不正确的。(2)教育法律关系是教育法律规范在调整人们有关教育活动的行为过程中形成的权利和义务关系,是一种特殊的社会关系。即教育行政机关、教育机构、教育者、受教育者和其他与教育有关的社会主体之间依据教育法律规范,在教育教学过程中形成的权利义务关系。在教育领域内,学校与政府、学校与社会、学校与教师、学校与学生的关系因为有相应的法律规定,故皆属于法律关系。

(共4.5分。判断1分,判断"说法正确"本题不得分;理由3.5分,答出教育法律关系的概念2分,答出法律关系的几种类型1.5分)

三、简答题(参考答案)

1. 简述教育目的、培养目标、教学目标之间的关系。

(1)教育目的与培养目标之间是普遍与特殊的关系。教育目的是针对所有受教育者提出的,而培养目标是针对特定的教育对象提出的。

(2)教学目标与教育目的、培养目标之间的关系是具体与抽象的关系。教育目的是最高层次的概念,它是培养各级各类人才的总的规定,各级各类学校的培养目标、教学目标都要依据教育目的制定。培养目标是指不同类型、不同层次的学校培养人的具体要求。教学目标是三者中最低层次的概念,更为具体,微观到每堂课甚至是每个知识内容,教育目的和学校的培养目标是制定教学目标的依据。

(3)从教育目的到教学目标是抽象到具体的关系,后者是前者的具体化,只有实现了具体的教学目标,才能达到实现教育的总目的的要求。

(共5分。答出教育目的与培养目标之间的关系1分;答出教学目标与教育目的、培养目标之间的关系3分;答出三者的总关系1分)

2. 简述遗忘的五种理论。

(1)消退说。消退说认为,遗忘是记忆痕迹得不到强化而逐渐衰弱,以致最后消退的结果。

(2)干扰说。干扰说认为,遗忘是因为在学习和回忆之间受到其他刺激的干扰。一旦干扰被排除,记忆就能恢复,而记忆痕迹并未消退。

(3)压抑说(动机说)。压抑说认为,遗忘是由情绪或动机的压抑作用引起的,如果压抑被解除,记忆就能恢复。

(4)提取失败说。提取失败理论认为,遗忘是一时难以提取出要求的信息,遗忘之所以发生是因为编码不准确,失去了检索线索或线索错误。一旦有了正确的线索,经过搜寻,所需要的信息就能提取出来。

(5)同化说(认知结构说)。奥苏伯尔认为,遗忘是知识的组织和认知结构简化的过程。

(共5分。答出“消退说”“干扰说”“压抑说”“提取失败说”“同化说”五种理论,每点0.5分;合理阐述各理论,每点0.5分)

3. 简述从法律层面如何减少学校和教师违法(侵权)行为的发生。

(1)建立完善的教育法规体系;(2)建立严格公正的教育执法制度;(3)建立全面的教育法律监督机制;(4)增强法制观念,宣传、普及教育法规;(5)加强学校的规范管理;(6)增强教师的法律意识,减少侵权行为的发生;(7)加强学生对自己法定权利的认识,培养学生的自我保护意识;(8)加大安全教育力度。

（共5分。答案完整得满分；答出“教育法规体系”“增强法制观念”“自我保护意识”“安全教育力度”等关键词可得3分；少答一点酌情扣1~2分）

4. 简述布鲁纳对发现教学的教学设计提出的四项原则。

(1)教师要将学习情境和教材性质向学生解释清楚；(2)要配合学生的经验，适当组织教材；(3)要根据学生的心理发展水平，适当安排教材难度与逻辑顺序；(4)确保材料的难度适中，以维持学生的内部学习动机。

（共5分。答案完整得满分；答出“解释清楚”“经验”“心理发展水平”“难度适中”等关键词可得3分；少答一点酌情扣1~2分）

5. 简述教师职业倦怠行为的三种表现类型。

玛勒斯等人认为职业倦怠主要表现在三个方面：(1)情绪耗竭，指个体情绪情感处于极度的疲劳状态，工作热情完全丧失；(2)去人性化，即刻意在自身和工作对象间保持距离，对工作对象和环境采取冷漠和忽视的态度；(3)个人成就感低，表现为消极地评价自己，贬低自己工作的意义和价值。

（共5分。答案完整得满分；答出“情绪耗竭”“去人性化”“个人成就感低”等关键词可得3分；少答一点酌情扣1~2分）

四、材料分析题（参考答案）

1. (1)白果林小学使用的这种小班教学组织形式属于走班制。

①优势：走班制的班际分层顾及学生在个别学科上的不同发展水平和学习能力的差异，目的是避免班级内的学生水平差异过大而带来的传统班级教学的弊端，有利于教师的因材施教。教师可以选择适合学生的教学方法，布置与学生水平一致的作业，以较小的代价实现分层教学的目标。

②问题：这种以成绩标准分出的班级可能带来的问题是教育资源的分配不公，例如，优秀教师配备给好班；分数成为教学的导向，使得学生的发展成为成绩的比拼；班级的集体性被淡化，师生之间的关系主要依赖成绩来维系等。

（共10分。答出“走班制”2分；优势与问题共8分，答出“顾及能力差异”“因材施教”“教育资源分配不公”“分数导向”“集体性淡化”等关键词可得4分）

(2)白果林小学应当坚持英语分层走班教学。

①从英语学科特点出发，而不是根据语文数学成绩分班。根据学生学业基础、学习能力、学习兴趣和特点进行学生分层。

②学校与教师应指导学生科学合理选择层次，依照程序提出申请，而不是学校直接分配。采用个人志愿与综合评估相结合的方式，决定学生的层次。重点关注临界区段学生，做好沟通与指导。积极做好对学生、家长的政策解释与宣传动员工作，帮

助他们了解分层教学的意义与操作办法，确保学生分层工作平稳有序进行。

③建立学生分层动态调整机制。允许学生依照程序申请跨层流动。要注意观察学生的学习进步与变化，鼓励低层次的学生向高层次发展。

④科学合理地安排教师教学任务。原则上教师须同时承担不同层次的教学任务。用人所长，适人适岗。

（共5分。答出坚持分层走班1分；从“分层依据”“学生自愿申请”“建立调整机制”“合理安排教学任务”等方面提出可行的改进建议，至少能提出4条建议，每条建议1分）

2022年浙江省台州市（椒江区、路桥区）中小学教师招聘考试教育基础知识真题试卷（六）

一、单项选择题

1. A 【解析】本题考查教育的功能。教育功能按作用的方向可分为正向功能和负向功能。教育功能按呈现的形式可分为显性功能和隐性功能。其中，显性功能指依照教育目的、任务和价值期待，教育在实际运行中所体现出来的与之相符合的功能。题干中，甄老师以培养学生的爱国情感为教育目的，组织学生认识国旗和国徽，且学生在课后的表现（爱国情感有所提升）与该教育目的相符。这是符合预期的，故属于教育的显性功能。

易错提示：考生可根据“预期”一词来区分教育的显性功能和隐性功能。显性功能是符合预期的；隐性功能是非预期的。另外，显性功能与隐性功能的区分是相对的，一旦隐性的潜在功能被有意识地开发、利用，就转变成了显性教育功能。

2. C 【解析】本题考查柏拉图的教育思想。柏拉图的教育思想集中体现在其代表作《理想国》中，他认为教育与政治有着密切的联系。在理想国中，他把人分为哲学家、军人和劳动者三个等级或集团，理想国中教育的最高目标是培养哲学家兼政治家的哲学王。

3. B 【解析】本题考查教育与人的发展的关系。A项，教育，从逻辑上讲既是特殊的实践，又是特殊的环境。由于这种特殊性，使得在影响人的发展的因素中，教育对人的发展特别是对年青一代的发展起着主导作用和促进作用。A项说法正确。

B项，学校教育给人的影响比较全面、系统和深刻。学校教育保证了教育教学的良好秩序，同时又具有系统而积极、正面的学习内容。而环境中其他方面的影响，往往是自发的、偶然的、片段的，是不能与学校教育相比拟的。相比于社会教育、家庭教育、自学成才等教育形式和方式，学校教育速度更快、效果更显著。B项说法错误。

C项，人的发展的阶段性是指，个体身心发展在不同的年龄阶段表现出不同的总体特征及主要矛盾，面临着不同的发展任务。这决定了教育工作必须根据不同年龄阶段的特点分阶段进行，不能搞“一刀切”“一锅煮”。C项说法正确。

D项，人的发展的不平衡性，一方面是指身心发展的同一方面的发展速度，在不同的年龄阶段是不平衡的；另一方面是就个体身心发展的不同方面而言的。这要求教育教学要抓住关键期，以求在最短的时间内取得最佳的效果。D项说法正确。

综上所述，本题选B项。

4. D 【解析】本题考查义务教育阶段在德育方面的要求。普通中学在德育方面的要求是：帮助学生初步了解马克思主义的基本观点和中国特色社会主义理论；让学生热爱党，热爱人民，热爱祖国，热爱劳动，热爱科学；培养学生勇于开拓的思维方法和科学精神，形成社会主义的现代文明意识和道德观念；使学生养成适应不断改革开放形势的开放心态和应变能力。故选D项。

5. B 【解析】本题考查课程的类型。综合课程是指打破传统的分科课程的知识领域，组合两门或两门以上学科领域而构成的一门学科。题干中的学校将物理课与劳动实践课组合起来构成的一门新课程，就属于综合课程。

6. D 【解析】本题考查现代学生观。现代学生观包括：(1)学生是发展中的人，要用发展的观点认识学生；(2)学生是独特的人；(3)学生是具有独立意义的人。其中，把学生看成是独特的人，包含以下三个基本含义：(1)学生是完整的人。在教育活动中，必须反对那种割裂人的完整性的做法，还学生完整的生活世界，丰富学生的精神生活，给予学生全面展现个性力量的时间和空间。(2)每个学生都有自身的独特性。独特性也意味着差异性，尊重差异，不仅是教育的基础，也是学生发展的前提，要尊重学生的差异，使每个学生都得到完全、自由的发展。(3)学生与成人之间存在着巨大的差异。故选D项。

7. C 【解析】本题考查教学过程的基本阶段。教学过程大致分为以下五个阶段：激发学习动机、领会知识、巩固知识、运用知识、检查知识。其中，检查知识是指教师通过作业、提问、测验等方式对学生的学习效果进行考查的过程。检查知识的目的在于使教师及时获得关于教学效果的反馈信息，以调整教学进程与要求，并帮助学生了解自己掌握知识技能的情况，以便及时改进。故题干所述属于教学过程中的检查知识环节。

8. A 【解析】本题考查教学原则。思想性(教育性)和科学性相统一的原则是指教学要以马克思主义为指导，授予学生科学知识，并结合知识教学对学生进行社会主义品德和正确人生观、科学世界观教育。这一原则的实质是要求在教学活动中把教书和育人有机地结合起来。何老师注重教书的同时也注重育人,善于挖掘教材内容,重视对学生价值观进行正向引导。这体现了科学性与思想性相统一的原则。

9. A 【解析】本题考查教学评价的类型。根据教学评价的作用,教学评价可以分为诊断性评价、形成性评价和总结性评价。根据评价采用的标准,教学评价可以分为相对性评价、绝对性评价和个体内差异评价。

A项,形成性评价是在教学过程中为改进和完善教学活动而进行的对学生学习过程及结果的评价。它包括在一节课或一个课题的教学中对学生的口头提问和书面测验。詹老师在一节课快结束时进行的快问快答,就是在一节课中对学生进行的口头提问,属于形成性评价,A项当选。

B项,诊断性评价是在学期开始或一个单元教学开始时,为了了解学生的学习准备状况及影响学习的因素而进行的评价。詹老师进行评价时课程已经接近尾声,B项不选。

C项,总结性评价也称为终结性评价,是在一个大的学习阶段、一个学期或一门课程结束时对学生学习结果的评价。詹老师进行的"快问快答"主要为一节课服务,不涉及大的学习阶段,C项不选。

D项,相对性评价主要依据学生个人的学习成绩在该班学生成绩序列或常模中所处的位置来评价和决定他的成绩的优劣,而不考虑是否达到教学目标的要求。詹老师进行的"快问快答"不涉及学生的成绩序列,D项不选。

10. B 【解析】本题考查思维的类型。根据思维过程中是以日常经验还是以理论为指导来划分,可将思维分为经验思维和理论思维。经验思维是以日常经验为依据,判断生产、生活中的问题的思维。理论思维是以科学的原理、定理、定律等理论为依据,对问题进行分析、判断的思维。题干中强调利用"三角形具有稳定性"这一知识点(定理)推测照相机的三脚架的功能,这属于理论思维。

11. C 【解析】本题考查感觉的规律。感觉对比是同一感受器接受不同的刺激,而使感受性发生变化的现象。题干中学生从操场进入教室(接受不同的刺激),觉得教室更凉快(感受性发生变化),这属于感觉对比。

12. D 【解析】本题考查记忆的分类。根据信息加工与存储的内容不同,可将记忆分为陈述性记忆和程序性记忆。陈述性记忆是对有关事实和事件的记忆,如知识和常识。程序性记忆是对如何做事情的记忆,包括对知觉技能、认知技能和运动技能的记忆。题干中学生对古诗词的记忆是对知识的记忆,这属于陈述性记忆。

13. B 【解析】本题考查操作性条件作用的基本规律。强化有正强化和负强化之分。正强化是通过呈现想要的愉快刺激来增强反应频率;负强化是通过消除或中止厌恶、不愉快刺激来增强反应频率。正惩罚(呈现性惩罚)是通过施加不愉快刺激来降低反应频率。负惩罚(移除性惩罚)是通过取消愉快刺激来降低反应频率。题干中,朱老师通过免去扫地(不愉快刺激)来增加学生晨跑的积极性,属于负强化。故选B项。

14. D 【解析】本题考查斯金纳的操作性条件作用理论。斯金纳把人和动物的行为分为两类:应答性行为和操作性行为。应答性行为是由特定刺激引起的,是不随意的反射性反应;而操作性行为则不与任何特定刺激相联系,是有机体自发做出的随意反应。故选D项。

15. A 【解析】本题考查托尔曼的符号学习理论。托尔曼认为,学习的目的性是人类学习区别于动物学习的主要标志。

16. C 【解析】本题考查学习动机的功能。学习动机的功能包括激发功能、指向功能、维持功能和调节功能。其中,维持功能表现为学习动机能够使学生在学习过程中,集中注意力,克服影响,提高努力程度,遇到困难时坚持不懈,直达学习目的。同时,在日常的学习中,学习动机的维持功能保持了学生稳定的学习状态,学生表现出勤奋好学、克服其他诱惑、坚持不懈的良好品质。题干中小麦在学习过程中能够集中注意力,克服玩游戏的诱惑,这体现了学习动机的维持功能。

17. A 【解析】本题考查科文顿的自我价值感理论。自我价值感理论将动机类型划分为:高驱低避型、低驱高避型、高驱高避型和低驱低避型。(1)高驱低避型又称为"成功定向者"。这种动机类型的学生拥有无穷的好奇心,表现得自信、机智,对学习有极高的自我卷入水平。(2)低驱高避型又称为"逃避失败者"。对于这类学生,逃避失败要比对成功的期望重要。(3)高驱高避型又称为"过度努力者"。具有这种动机形式的人同时受到成功的诱惑和失败的恐惧,他们对一项任务怀有既追求又排斥的冲突情绪,他们兼具了成功定向者和避免失败者的特点。(4)低驱低避型又称为"失败接受者"。他们没有对成功自豪的期望,也没有对羞耻感的恐惧。A项属于高驱低避型的表现,B项属于低驱低避型的表现,C项属于高驱高避型的表现,D项属于低驱高避型的表现。故选A项。

18. D 【解析】本题考查性格的结构特征。性格的结构特征包括态度特征、意志特征、情绪特征和理智特征。其中,性格的理智特征是指个体在感知、记忆、想象、思维等认知过程中表现出来的认知特点和风格,如认知活动中的独立性和依赖性,独立性者能根据自己的任务和兴趣主动地进行观察,善于独立思考;依赖性者则容易受到无关因素的干扰,愿意借用现成的答案。

19. B 【解析】本题考查教师职业的本质要求。爱岗敬业是教师职业的本质要求。教师爱岗敬业就是要把教书育人作为终身职业，把自己的理想、信念、青春、才智毫不保留地献给学生和教育事业，做好本职工作，把一点一滴的小事做好，把一分一秒的时间抓牢。故选B项。

20. D 【解析】本题考查《中华人民共和国教育法》。根据《中华人民共和国教育法》第四十四条规定可知，受教育者应当履行遵守学生行为规范，尊敬师长，养成良好的思想品德和行为习惯的义务。故A项说法正确。根据《中华人民共和国教育法》第八条规定，教育活动必须符合国家和社会公共利益。故B项说法正确。根据《中华人民共和国教育法》第二十七条规定可知，设立学校及其他教育机构，必须有必备的办学资金和稳定的经费来源。故C项说法正确。根据《中华人民共和国教育法》第六十二条规定，国家鼓励运用金融、信贷手段，支持教育事业的发展。故D项说法错误。本题为选非题，故选D项。

二、简答题（参考答案）

21. 请简述义务教育的基础性主要表现在哪些方面。

所谓基础性是指义务教育是基础教育，其目的是为提高民族素质、培养"四有"的社会主义人才奠定基础。主要表现在：

(1)义务教育作为依法强制适龄儿童、少年接受一定年限教育的制度，一般都是基础教育的一部分或包括基础教育制度。公民接受一定的基础教育是促进个体社会化的必要途径，是社会健康发展的保证。

(2)义务教育是一种全民性的教育，而不是英才教育，其根本的目的是使全体适龄儿童、少年在德、智、体、美、劳等方面全面发展，为提高民族素质、培养社会主义的建设人才奠定基础。

（共10分。答出基础性的概念2分；答出基础性的表现8分，每点4分）

22. 请简述德育原则中的教育影响的一致性与连贯性原则的基本含义和贯彻要求。

(1)基本含义：教育影响的一致性与连贯性原则是指在德育工作中，教育者应主动协调多方面教育力量，统一认识和步调，有计划、有系统、前后连贯地教育学生，发挥教育的整体功能，培养学生正确的思想品德。

(2)贯彻要求：①充分发挥教师集体的作用，统一学校内部的多种教育力量，使之成为一个分工合作的优化群体；②争取家长和社会的配合，主动协调好与家庭、社会教育的关系，逐步形成以学校为中心的"三位一体"的德育网络；③保持德育工作的经常性和制度化，处理好衔接工作，保证对学生影响的连续性、系统性，使学生的思想品德得以循序渐进地持续发展。

（共10分。基本含义4分，答出“多方面教育力量”“统一认识”“前后连贯”“整体功能”等关键词可得2分；贯彻要求6分，每点2分，答出“统一学校内部力量”“三位一体”“德育工作的经常性”等关键词可得3分）

23. 请简述桑代克提出的学习定律。

桑代克提出学习要遵循三条学习定律：(1)准备律是指联结的加强或削弱取决于学习者的心理准备和心理调节状态。(2)练习律是指刺激与反应之间的联结会由于重复或练习而加强；不重复或不练习，联结的力量就会减弱。(3)效果律是指刺激和反应之间的联结可因导致满意的结果而加强，也可因导致烦恼的结果而减弱。

（共10分。答出学习定律的条数1分；答出“准备律”“练习律”“效果律”三条学习定律，每点1.5分；合理阐述各学习定律，每点1.5分）

三、案例分析题(参考答案)

24. (1)季老师的教育行为偏重专断型，违背了班级管理的民主性，伤害了学生的自尊心，忽视了学生在班级管理中的主体性，是不合理的。具体分析如下：

①在班级纪律整治中，季老师强制学生参加投票，并且规定不参加投票的学生以后就站着上课。这一行为表明季老师在管理中独断专行，违背了民主管理。

②季老师让学生用投票的方式选出纪律最差的学生，并且当众公布投票结果。这一行为严重打击了学生的自尊心，也不利于班级的团结。

③在班级纪律整治中，季老师没有询问学生的意见，反而强迫学生按照自己的想法行事。这一行为表明季老师忽视了学生在班级管理中的主体性，没有做到以学生为本。

(2)针对A班的情况，教师可从以下方面进行班集体建设：

①确定班集体的发展目标。目标是集体发展的方向和动力，一个班集体只有具有共同的目标，才能使班级成员在认识上和行动上保持统一，才能形成班级凝聚力，进而推动班集体的发展。针对A班课堂纪律差的情况，教师可以先确定班集体的发展目标，引导学生朝着目标努力。

②建立得力的班集体核心。得力的班集体核心是班主任的左膀右臂，是维护和推动班级工作的有力助手，是带动全班同学实现集体发展目标的核心。针对A班的情况，教师可先从A班中发现并选拔出热心为集体服务、团结同学且具有一定管理能力的学生干部，让他们协助自己进行班级纪律管理。

③建立班集体的正常秩序。班集体的正常秩序是维持和控制学生在校生活的基本条件，是教师开展工作的重要保证。教师可先在A班公布一些必要的规章制度、共同的生活准则以及一定的生活规律。

④组织形式多样的教育活动。班集体是在全班同学参加各种教育活动的过程中逐步成长起来的，而各种教育活动又可以使每个人都有机会为集体出力并展示自己的才能。教师可通过组织主题教育活动，使学生在活动过程中受到教育。

⑤培养正确的舆论和良好的班风。班集体舆论是班集体生活与成员意愿的反映。正确的班集体舆论是一种巨大的教育力量，对班集体每个成员都有约束、激励作用，是教育集体成员的重要手段。针对A班课堂纪律差的情况，教师可从培养良好的班风入手，从而约束、激励学生。

（共15分。判断季老师的教育行为1分；具体分析6分，从“违背民主”“打击自尊心”“忽视主体性”等方面分析季老师的行为，至少能阐述3个方面，每个方面2分；针对A班情况提出建议8分，从“确定班集体的发展目标”“建立得力的班集体核心”“建立班集体的正常秩序”“组织形式多样的教育活动”“培养正确的舆论和良好的班风”等方面提出教育建议，至少能提出4个建议，每个建议2分）

2022年浙江省宁波市中小学教师招聘考试教育理论基础知识真题试卷（七）

一、判断题

1. × 【解析】本题考查维果斯基的最近发展区理论。在维果斯基看来，教学的可能性由学生的最近发展区决定，“教学应该走在发展的前面”。故题干说法错误。

2. √ 【解析】本题考查建构主义学生观。建构主义者强调，学生并不是空着脑袋走进教室的。教学不能忽视学生的已有经验，而是要把儿童现有的知识经验作为新知识的生长点，引导儿童从原有的知识经验中发展出新的知识经验。

3. √ 【解析】本题考查发现学习的相关知识。美国心理学家奥苏伯尔指出，发现学习是指人类个体经验的获得是来源于学习活动中主体对经验的直接发现或创造，并非由他人的传授而得。接受学习是指人类个体经验的获得是来源于学习活动中主体对他人经验的接受，把别人发现的经验经过掌握、占有或吸收，转化为自己的经验。必须注意的是，相较其他学习方法，发现学习是一种不经济的方法，只能偶尔为之，而不能作为课堂教学中的一种占主导地位的方法来使用。

4. √ 【解析】本题考查教学评价。档案袋评价法是一种综合评价方法，是指将学生在学校及课外活动中的各类表现归档，然后根据这些资料，用一种具体明确的、完整定义的程序进行评价。

5. × 【解析】本题考查教师期望效应。教师期望效应也叫罗森塔尔效应或皮格马利翁效应，即教师的期望或明或暗地传递给学生，会使学生按照教师所期望的方向来塑造自己的行为。有两类教师期望效应。第一类为自我应验效应，即由原先错误的期望引起并把这个错误的期望变成现实的行为;第二类是维持性期望效应,即教师认为学生将维持以前的发展模式,其问题在于,如果教师认可这种模式,那么他将很难注意和利用学生潜在能力的发展。故教师期望效应并不总是有利于学生的发展,题干中并未指明是哪种期望,说法错误。

6. √ 【解析】本题考查认知风格的类型。沉思型的学生的知觉与思维方式以反思为特征,在解决认知任务时,总是谨慎、全面地检查各种假设,在确认没有问题的情况下才会给出答案。这种类型的学生在做出回答之前倾向于进行深思熟虑的、计算的、分析性的和逻辑的思考,往往先评估各种可替代的答案,然后给予较有把握的答案,解决问题的速度虽然慢,但错误率很低,在解决高层次问题时占优势。故题干说法正确。

7. × 【解析】本题考查学生记忆的发展。对于具体形象记忆的认识,有些人容易产生误解,以为具体形象记忆比起词的抽象记忆来,是一种处于较早阶段和较低水平的记忆,甚至认为抽象记忆出现以后,具体形象记忆就没有意义了。事实上,在学习过程中,具体形象记忆和词的抽象记忆都是必要的,在教学中,两者都具有重要的作用。感性认识和理性认识是不可分的,教师的任务在于:一方面使学生掌握充分的、具体的实际材料;另一方面从具体的实际材料出发,不断发展学生的词的抽象记忆,从而使感性认识提高到理性认识。故题干说法错误。

8. × 【解析】本题考查韦纳的归因理论。根据韦纳的归因理论可知,努力属于内部、不稳定、可控的因素。故题干说法错误。

9. √ 【解析】本题考查科尔伯格的道德发展阶段理论。科尔伯格将道德判断分为三个水平,每一水平包含两个阶段,六个阶段依照由低到高的层次发展。其中,前习俗水平包括服从与惩罚的道德定向阶段和相对功利的道德定向阶段。处于相对功利的道德定向阶段的儿童的道德价值来自对自己要求的满足,偶尔也来自对他人需要的满足。在进行道德评价时,儿童开始从不同角度将行为与需要联系起来,但具有较强的自我中心性,认为符合自己需要的行为就是正确的。故题干所述符合前习俗水平中的相对功利的道德定向阶段的表现。

10. × 【解析】本题考查《中华人民共和国义务教育法》。根据《中华人民共和国义务教育法》第二十七条规定,对违反学校管理制度的学生,学校应当予以批评教育,不得开除。

二、单项选择题

1. C 【解析】本题考查读书指导法。读书指导法是指教师指导学生通过阅读教科书和其他参考书,以获得知识、巩固知识、培养学生自学能力的一种方法。运用读书指导法的基本要求包括:(1)提出明确的目的、要求和思考题。(2)教给学生读书的方法。(3)善于在读书中发现问题和解决问题。读书要深入,关键在于对所学知识能否产生疑惑、提出问题进而解决问题。正如朱熹所言:“读书无疑者,须教有疑;有疑者,却要无疑,到这里方是长进。”(4)适当组织学生交流读书心得。故选C项。

2.A 【解析】本题考查教育活动的结构。一般认为,构成教育活动的基本要素是教育者、受教育者(学习者)和教育影响。

受教育者既包括在校学习的学生,也包括各种形式成人教育中的学习者。故A项说法错误。

教育者是指能够在一定社会背景下促进个体社会化和社会个性化活动的人。故B项说法正确。

从法律角度看,受教育者是教育活动的自然人,他们与教育者是平等的,在接受思想、品德、知识、技能、行为以及智慧、性格等方面的影响时具有主观能动性。故C项说法正确。

教育影响即教育活动中教育者作用于学习者的全部信息,既包括了信息的内容,也包括了信息选择、传递和反馈的形式,是内容与形式的统一。故D项说法正确。

易错提示:教育者≠教师;受教育者(学习者)≠学生。

3.B 【解析】本题考查教学原则。直观性原则是指在教学活动中,教师应尽量利用学生的多种感官和已有的经验,通过各种形式的感知,使学生获得生动的表象,从而比较全面、深刻地掌握知识。运用直观性原则需注意:(1)正确选择直观教具和教学手段;(2)重视运用言语直观;(3)直观教具的演示要与语言讲解结合起来。故题干所述体现了教学的直观性原则,选B项。

4.A 【解析】本题考查支架式教学的相关知识。支架式教学,即在学生试图解决超出当前知识水平的问题时给予支持和指导,帮助其顺利通过最近发展区,使之最终能够独立完成任务。支架式教学可采用的方式有:(1)把学生要学习的内容分割成许多便于掌握的片段;(2)向学生示范要掌握的技能;(3)提供有提示的练习等。题干中语文老师将教学内容分解成几个步骤让学生学习,这属于支架式教学。故选A项。

5.C 【解析】本题考查课程目标取向。表现性目标指在教育情境的种种遭遇中每一个学生个性化的创造性表现。它关注学生的创造精神、批判思维,适合以学生活动为主的课程安排。它期望的不是学生反应的一致性,而是反应的多样性、个体性。让学生谈“自己看到的有意思的事”关注的是学生的个性化发展和创造性表现,故题干所述属于表现性目标取向。

易错提示:考生易因对四类课程目标取向理解不到位而错选。应注意:

普遍性目标	对各门学科都有普遍的指导价值。具有普遍性、方向性、指令性的特点
行为性目标	具体、明确,便于操作、评价。对学习以训练知识、技能为主的课程内容较为适合
生成性目标	不事先规定,随着教育过程的展开而自然生成
表现性目标	期望的不是学生反应的一致性,而是反应的多样性、个体性

6.B 【解析】本题考查观察学习的效应。抑制效应指观察者看到他人的不良(或良好)行为受到社会谴责,观察者会暂时抑制受到谴责的不良(或良好)行为。题干中强调其他学生看到小鸥答错问题后被老师批评了,都减少了举手回答问题的次数,这符合抑制效应的内涵。故选B项。

易错提示:观察学习的效应是易混点,考生可抓住各自的关键点进行区分。习得效应强调习得新的技能和行为模式;抑制效应强调暂时抑制受到谴责的不良(或良好)行为;去抑制效应强调原本受到抑制的不良行为重新发作;反应促进效应强调促进新的学习或加强原先习得的行为。

7.A 【解析】本题考查学习动机的种类。内部学习动机是指诱因来自学习者本身的内在因素,即学生因对活动本身发生兴趣而产生的动机。外部学习动机是指诱因来自学习者外部的某种因素,即在学习活动以外由外部的诱因激发出来的学习动机。红红对画画感兴趣而努力学习画画,这属于内部动机;梦梦为了得到英语老师的夸奖而努力学习英语,这属于外部动机。因此,答案选A项。

8.C 【解析】本题考查自我防御机制。退回到前面的发展阶段是退行,是指一个人遇到困难的时候放弃已学到的比较成熟的应对技巧和方式,而使用原先比较幼稚的方式去应付困难和满足自己的欲望。故题干所述符合退行的概念。

9.D 【解析】本题考查学习迁移的种类。顺向迁移是指先前学习对后继学习产生的影响。题干中强调先学习的三棱锥的体积公式对后学习的四棱锥的体积公式的促进作用,这属于顺向迁移。故选D项。

易错提示:学习迁移的种类是考试的重点,考生在区分时应注意:普遍迁移即原理、原则和态度的具体应用;纵向迁移强调不同水平的学习活动之间产生的影响;负迁移强调阻碍作用;顺向迁移强调先前学习对后继学习的影响。

10.C 【解析】本题考查教师的义务。根据《中华人民共和国教师法》第八条规定,教师应当履行下列义务:(1)遵守宪法、法律和职业道德,为人师表;(2)贯彻国家的教育方针,遵守规章制度,执行学校的教学计划,履行教师聘约,完成教育教学工作任务;(3)对学生进行宪法所确定的基本原则的教育和爱国主义、民族团结的教育,法制教育以及思想品德、文化、科学技术教育，组织、带领学生开展有益的社会活动；(4)关心、爱护全体学生，尊重学生人格，促进学生在品德、智力、体质等方面全面发展；(5)制止有害于学生的行为或者其他侵犯学生合法权益的行为，批评和抵制有害于学生健康成长的现象；(6)不断提高思想政治觉悟和教育教学业务水平。A、B、D三项属于教师的义务，C项属于教师的权利，故选C项。

2022年浙江省宁波市镇海区中小学教师招聘考试真题试卷(八)

一、判断题

1. √ 【解析】本题考查时政知识。2022年5月，教育部、国家新闻出版署、中央网信办、文化和旅游部、市场监管总局联合印发了《关于教材工作责任追究的指导意见》，该意见的内容之一是把握基本原则，提出教材工作责任追究要坚持依法依规、全面覆盖、客观公正、惩建结合的基本原则。

2. × 【解析】本题考查教师期望效应。教师期望效应也叫罗森塔尔效应或皮格马利翁效应，即教师的期望或明或暗地传递给学生，会使学生按照教师所期望的方向来塑造自己的行为。有两类教师期望效应。第一类是自我应验效应，即由原先错误的期望引起并把这个错误的期望变成现实的行为；第二类是维持性期望效应，即教师认为学生将维持以前的发展模式，其问题在于，如果教师认可这种模式，那么他将很难注意和利用学生潜在能力的发展。故教师期望效应并不总是有利于学生的发展，题干中并未指明是哪种期望，故说法错误。

3. × 【解析】本题考查斯金纳的观点。从巴甫洛夫的经典条件反射学说和两种信号系统学说到斯金纳的操作性条件反射学说，都认为语言的发展是一系列刺激反应的连锁和结合。斯金纳还专门写了《言语行为》一书，提出了两个主要论点：(1)环境因素，即当场受到的刺激和强化历程，对言语行为的形成和发展具有决定性影响。(2)强化是语言学习的必要条件，也是使成人的言语反应继续发生的必要条件。强化刺激的出现频率、出现方式或者停止出现，对于言语行为的形成和巩固非常重要。

4. × 【解析】本题考查教师的权利。根据《中华人民共和国教师法》第七条规定可知，教师享有指导学生的学习和发展，评定学生的品行和学业成绩的权利。根据《中华人民共和国未成年人保护法》第六十三条规定，除下列情形外，任何组织或者个人不得开拆、查阅未成年人的信件、日记、电子邮件或者其他网络通讯内容：(1)无民事行为能力未成年人的父母或者其他监护人代未成年人开拆、查阅；(2)因国家安全或者追查刑事犯罪依法进行检查；(3)紧急情况下为了保护未成年人本人的人身安全。因此，教师可以指导学生的作文，但不能指导日记和信件。故题干说法错误。

5. √ 【解析】本题考查自我效能感的影响因素。自我效能感的影响因素包括个人自身行为的成败经验、替代经验、言语说服(言语暗示)和情绪唤醒。其中,言语说服是凭借说服性的建议、劝告、解释和自我引导,来改变人们自我效能感的一种方法。它使用简便,是一种极为常用的方法。但依靠这种方法形成的自我效能感不易持久,一旦面临令人困惑或困难的情境时,就会迅速消失。故题干说法正确。

6. × 【解析】本题考查学习理论。桑代克提出学习要遵循三条原则,即准备律、练习律和效果律。巴甫洛夫的经典性条件作用理论的主要规律包括泛化与分化、消退、恢复。故题干说法错误。

7. × 【解析】本题考查气质类型。胆汁质的人情绪兴奋性高、抑制能力差,反应速度快,精力旺盛、争强好胜,为人直率但是鲁莽冒失,易感情用事,刚愎自用,容易冲动,心境变化剧烈。多血质的人情绪兴奋性高,外部表露明显,反应速度快而灵活,活泼好动,动作敏捷,善于交往但交情浅,缺乏耐心,稳定性差,见异思迁,兴趣广泛而不持久,注意力易转移,情感丰富但不够深刻稳定。根据题干中的关键词“精力旺盛”“鲁莽冒失”可知,李明属于胆汁质。

8. × 【解析】本题考查积极归因训练。我国学者隋光远提出的“积极归因训练”模式是改变学生不正确的归因、提高学生学习动机的一条很有效的途径。他认为成功与失败都是与努力直接联系在一起的,如果学生在学习中失败的话,他一般会把原因归于自己不努力,如果更努力的话,就不会失败,就会有更好的结果。他认为如果这样理解失败,则不会打击学生学习的积极性,破坏其良好的内部学习动机。因此,教师应当引导张路将失利的原因归结为努力不够。

9. √ 【解析】本题考查加涅的学习结果分类。按学习结果,心理学家加涅将学习分为智慧技能、认知策略、言语信息、动作技能和态度五种类型。其中,态度指影响个人对人、事、物采取行动的内部状态。题干中小王看完《长津湖》后,对志愿军产生了敬佩之情,这属于态度的学习。

10. √ 【解析】本题考查《教师资格条例》。根据《教师资格条例》第十九条规定,有下列情形之一的,由县级以上人民政府教育行政部门撤销其教师资格:(1)弄虚作假、骗取教师资格的;(2)品行不良、侮辱学生,影响恶劣的。

二、单项选择题

1. B 【解析】本题考查时政知识。2022年1月1日起正式施行的《中华人民共和国家庭教育促进法》规定,每年5月15日国际家庭日所在周为“全国家庭教育宣传周”。为有力推动《中华人民共和国家庭教育促进法》宣传实施,全国妇联、教育部于2022年5月9日至15日开展首个“全国家庭教育宣传周”活动。活动以“送法进万家家教伴成长”为主题，弘扬传承中华民族家庭美德，树立良好家风，推动形成家庭文明新风尚。

2. D 【解析】本题考查习近平总书记关于教育工作的论述。习近平总书记强调，“思想政治工作是学校各项工作的生命线”，中小学校要把思想政治工作紧紧抓在手上、落在实处，把政治标准和政治要求贯穿办学治校、教书育人全过程各方面，融入式、嵌入式、渗入式地全方位开展思想政治工作。既要加强正面引导，深入开展社会主义核心价值观教育，抓好学生德育工作，把弘扬革命传统、传承红色基因深刻融入到学校教育中来，厚植爱党、爱国、爱人民、爱社会主义的情感，努力培养德智体美劳全面发展的社会主义建设者和接班人，帮助少年扣好人生第一粒扣子；更要坚决防范和清除各种错误政治思潮、分裂主义、宗教活动对未成年人的侵蚀，增强斗争精神，牢牢掌握意识形态工作主动权，用马克思主义占领、守住中小学校意识形态阵地。故选D项。

3. D 【解析】本题考查《学记》的教育思想。题干引文出自《学记》：“大学之教也，时教必有正业，退息必有居学。不学操缦，不能安弦；不学博依，不能安诗；不学杂服，不能安礼。不兴其艺，不能乐学。故君子之于学也，藏焉修焉，息焉游焉。”意思是学生不仅要有正课的学习，还要有业余爱好，课外的学习有助于正课的学习。如果课外不弹奏各种乐器，课内就不能熟练地学习琴瑟；课外不学习歌咏，不吟咏杂诗，课内就不能深刻地理解《诗经》；课外不练习洒扫应对进退这些杂事，课内就不能很好地学习礼仪。同时还要处理好学习和游乐的关系。教育史学家把它概括为“藏息相辅”的原则，即正课学习与课外练习兼顾，课内与课外相结合，相互补充。

4. C 【解析】本题考查课程目标取向的类型。课程目标的基本取向包括：(1)普遍性目标取向；(2)行为性目标取向；(3)生成性目标取向；(4)表现性目标取向。其中，表现性目标指在教育情境的种种遭遇中每一个学生个性化的创造性表现，是生成性目标的进一步发展。它关注学生的创造精神、批判思维，适合以学生活动为主的课程安排。例如，在一个星期内读完《红与黑》，讨论时列出你印象最深刻的三件事；参观动物园，讨论在那里看到的最有趣的几件事。故选C项。

5. A 【解析】本题考查榜样示范法。榜样示范法是以他人的高尚品德、模范行为和卓越成就来影响学生品德的方法。为了充分有效地发挥榜样的作用，应遵循以下要求：(1)榜样必须真实可信。任何榜样都是社会集体中的成员，不可能尽善尽美。教师在宣传榜样的事迹时，不能人为地夸大、拔高。要客观地、全面地展示其全部的成长过程，要如实地反映其真正具有的高尚的思想品德。(2)要帮助学生缩短角色距离。教师要善于找到榜样和学生之间沟通的联结点；要引导学生学习榜样的根本精神，而不是单纯从形式上模仿其具体言行。除此之外，为了缩短学生与榜样之间的心理距离，还要尽可能在学生身边寻找学习的榜样。(3)要促使榜样成为学生自律的力量。榜样不能只是作为一种凌驾于常人之上的、外在的力量来规范人、约束人，榜样也是生活在现实生活条件下的活生生的人，不能把榜样与学生人为地隔离开来。故A项说法错误，榜样的事迹需要客观、真实、可信，而不是生动、形象。

6. A 【解析】本题考查教师成长的历程。福勒和布朗根据教师的需要和不同时期所关注的焦点问题，把教师的成长划分为关注生存、关注情境和关注学生三个阶段。其中，处于关注生存阶段的一般是新教师，他们非常关注自己的生存适应性，最担心的问题是“学生喜欢我吗”“同事们如何看我”“领导是否觉得我干得不错”等。因而，可能会把大量的时间花在如何与学生搞好个人关系上，想方设法控制学生，而不是更多地考虑如何让学生获得学习上的进步。故题干所述说明胡老师处于教师成长的关注生存阶段。

7. D 【解析】本题考查培养学生自尊心的先决条件。教育心理学家古柏史密斯在其所著《自尊心的养成》一书中，提出培养学生自尊心的三个先决条件。(1)重要感，指个人觉得他的存在是重要的和有意义的。(2)成就感，指个人能在具有挑战性的工作中表现出成就，而且能达到自己的预期目标，这时会产生一种完美感受。(3)力量感，指个人感觉到自己有处理事务和适应困境的能力。

8. B 【解析】本题考查影响问题解决的因素。当一个人长期致力于某一问题的解决而又百思不得其解的时候，如果他暂时停下对这个问题的思考而去做别的事情，几小时、几天或几周之后，他可能会忽然想到解决的办法，这就是酝酿效应。故题干所述属于问题解决中的酝酿效应。

9. A 【解析】本题考查注意理论。在注意的认知资源理论的基础上，谢夫林和施奈德提出了注意的双加工理论。该理论认为，人类的认知加工分为两类：自动化加工和受意识控制的加工。其中，自动化加工不受认知资源的限制，不需要注意，是自动进行的。这些加工过程由适当的刺激引发，发生得比较快，也不影响其他的加工过程。在习得或形成之后，其加工过程比较难改变。而受意识控制的加工受认知资源的限制，需要注意的参与，可以随环境的变化而不断进行调整。题干中小学生在数字计算上需要花费大量的时间，到初中和高中阶段的速度越来越快，这属于自动化加工。故选A项。近因效应是指在总体印象形成上，新近获得的信息比原来获得的信息影响更大的现象。过度学习是指学习达到恰能背诵之后再继续学习。注意偏向指的是个体在注意上选择性加工某些刺激。故排除B、C、D三项。

10. C 【解析】本题考查教师的权利和义务。根据《中华人民共和国教师法》第八条规定，教师应当履行下列义务：(1)遵守宪法、法律和职业道德，为人师表；(2)贯彻国家的教育方针，遵守规章制度，执行学校的教学计划，履行教师聘约，完成教育教学工作任务；(3)对学生进行宪法所确定的基本原则的教育和爱国主义、民族团结的教育，法制教育以及思想品德、文化、科学技术教育，组织、带领学生开展有益的社会活动；(4)关心、爱护全体学生，尊重学生人格，促进学生在品德、智力、体质等方面全面发展；(5)制止有害于学生的行为或者其他侵犯学生合法权益的行为，批评和抵制有害于学生健康成长的现象；(6)不断提高思想政治觉悟和教育教学业务水平。故A、B、D三项属于教师应当履行的义务。C项属于教师享有的权利。本题为选非题，故选C项。

三、材料分析题(参考答案)

针对以上的课堂现象，教师可以采取以下的应对方法：

(1)预防为主。首先，课堂管理是对所有学生的管理，教师需要具备多种行为管理的工具，有效的管理方法就是按照80-15-5的需要来分别准备。第一，集中精力重点发展组织策略和战术，满足80%学生的需要，预防可能发生的问题，防患于未然。第二，当学生有偏离期望的行为时，教师就应该用一些精力来干预。第三，只有极少数的学生需要特殊的行为矫正，需要使用矫正技巧。其次，教师还需要重视学生的学情和求知欲，少讲学生已经会的知识，多传授学生不会的知识，让课堂变得更有魅力和吸引力。此外，要重视提前制定课堂规则。利用开学前的几周进行严谨的课堂常规制定和训练，让学生知晓什么可为和什么不可为，知道每种行为背后会随之而来的奖惩。教师也要在日常教学中，做到言必信，行必果。

(2)干预有方。再好的预防也难以避免出现一些课堂行为问题，这时就需要教师恰当地采取干预的手段。采取干预手段需要遵循以下两个原则：①最小干预。教师在有效阻止和抑制不良课堂行为时，尽量不要中断正常的教学过程，最好能够结合课堂内容巧妙地化解意外的课堂干扰。②不良变优良。合理处理不良课堂行为，正是促进学生发展正确课堂行为的时机。

(3)用爱感化，他律变自律。关于那5%的学生，学校的宏观教育对他们没有起到积极的作用，但是如果教师也放弃他们，后果更不堪设想。其实他们只是需要额外的注意、支持和专业的行为矫正。教师对待这5%的学生，最有效的办法就是让爱和教师的期待，走进学生的心灵，去努力改变他们一生的命运，避免给学生过早地贴标签，促使他们破罐子破摔。

(共10分。从“预防为主”“干预有方”“用爱感化，他律变自律”等方面分析教师如何维持良好的课堂环境，预防学生不良行为的发生，理论依据准确、充分5分，具体做法5分)

2022年浙江省绍兴市(越城区、柯桥区、上虞区)小学教师招聘考试教育基础知识真题试卷(九)

一、单项选择题

1. D 【解析】本题考查教育的起源说。生物起源说认为教育是一种生物现象,而不是人类所特有的社会现象。我国用“乌反哺、羊跪乳”的典故劝诫人们报答父母的养育之恩。这种认为动物界存在教育的观点,是生物起源说的具体表现。

2. A 【解析】本题考查卢梭的教育观。卢梭的教育观的核心就是强调把儿童当作儿童。他指出,“在人生的秩序中,童年有它的地位;应该把成人看作成人,把孩子看作孩子”“儿童是有他们特有的看法、想法和感情的,如果想用我们的看法、想法和感情去代替他们的看法、想法和感情,那简直是最愚蠢的事情了”。

3. B 【解析】本题考查小学常用的德育原则。疏导原则是指进行德育时要循循善诱、以理服人,从提高学生认识入手,调动学生的主动性,使他们积极向上。故题干所述体现的是疏导原则。

4. C 【解析】本题考查奥苏伯尔关于学习的划分。奥苏伯尔从两个维度对学习进行了分类:根据学习内容与学习者原有知识的关系这个维度,把学习分为意义学习和机械学习;根据学习进行的方式这个维度,把学习分为接受学习和发现学习。故选C项。

5. D 【解析】本题考查学习动机的种类。按学习动机产生的诱因来源,可以把学习动机分为内部学习动机和外部学习动机。其中,内部学习动机是指诱因来自学习者本身的内在因素,即学生因对活动本身发生兴趣而产生的动机。题干中,博宏很喜欢数学,即对数学本身发生兴趣,这属于内部学习动机。故选D项。根据动机行为的对象的广泛性,可以把学习动机分为普遍型学习动机和特殊型学习动机。拥有普遍型学习动机的学生对所有学习活动都有学习动机,不但对所有知识性的学科都认真学习,就是对技能性学科,甚至课外活动,也从不懈怠;拥有特殊型学习动机的学生则只对某种(或某几种)学科有学习动机,对其他学科均不予注意。

6. C 【解析】本题考查教师成长的历程。福勒和布朗根据教师的需要和不同时期所关注的焦点问题,把教师的成长划分为关注生存、关注情境和关注学生三个阶段。其中,处于关注生存阶段的一般是新教师,他们非常关注自己的生存适应性,最担心的问题是“学生喜欢我吗”“同事们如何看我”“领导是否觉得我干得不错”等。题干中,何老师特别在意自己在学生、同事等人心中的地位,说明其处于教师成长的关注生存阶段。故选C项。

二、辨析题（参考答案）

1. 教学是学校实现教育目的的基本途径。

（1）这种说法是正确的。（2）教学是在一定教育目的的规范下，教师的教和学生的学共同组成的传递和掌握社会经验的双边活动。在我国，教学是以知识的授受为基础的，通过教学，学生在教师有计划、有步骤的积极引导下，主动地掌握系统的科学文化知识和技能，发展智力、体力，陶冶品德、美感，形成全面发展的个性。因此，教学是学校实现教育目的的基本途径。

（共6分。判断1分，判断“说法不正确”本题不得分；理由5分，答出教学的概念2分，分析学生通过教学获得的发展2分，总结教学是学校实现教育目的的基本途径1分）

2. 学生知识越多，说明能力越强。

（1）这种说法是不正确的。（2）能力是直接影响人的活动效率，促使活动顺利完成的个性心理特征。知识是指主体通过与环境相互作用而获得的信息及其组织，其实质是人脑对客观事物的特征与联系的反映，是客观事物的主观表征。能力与知识是有区别的：①能力与知识具有不同的概括水平。知识是人类社会历史经验的概括和总结，能力是人在从事某种活动时表现出来的多种心理品质的概括。②在一个人身上，知识的发展是无止境的，它随着学习进程的不断增多而不断丰富；而能力的发展则有一定的限度。③知识的掌握和能力的发展是不同步的。知识多了，能力并不一定就高。

（共6分。判断1分，判断“说法正确”本题不得分；理由5分，答出能力的概念1分，知识的概念1分，能力和知识的区别每点1分）

三、简答题（参考答案）

1. 简述小学班主任工作的基本内容。

（1）了解和研究学生；（2）有效地组织和培养优秀班集体；（3）组织课外、校外活动和指导课余生活；（4）协调校内外各种教育力量；（5）学习指导、学习活动管理和生活指导、生活管理；（6）建立学生档案；（7）操行评定；（8）班主任工作计划与总结；（9）个别教育工作；（10）班会活动的组织；（11）偶发事件的处理。

（共10分。答案完整得满分；答出“了解学生”“组织班集体”“组织课外活动”“学习指导”“组织班会活动”等关键词可得5分；少答一点扣1分）

2. 简述小学生良好学习习惯的培养策略。

（1）小学生良好的学习习惯的养成要从低年级抓起；（2）循序渐进，逐步发展；（3）严格要求，多方密切配合；（4）树立榜样，启发自觉；（5）整体发展，互相促进。

（共10分。每点2分，答案完整得满分；答出“低年级”“循序渐进”“严格要求”“树立榜样”“整体发展”等关键词可得5分）

四、论述题(参考答案)

请论述小学教师依法执教的要求,并联系小学教育教学实践谈谈依法执教的意义。

(1)依法执教的基本要求有以下四点:①坚持正确的政治方向;②拥护党的基本路线和领导;③自觉增强法律意识;④认真贯彻党和国家的方针政策。

具体内容为:教师要模范地遵守宪法及其他各种法律、法规。教师是人类文化的传播者,是我国社会主义现代化建设人才的培育者。教师的劳动具有高度的示范性和感染性,教师对学生产生着潜移默化的作用。虽然在我国人人都应当遵守宪法及其他各项法律、法规,依法进行生活、学习和工作,但教师更应当模范地做到这一点。每一个教师都要争做遵守宪法及其他各种法律、法规的模范。

教师要依法进行教育教学活动。①教师要认真贯彻执行教育方针,遵守各种规章制度,执行学校的教学计划,完成教育教学工作任务;②教师要对学生进行宪法所确定的关于四项基本原则的教育、爱国主义教育、民族团结教育以及法制教育;③教师要关心、爱护全体学生,尊重学生人格,保证学生在德、智、体等方面的发展;④教师要制止有害于学生的行为或者其他侵犯学生合法权益的行为,批评和抵制有害于学生健康成长的现象。

(2)依法执教的意义:①依法执教是依法治国的必然要求。依法治国的依据是我国的宪法和法律,基本要求有四个方面,即有法可依,有法必依,执法必严,违法必究。其中有法可依是依法治国的法律前提,也是依法治国的首要环节;有法必依是依法治国的中心环节。②依法执教是依法治教的重要内容。③依法执教是人民教师之必需。(考生可联系小学教育教学实践加以阐述,言之有理即可)

(共20分。答出依法执教的要求10分,基本要求每点1分,具体内容6分;依法执教的意义10分,意义每点2分,联系教学实践合理阐述4分)

五、案例分析题(参考答案)

(1)案例中的教学主要体现了启发性原则、因材施教原则、思想性(教育性)和科学性相统一的原则。具体分析如下:

①启发性原则是指在教学活动中,教师要调动学生的主动性和积极性,引导他们通过独立思考、积极探索,生动活泼地学习,自觉地掌握科学知识,提高分析问题和解决问题的能力。案例中,老师在教学接近尾声时,提出了一个拓展性问题,引起了同学们的广泛讨论与思考,课堂讨论气氛热烈。这样的结课有利于调动学生的积极性,引导他们主动思考,从而提高他们分析问题的能力。这体现了启发性原则。

②因材施教原则是指教师在教学中,要从课程计划、学科课程标准的统一要求出发,面向全体学生,同时又要根据学生的个别差异,有的放矢地进行有差别的教学,使每个学生都能扬长避短,获得最佳的发展。案例中,老师面对书哲同学出其不意的回

答,应该做到因势利导,生发出不一样的思路,而不是劝说他接受同样的想法。下课后,老师及时追问,引导书哲说出自己完整的想法,并在之后的晨会课上给予了充分的肯定。这体现了因材施教原则。

③思想性(教育性)和科学性相统一的原则是指教学要以马克思主义为指导,授予学生科学知识,并结合知识教学对学生进行社会主义品德和正确人生观、科学世界观教育。案例中,老师在晨会课上借助书哲的想法,完善了之前的教学结论,让其他同学明白人要尊重动物,与其和谐相处,而不是以自己的意志去勉强它们。这对同学们进行了正确的人生观引导,体现了思想性(教育性)和科学性相统一的原则。

(共10分。答出案例中体现的教学原则的名称1分;具体分析9分,从启发性原则、因材施教原则、思想性(教育性)和科学性相统一的原则三个方面分析案例,每条3分,理论依据准确、充分1分,结合案例阐述合理2分)

(2)以语文学科为例,在小学教学中贯彻上述教学原则的要求如下:

①启发性原则的贯彻要求包括:加强学习的目的性教育,调动学生学习的主动性;设置问题情境,启发学生独立思考,培养学生良好的思维方法和思维能力;让学生动手,培养学生独立解决问题的能力,鼓励学生将知识创造性地运用于实际;发扬教学民主。例如,在小学语文教学中,老师要提出有一定深度且富有启发性的问题,引导学生思考。

②因材施教原则的贯彻要求包括:要坚持课程计划和学科课程标准的统一要求;教师要了解学生,从实际出发进行教学;教师要善于发现每个学生的兴趣、爱好,并创造条件,尽可能使每个学生的不同特长都得以发挥。例如,在小学语文教学中,老师要根据不同学生的智力差异而采取不同的教学方法,布置不同的学习任务。

③思想性(教育性)和科学性相统一的原则的贯彻要求包括:教师要保证教学的科学性;教师要结合教学内容的特点进行思想品德教育;教师要通过教学活动的各个环节对学生进行思想品德教育;教师要不断提高自己的业务能力和思想水平。例如,在小学语文教学中,老师不仅要教学生识字,还要让学生在书写汉字中感受汉字的造型、线条、音韵之美,感受中华文化的独特魅力。

(共10分。答出任教的学科1分;结合学科阐述上述教学原则的贯彻要求9分,每条3分,理论依据准确、充分2分,结合学科阐述合理1分;若没有结合学科进行作答,最多给6分)

(3)创造性思维是指用独特、新颖的方法解决问题的思维过程。它是人类思维的高级形态,是智力的高级表现。案例中,书哲跳出教师所给出问题的框架,从一个独特、新颖的角度去思考问题,形成小企鹅不想出去的观点,主要体现出其创造性思维。

创造性思维的特征:①新颖独特性。创造性思维不同于一般的思维活动,它要求打破惯常的解决问题的方法,将已有的知识经验进行改组或重建,创造出个体前所未知的或社会前所未有的思维成果。

②创造性思维是多种思维的结晶。创造性思维既是发散思维和聚合思维的统一,也是形象思维和抽象思维的统一,但更多地表现在发散思维上。创造性思维以发散思维为核心。发散思维具有流畅性、灵活性(变通性)和独创性(独特性)等特点。

③创造性想象的积极参与。创造性想象的积极参与是创造性思维的重要环节。因为创造性想象提供的是事物的新形象,并使创造性思维成果具体化。

④灵感状态。所谓灵感,是指人在创造性思维过程中,某种新形象、新概念和新思想突然产生的心理状态。它是人在以全部精力集中去解决思考中的问题时,由于偶然因素的触发而突然出现的顿悟现象。任何创造性思维,都离不开灵感。

(共10分。答出创造性思维的概念2分,概念的表述完整、准确1分,结合材料合理分析1分;创造性思维的特征8分,每点2分,理论依据准确1分,展开合理论述1分)

2021年浙江省金华市永康市小学教师招聘考试教育基础知识真题试卷(十)

一、单项选择题

1. D 【**解析**】本题考查《学记》中的教育思想。《学记》主张"学不躐等""不陵节而施"即教学要遵循学生的身心发展特点,循序渐进。

2. C 【**解析**】本题考查教育史上的课程教学改革。A项,布鲁纳提出了认知结构教学理论。布卢姆提出了掌握学习理论。B项,瓦·根舍因倡导范例教学。C项,赞科夫把学生的一般发展作为教学的出发点,提出了发展性教学理论的五条教学原则,即高难度、高速度、理论知识起主导作用、理解学习过程、使所有学生包括"差生"都得到一般发展的原则。D项,巴班斯基主张最优化教学理论。洛扎诺夫首创了暗示教学法。故C项说法正确。

3. D 【**解析**】本题考查我国古代的教育目的价值取向。社会本位论主张教育以社会的稳定和发展为最高宗旨。该思想由来已久,我国古代的教育目的价值取向在不同时期虽然有不同的表述,但基本上都属于这个范畴,其基本精神都是一致的,那就是:通过教育塑造理想人格,并以个人的魅力和德行修养服务并服从于统治阶级的需要,成为统治阶级所需要的人。

4. B 【**解析**】本题考查教师劳动的特点。教师劳动的创造性主要表现在以下三个方面:(1)因材施教。(2)教学方法上的不断更新。(3)教师需要"教育机智"。教育机智是教师在教育教学过程中的一种特殊定向能力,是指教师能根据学生新的特别是意外的情况,迅速而正确地做出判断,随机应变地采取及时、恰当而有效的教育措施解决问题的能力。故题干所述体现了教师劳动的创造性。

5. C 【解析】本题考查教育的文化功能。教育能够传播、交流和融合文化。教育通过传播文化,使不同国家和民族的文化相互交流、交融,促进文化的优化和发展。题干中,学生通过接受教育,了解不同地区的风土人情、文化差异等,说明了教育能传播文化。

6. C 【解析】本题考查智育的任务。智育是传授给学生系统的科学文化知识、技能,发展他们的智力和与学习有关的非认知因素的教育。智育的具体任务包括:(1)向学生系统传授科学文化知识,为学生各方面发展奠定良好的知识基础;(2)培养训练学生,使其形成基本技能;(3)培养和发展学生的智力才能,增强学生各个方面的能力;(4)培养学生良好的学习品质和热爱科学的精神。故本题选C项。

7. B 【解析】本题考查操作性条件作用的基本规律。强化有正强化和负强化之分。正强化是通过呈现想要的愉快刺激来增强反应频率;负强化是通过消除或中止厌恶、不愉快刺激来增强反应频率。题干中赵栋因自己的行为受到了老师的表扬(愉快刺激),这属于正强化;"不用参加美术课后的整理工作"是消除不愉快的刺激,属于负强化。故B项符合题意。

8. C 【解析】本题考查艾里克森的人格发展阶段理论。美国精神分析学家艾里克森认为,人格发展是一个逐渐形成的过程,必须经历八个顺序不变的阶段,其中,处于主动感对内疚感阶段的儿童喜欢尝试探索环境,承担并学习掌握新的任务。此时,如果父母或教师对儿童的建议给予适当的鼓励或妥善的处理,则儿童不仅发展了主动性,还能培养明辨是非的道德感;反之,如果父母对儿童的问题感到不耐烦或嘲笑儿童的活动,儿童就会产生内疚感。题干中,根据李明帮妈妈洗碗的行为判断其处于主动感对内疚感阶段,而妈妈对李明的失误大吼大叫,可能会导致李明产生内疚感。故选C项。

9. B 【解析】本题考查维果斯基的最近发展区理论。教师要尽量组织、安排能力水平不同的学生进行合作学习。接受能力较强的同伴的指导,是促进儿童在最近发展区内发展的最有效的一种方式。根据最近发展区理论,教师应该为学生布置那些只有在别人的帮助下才能被他们成功完成的任务。在一些情况下,这种帮助必须来自具备更高技能的个体,如成人或高年级学生。在另一些情况下,能力相当的学生之间的合作也能够使得困难的任务得到解决,因为在合作中,每位成员都能够为团队贡献出自己独特的力量。有时,我们还需要给具有不同最近发展区的学生安排不同的任务,以使得所有学生都能够接受最有利于自身认知发展的挑战。因此,对于不同水平的学生,应采用配对的方法进行合作学习。故选B项。

10. B 【解析】本题考查儿童心理发展的基本特征。儿童的心理发展是有一定的先后顺序的,发展的速度有快有慢,但是发展的方向性和顺序性却是一定的。故A、C

两项表述正确。儿童心理发展具有稳定性与可变性。随着各种条件的不同,儿童发展的年龄特征在一定范围或程度上,可能会发生某些变化,即某些特征可能提前或推后出现,但这些变化是有限制的——稳定中有变化,变化又是相对稳定中的变化。故B项表述错误。心理发展是指个体从胚胎期到出生一直到死亡的过程中所发生的有次序的心理变化过程。这种变化与发展是逐渐、连续而有规律的。故D项表述正确。

11. C 【解析】本题考查教师违法(侵权)行为的类型。个人的财产所有权是指公民对个人所有的财产依法进行占有、使用、收益和处分的权利。合法财产是指公民的合法收入、储蓄、房屋、生活用品、文物、图书资料、林木、牲畜和法律允许公民所有的生产资料以及其他合法财产。学生的合法财产受法律保护,教师不得侵占、破坏或者非法扣押、没收等。教师侵犯学生财产权的表现形式有:损坏学生财物、非法没收学生物品、乱罚款、乱摊派、推销商品等。题干中陈某的手机属于其合法财产,李老师没收陈某的手机侵犯了学生的财产权,做法错误。故C项符合题意。

12. D 【解析】本题考查皮亚杰的认知发展阶段理论。处于具体运算阶段的儿童思维具有以下特征:(1)去自我中心性;(2)可逆性;(3)守恒;(4)分类;(5)序列化。其中,守恒是指儿童认识到客体在外形上发生了变化,但特有的属性不变。因此最适合小红的应该是教她数字守恒问题,故选D项。A项辨认颜色适合处于前运算阶段的儿童,B项抓取和吸吮适合处于感知运动阶段的儿童,C项隐喻和直喻适合处于形式运算阶段的儿童。

13. B 【解析】本题考查《中华人民共和国教育法》。根据《中华人民共和国教育法》第七十二条规定,结伙斗殴、寻衅滋事,扰乱学校及其他教育机构教育教学秩序或者破坏校舍、场地及其他财产的,由公安机关给予治安管理处罚;构成犯罪的,依法追究刑事责任。题干中丁某寻衅滋事扰乱学校教学秩序且破坏学校设施,应由公安机关给予治安管理处罚。故选B项。

14. D 【解析】本题考查《中华人民共和国教师法》。根据《中华人民共和国教师法》第十四条规定,受到剥夺政治权利或者故意犯罪受到有期徒刑以上刑事处罚的,不能取得教师资格;已经取得教师资格的,丧失教师资格。故选D项。

15. A 【解析】本题考查《学生伤害事故处理办法》(2002年版)。根据《学生伤害事故处理办法》(2002年版)第八条规定,学生伤害事故的责任,应当根据相关当事人的行为与损害后果之间的因果关系依法确定。故选A项。

二、辨析题(参考答案)

16. 对违规违纪情节严重或者影响恶劣的小学生可以停学,要求家长在家进行教育、管教直至改正。

(1)这种说法是不正确的。(2)根据《中小学教育惩戒规则(试行)》第十条规定,小学高年级、初中和高中阶段的学生违规违纪情节严重或者影响恶劣的，学校可以实施以下教育惩戒，并应当事先告知家长：①给予不超过一周的停课或者停学，要求家长在家进行教育、管教；②由法治副校长或者法治辅导员予以训诫；③安排专门的课程或者教育场所，由社会工作者或者其他专业人员进行心理辅导、行为干预。对违规违纪情节严重，或者经多次教育惩戒仍不改正的学生，学校可以给予警告、严重警告、记过或者留校察看的纪律处分。对高中阶段学生，还可以给予开除学籍的纪律处分。对有严重不良行为的学生，学校可以按照法定程序，配合家长、有关部门将其转入专门学校教育矫治。

（共4分。判断1分，判断“说法正确”本题不得分；理由3分，答出《中小学教育惩戒规则（试行）》的第十条规定1分，具体阐述2分）

17. 教育研究的基本程序是以查阅文献资料作为起始环节的。

（1）这种说法是不正确的。（2）教育研究的基本过程包括：①选择研究课题；②教育文献检索与综述；③制订研究计划；④教育研究资料的收集、整理与分析；⑤教育研究论文与报告的撰写。因此，选择研究课题是教育研究的起始环节。

（共4分。判断1分，判断“说法正确”本题不得分；理由3分，答出教育研究的基本过程2分，答出教育研究的起始环节1分）

18. 学校的教育工作应坚持以教学为主，全面统筹地安排其他各项工作。

（1）这种说法是正确的。（2）教学是在一定教育目的的规范下，教师的教和学生的学共同组成的传递和掌握社会经验的双边活动。它是学校教育的中心工作，学校教育工作必须坚持以教学为主。这既是由教学本身的性质决定的，也是多年来教育工作经验的总结。但这并不意味着可以轻视甚至忽略其他工作，应当坚持“教学为主，全面安排”。

（共4分。判断1分，判断“说法不正确”本题不得分；理由3分，答出教学的概念1分，具体阐述“教学为主，全面安排”2分）

19. 基于小学生注意分配能力发展的特点，小学课堂教学过程中要注意教学内容和教学形式的多样化。

（1）这种说法是不正确的。（2）小学儿童注意的集中性和稳定性较差，教学中如果照本宣科、教学形式单一，则很难使学生集中和保持注意力，而形象生动、组织严密、方法得当，使学生的有意注意和无意注意交替进行，可使小学生保持40分钟的注意时间。因此，在教学中要注意教学内容和教学形式的多样化。小学儿童注意的分配和注意的转移能力较弱，在学习过程中，由于小学生身心发展的水平难以满足注意分配的条件，所以他们在听课时，眼、耳、手、脑的配合往往不够，写字又尚未达到自动化程度，所以听讲和记笔记不能同时进行，难以做到“一心两用”。因此，在教学中要保证学生有充足的注意分配和转移的时间。

（共4分。判断1分，判断“说法正确”本题不得分；理由3分，答出小学儿童注意的特点1分，合理阐述具体教学措施2分）

三、简答题(参考答案)

20. 简述保护未成年人的原则。

根据《中华人民共和国未成年人保护法》第四条规定，保护未成年人，应当坚持最有利于未成年人的原则。处理涉及未成年人事项，应当符合下列要求：(1)给予未成年人特殊、优先保护；(2)尊重未成年人人格尊严；(3)保护未成年人隐私权和个人信息；(4)适应未成年人身心健康发展的规律和特点；(5)听取未成年人的意见；(6)保护与教育相结合。

（共5分。答案完整得满分；答出“特殊、优先保护”“人格尊严”“隐私权”“保护与教育”等关键词可得3分）

21. 简述综合实践活动的内容。

(1)信息技术教育；(2)研究性学习；(3)社区服务与社会实践；(4)劳动与技术教育。

（共5分。答案完整得满分；答出“信息技术”“社区服务”“劳动与技术”等关键词可得3分；少答一点酌情扣1～2分）

22. 简述直接经验和间接经验相结合的规律。

(1)含义：教学活动是学生认识客观世界的过程，要以间接经验为主、直接经验为辅，将二者有机地结合起来。

(2)关系：①以间接经验为主是教学活动的主要特点；②学生学习间接经验要以直接经验为基础。

(3)在教学中，要正确处理直接经验与间接经验的关系，必须防止两种倾向：一种是过分强调书本知识的传授和学习，忽视引导学生通过实践活动、亲身参与、独立探索去积累经验、获取知识的倾向；一种是只强调学生通过自己探索去发现、积累知识，忽视书本知识的学习和教师的系统讲授。应该将直接经验与间接经验有机结合起来。

（共5分。答出直接经验和间接经验相结合的规律的含义1分，关系2分，两种错误倾向2分）

23. 依法执教是依法治教在教师工作中的具体体现，简述其基本要求。

依法执教的基本要求有以下四点：(1)坚持正确的政治方向；(2)拥护党的基本路线和领导；(3)自觉增强法律意识；(4)认真贯彻党和国家的方针政策。

（共5分。答案完整得满分；答出“政治方向”“基本路线”“法律意识”“方针政策”等关键词可得3分；少答一点酌情扣1～2分）

四、论述题(参考答案)

24. 联系实际论述如何晓之以理、动之以情、持之以恒、导之以行。

对学生思想品德的培养必须晓之以理、动之以情、持之以恒、导之以行,必须多管齐下、与时俱进、因材施教,不断提高道德教育工作的实效性。具体措施如下:

(1)晓之以理。首先,从提高学生的道德认识入手,树立正确的是非观念。学生的道德认识,往往有许多错误的概念和糊涂的观念,如向老师反映班中存在的问题就会被认为"打小报告""出卖朋友"等。因此,教师要引导学生对自己身边发生的事情进行分析,弄清行为的后果,帮助他们正确地理解道德概念,逐步培养学生辨别行为好坏的能力,在此基础上,使学生掌握和运用一定的道德认识,去评价自己和他人的行为好坏。

(2)动之以情。在对学生进行道德教育时,一定要富有真情实感,与学生进行情感的交流,要以情激情,情理交融,激发学生与正确认识一致的情感。对学生要树立平等的观念,在情感上接近学生,缩短师生双方心理上的距离。另外,实践是情感形成和转变的基础,也是摇动情感发展的动力。所以情感教育要从实践开始,在实践中,以行育情,越实践,学生的情感就越深,反过来,情感越深,就越愿意实践,从而形成自觉行为。同时,要善于运用具体的、生动的、形象的故事、事例等激起学生的道德情感,树立道德榜样。如一些烈士的英雄事迹,往往能激发起学生情绪上的共鸣,形成巨大的感染力,使学生明白好坏与美丑,从而培养学生区分善恶的道德观念。

(3)持之以恒。首先,要经常进行表扬和鼓励,对学生表现出来的良好思想品德行为作出肯定和好评,让学生明确自己的优点和长处,以便进一步巩固和发扬。其次,要正确引导学生,对他们正确的行为及时肯定。对出现不好的行为,要循循善诱,不可操之过急,不要把注意力集中在学生的不良表现上,要更多地关注学生的优点和特长。最后,要对学生的心理和意志进行正确的引导和培养,培养他们自控自重的品格,加强道德意志的锻炼。小学生的意志还不是很坚定,在一些行为中会反复出现好和坏的表现。因此,在教育过程中,要抓反复、反复抓,坚持不懈,持之以恒。同时社会、家庭、学校要做到共同重视,互相配合、支持。

(4)导之以行。要建立明确的行为目标,培养学生的道德行为。首先,小学生的道德动机往往是不成熟的,很多受眼前事物所制约;其次,是非观念淡薄,对一些不良现象无动于衷;最后,道德意志比较弱,初期多是在成人的监督和鼓励下实现的,成人一旦离开,就无法自我约束。因此,对学生的道德行为更需要在具体的行为事件中给以强化。比如,当学生好心帮助做某件事时,由于不小心,把事办砸了,这时,不能一味地去埋怨和批评,而是要帮助他分析产生错误的原因,教导他正确的办事方法,以培养他良好的、正确的行为方式。日常中可结合一些"爱父母、敬师长、学雷锋"的活动，对涌现的一些先进人物及其事迹大造声势地进行表彰，让学生在实践中体验到成功的喜悦，明确前进的方向，培养自信心。

（共10分。从“提高道德认识”“进行情感教育”“抓反复、反复抓”“培养道德行为”四个方面论述如何晓之以理、动之以情、持之以恒、导之以行，每点2.5分；若没有联系实际论述，最多给5分）

25. 论述程序性知识的教学过程和教学策略。

（1）程序性知识的教学过程为：①引起注意与告知目标；②提示学生回忆原有知识；③呈现有组织的信息；④阐明新旧知识关系，促进理解；⑤引出学生的反应，提供反馈与纠正；⑥提供技能应用的情境，促进迁移。

（2）程序性知识的教学策略有：①课题的选择与设计策略；②示范与讲解策略；③变式练习与比较策略；④练习与反馈策略；⑤条件性策略（明确程序性知识的使用条件）；⑥分解性策略（分解程序的操作过程）。

（共10分。程序性知识的教学过程5分，答出“引起注意”“回忆原有知识”“有组织的信息”“提供反馈与纠正”等关键词可得3分；教学策略5分，答出“设计”“示范”“反馈”“变式练习”等关键词可得3分）

五、材料分析题（参考答案）

26.（1）强化动机理论认为人的某种学习行为倾向完全取决于先前的这种学习行为与刺激因强化而建立起来的稳固联系，强化可以使人在学习过程中增强某种反应发生的可能性。在学习活动中，采取各种外部手段如奖赏、赞扬、评分、竞赛等，可以激发学生的学习动机，引起其相应的学习行为。材料中，王老师对学生进行口头表扬，给予小红花奖励，但未根据学生的实际情况采取恰当的强化措施，因此未收到预期的效果。

（2）失败原因：①强化的行为未与具体教学目标结合。教师不必对学生所有的反应都给予强化，对教学影响不大的行为可以忽略不计，而应当对与达到教学目标有密切关系的正确反应给予强化。王老师总是充分表扬每个孩子，未考虑到学生的行为和教学目标之间的关系。②强化形式单一。反复使用单一强化物，对学生的激励作用会减弱，失去应有的作用。王老师对所有学生均采用给予小红花的鼓励，使强化的效果降低。③强化不符合学生的个体差异。由于学生在年龄、性别、性格等方面的差异，学生个人对强化方式的喜好是不同的，教师应针对学生的特点，有区别、灵活地采取不同的强化方式。王老师让学生每天都进行评价自己的行为，未考虑到学生个体的差异性。

改进措施：①充分了解教学目标，明确应该强化什么，从哪些方面进行强化，运用哪些强化技能，充分调动学生的积极性。②采用鼓励为主，形式多样的强化物。适当控制强化的节奏，合理运用强化程序；采用形式多样的强化物，如不同的物质奖励，额外的特权等。③教师应研究学生，了解他们的心理需求，以便进行适合学生心理特征的强化。教师要做到因人、因事而异，恰当、可靠，才能起到强化技能的目的。

（共14分。强化动机理论的内容2分；从“教学目标”“强化形式”“强化实效性”等方面分析王老师强化方法失效的原因和相应的改进措施，至少能提出三个方面，每个方面4分。考生若有其他合理回答可酌情给分）

2021年浙江省金华市/诸暨市小学教师招聘考试教育基础知识真题试卷（十一）

一、单项选择题

1. A 【解析】本题考查中国传统文化价值观对中国教育的消极影响。中国传统文化价值观对中国教育的消极影响主要有以下四个方面：(1)重功利轻发展的价值观对教育的影响；(2)重共性轻个性的价值观对教育的影响；(3)重服从轻自主的价值观对教育的影响；(4)重认同轻创造的价值观对教育的影响。故选A项。

2. A 【解析】本题考查布鲁纳倡导的教学方法。发现法通常称作发现学习或问题教学法，就是让学生通过独立工作，自己主动发现问题、解决问题及掌握原理的一种教学方法。它是由美国心理学家布鲁纳所倡导的。故选A项。

3. C 【解析】本题考查教育目的的概念。一般来讲，教育目的是指国家或社会对教育所要造就的人的质量规格所做的总体规定与要求。具体来讲，教育目的是指教育活动所要达到的预期结果，是人们对受教育者达成状态的期望，即人们期望受教育者通过教育在身心诸方面发生什么样的变化，或者产生怎样的结果。教育目的具有导向功能、调控功能和评价功能。故选C项。

4. B 【解析】本题考查杜威的教育思想。杜威认为，教育即生活，教育即生长，教育即经验的改组或改造。故①②③属于杜威的教育观。杜威还认为，教育是生活的过程，而不是将来生活的准备。故④不属于杜威的教育观。

5. C 【解析】本题考查班主任了解学生的方法。班主任了解学生的方法包括：(1)观察法，即在自然条件下，有目的、有计划地对学生的各种行为表现进行观察。这是班主任了解、研究学生的最基本方法。(2)谈话法，指班主任通过与学生面对面谈话来深入了解学生情况的基本方法。(3)调查法，即通过对学生本人或知情者的调查访问，从侧面间接地了解学生，包括问卷、座谈等。(4)书面材料分析法，即借助学生的成绩表、作业、日记等书面材料对学生进行了解的方法。本题可先对比选项，运用排除法，排除A项。然后运用最优原则进行选择。观察法是班主任了解学生的最基本方法，B、C项中包括观察法，D项中不包括，所以排除D项。谈话法相较于调查法更适合班主任在日常生活中使用，故选C项。

6. D 【解析】本题考查人本主义学习理论对三维课程目标的影响。人本主义学习理论强调学生自主学习,自主建构知识意义,强调协作学习。与建构主义不同,它更强调“以人的发展为本”,即强调“学生的自我发展”,强调“发掘人的创造潜能”,强调“情感教育”。故选D项。

7. D 【解析】本题考查个体的身心发展规律。个体身心发展的个别差异性是指个体之间的身心发展以及个体身心发展的不同方面之间,存在着发展程度和速度的不同,它要求教育必须因材施教,充分发挥每个学生的潜能和积极因素。加德纳提出的多元智力理论认为,人的智力结构中存在着七种相对独立的智力(后发展为九种),这几种智力在每个人身上的组合方式是多种多样的,每个人在不同领域的智力发展水平是不同步的。因此教师应树立因材施教的教学观,要善于针对不同智力特点的学生,尤其是要根据学生智力结构中的优势智力,采用多元化的教学模式和教学方式,使不同的学生都能得到最好的发展。故多元智力理论主要说明人的发展具有个别差异性,选D项。

8. D 【解析】本题考查常见的社会知觉偏差。投射效应是指由于个体具有某种特性,因而推断他人也有与自己相同特性的心理现象。日常生活中看到虐待儿童的新闻,认为有孩子的人看不得这些,体现的正是投射效应。故选D项。A项,晕轮效应是当我们认为某人具有某种特征时,就会对他的其他特征做相似判断。B项为干扰项,可排除。C项,社会刻板效应是指对一群人的特征或动机加以概括,把概括得出的群体的特征归属于团体中的每一个人,认为他们每个人都具有这种特征,而无视团体成员中的个体差异。

9. C 【解析】本题考查注意的分类。根据有无目的和意志努力,注意可以分为无意注意、有意注意和有意后注意三种。有意后注意也叫随意后注意,是指有预定目的,但不需要意志努力的注意。题干中“给社区写了很多副春联,一个上午也不觉得疲倦”,体现的就是有意后注意。故选C项。A项,无意注意也称不随意注意,是没有预定目的、无需意志努力、不由自主地对一定事物所发生的注意。B、D两项,有意注意也称随意注意,是有预定目的、必要时需要意志努力、主动地对一定事物所发生的注意。

10. C 【解析】本题考查自我防御机制。退回到前面的发展阶段是退行,是指一个人遇到困难的时候放弃已学到的比较成熟的应对技巧和方式,而使用原先比较幼稚的方式去应付困难和满足自己的欲望。妈妈不给小良买玩具,小良就在地面上打滚,他采用的就是退行的防御机制。故选C项。A项,压抑是指把意识所不能接受的观念、情感或冲动抑制到无意识中去。例如,对痛苦体验或创伤性事件的选择性遗忘。B项,否认是指对某种痛苦的现实无意识地加以否定,因为不承认似乎就不会痛苦。这一过程可使一个人逐渐地接受现实而不致猛然承受不了坏消息或痛苦，是一种保护性质的、正常的防御。D项，投射是指自我将不能接受的冲动、欲望或观念归因(投射)于客观或别人。

11. D 【解析】本题考查艾里克森的人格发展阶段理论。小学低年级段儿童正处于艾里克森人格发展阶段的第四阶段(6～11岁)，这一阶段的冲突是勤奋感对自卑感，发展任务是培养勤奋感。故选D项。A项，0～1.5岁这一阶段的冲突是基本的信任感对基本的不信任感，发展任务是发展对周围世界，尤其是对社会环境的基本态度，培养信任感。B项为干扰项。C项，成年早期这一阶段的冲突是亲密感对孤独感，发展任务是培养亲密感。

12. A 【解析】本题考查常用的记忆术。形象联想法是通过人为联想，使无意义的、难记的材料和头脑中的鲜明、奇特的形象相结合，从而提高记忆效果。想象的形象越鲜明、具体越好，形象越夸张、奇特越好，形象之间的逻辑联系越紧密越好。题干中“把PULL后面两个L看成是两个钩，用来拉东西”，运用的就是形象联想法。故选A项。B项，谐音联想法是通过谐音线索，运用视觉表象，假借意义进行人为联想。C项，位置记忆法是通过与熟悉的地点顺序相联系来记忆一些名称或者客体顺序的方法。D项，关键词法是将新词或概念与相似的声音线索词，通过视觉表象联系起来。

13. D 【解析】本题考查韦纳的归因理论。韦纳把人经历过事情的成败归结为六种原因：能力、努力程度、工作难度、运气、身心状况、外界环境。又把上述六项因素按各自的性质，分别归入三个维度：内部归因和外部归因、稳定性归因和非稳定性归因、可控制归因和不可控制归因。其中，难度属于外部、稳定、不可控因素。学生小东将考试取得好成绩归因于试卷简单，即归因于难度因素。故选D项。

14. B 【解析】本题考查小学生记忆发展的特点。小学生的记忆是在学习过程中不断发展起来的，并随着年龄的增长和年级的升高而逐步提高。(1)从记忆的自觉性和目的性看，小学生的记忆主要以无意记忆为主，有意记忆在不断发展；(2)从记忆的内容看，小学生的记忆主要以具体形象记忆为主，语词逻辑记忆在逐步发展；(3)从记忆方法看，小学生的记忆还是以机械记忆为主，意义记忆在逐步发展。故选B项。

15. B 【解析】本题考查全面发展教育的组成。德育、智育、体育、美育、劳动技术教育是全面发展教育的基本组成部分。其中，体育是教育者有目的、有计划、有组织地向学生传授体育卫生知识和技能，全面发展学生的身体素质，增强学生的体质和运动能力，培养良好的体育道德品质和意志品质的教育活动。体力和体质的发展是个性全面发展的物质基础。人们进行生产劳动，参加社会活动，或享受幸福的生活都离不开强健的体魄。故选B项。(具体参看杨兆山主编的《教育学》)

16. B 【解析】本题考查学习的元认知策略。学习的元认知策略是指个体为实现最佳的认知效果而对自己的认知活动所进行的调节和控制。元认知策略大致可分为:计划策略、监控策略和调节策略。计划策略是指根据认知活动的特定目标,在认知活动开始之前计划完成任务所涉及的各种活动、预计结果、选择策略,设想解决问题的方法,并预估其有效性等。题干中陈晨先完成比较难的理科作业,然后再写简单的文科作业,属于元认知策略中的计划策略。故选B项。A项中的组织策略是学习中的主要认知策略,为干扰项,可排除。C项,监控策略是指在认知过程中,根据认知目标及时检测认知过程,寻找两者之间的差异,并对学习过程及时进行调整,以期顺利实现有效学习的策略。D项,调节策略是指在学习过程中根据对认知活动监视的结果,找出认知偏差,及时调整策略或修正目标;在学习活动结束时,评价认知结果,采取相应的补救措施,修正错误,总结经验教训等。

17. A 【解析】本题考查课程实施的取向。课程实施的取向主要有三种:(1)忠实取向。这种取向认为,课程实施过程是忠实地执行课程变革计划的过程。衡量课程实施成功与否的基本标准是课程实施过程对预定的课程变革计划的实现程度。实现程度高,则课程实施成功;实现程度低,则课程实施失败。(2)相互适应取向。(3)创生取向。故选A项。

18. C 【解析】本题考查个体的身心发展规律。个体身心发展的不平衡性(不均衡性)一方面是指身心发展同一方面的发展速度,在不同的年龄阶段是不平衡的,另一方面是就个体身心发展的不同方面而言的。心理学家根据个体的身心发展的不同方面有不同的发展期的现象提出了发展关键期。所谓关键期,就是指人的某种身心潜能在人的某一年龄段有一个最好的发展时期。根据个体身心发展的不平衡性,教育教学要抓住关键期,以求在最短的时间内取得最佳的效果。故选C项。

19. B 【解析】本题考查休伯曼的教师职业生涯周期论。美国教育家休伯曼等人依据教师的生命周期,将教师职业生涯划分为五个时期:(1)入职期;(2)稳定期;(3)实验和歧变期;(4)平静和保守期;(5)退出教职期。其中,实验和歧变期是教师职业生涯道路上的转变期,处于这一时期的教师开始不安于教学现状,尝试进行教学改革,批评学校管理中的弊端,不断对职业和自我进行挑战,有的甚至考虑是否继续执教。故选B项。

20. B 【解析】本题考查《中华人民共和国教师法》的相关条文。根据《中华人民共和国教师法》第七条规定,教师享有下列权利:(1)进行教育教学活动,开展教育教学改革和实验;(2)从事科学研究、学术交流,参加专业的学术团体,在学术活动中充分发表意见;(3)指导学生的学习和发展,评定学生的品行和学业成绩;(4)按时获取工资报酬,享受国家规定的福利待遇以及寒暑假期的带薪休假;(5)对学校教育教学、管理工作和教育行政部门的工作提出意见和建议,通过教职工代表大会或者其他形式，参与学校的民主管理；(6)参加进修或者其他方式的培训。因此④不符合法律规定，故选B项。

二、论述题(参考答案)

请具体论述如何通过"内驱力"来激发小学生的学习动机。

内驱力是一种需要，但它是动态的。从需要的作用来看，学习需要即为学习的内驱力，即学习驱力。通过"内驱力"来激发小学生的学习动机的措施有：(1)创设问题情境，激发兴趣，维持好奇心；(2)设置合适的目标；(3)根据作业难度，恰当控制动机水平；(4)表达明确的期望；(5)提供明确的、及时的、经常性的反馈；(6)合理运用外部奖赏；(7)有效地运用表扬；(8)对学生进行竞争教育，适当开展学习竞争。

(共10分。内驱力的概念2分；激发小学生的学习动机的措施8分，每点1分，答案完整得满分，答出"创设问题情境""设置目标""外部奖赏""竞争教育"等关键词可得4分)

三、材料分析题(参考答案)

(1)材料中李老师的做法说明她积极践行新课程理念，在教学方法上大胆尝试、勇于创新，在教学过程中注重发挥学生的主体作用，她的初衷是好的，但由于对新课程理念的理解有偏差，教学方法使用不当等导致学生的学习效果差。

①新课程改革要求建立一种"对话·互动"式的新型师生关系。对话就是通过语言形式所进行的交流，它与权威式的"告诉"或"灌输"不一样，它是主体之间的交流；互动则是主体之间的相互作用，它具有交互性特征。这就要求教师成为学生自主学习、自我建构知识和经验的指导者，在教学过程中处理好教师主导作用与学生主体地位的关系。李老师的课堂教学完全采用自由讨论和小组合作的方法，一方面说明李老师在教学过程中注重学生的主体地位，另一方面也暴露出李老师忽视了教师在教学过程中的主导作用，没有很好的承担起学生学习的指导者角色。

②提倡启发式，反对注入式，是当代运用教学方法的指导思想。但衡量一种教学方法是否具有启发性，关键是看教师能否促进学生积极主动地去学习，而不是单从形式上去加以判断。李老师认为传统的教学方法已经过时了，在四十余人的课堂上几乎从不讲授知识点，这说明李老师对讲授法的认识存在误区，讲授法可以充分发挥教师的主导作用，使学生在短时间内获得大量系统的科学知识，它是中小学各科教学的一种主要教学方法。

③教师选择与运用教学方法应考虑多方面的因素，如教学目的和任务的要求，课程性质和特点，每节课的重点、难点，学生年龄特征，教学时间、设备、条件，教师业务水平、实际经验及个性特点等。李老师不顾学生的年龄特征、班级规模、教学内容等，所有课程都使用自由讨论及小组合作的方法，这是导致学生掌握的知识不够系统，学

习效果差的一个重要原因。

(2)建议:①正确理解新课程理念,对于传统教育理念应取其精华、去其糟粕,而不是完全摒弃;②在教学过程中处理好教师主导作用与学生主体地位的关系,当好学生学习的指导者、促进者;③教学方法的选择与运用应考虑多方面因素。

(共10分。给出对李老师的困惑的看法1分;具体分析6分,从"师生关系""提倡启发式,反对注入式""选择教学方法的依据"等方面分析李老师困惑的原因,至少能答出3条,每条2分;针对李老师的困惑提出建议3分,至少能提出3条建议,每条1分。考生若有其他合理回答可酌情给分)

2021年浙江省温州市(乐清市、苍南县、平阳县、永嘉县)中小学教师招聘考试教育基础知识真题试卷(十二)

一、判断题

1. × 【解析】本题考查孔子的教育思想。"温故而知新,可以为师矣"出自《论语·为政》,是孔子提出的教学原则与方法。

2. × 【解析】本题考查实施素质教育应避免的误区。素质教育就是不要考试。这是对考试的误解,考试本身没有错,而且标准化考试用来评鉴能力中的智能和创造力,早已证明行之有效。但人们对标准化考试的误解、误用和滥用的情形始终存在。素质教育不可能以取消考试或减少考试来医治"考试病",重要的是改变考试观念。故题干说法错误。

3. √ 【解析】本题考查教育的定义。从社会的角度来定义"教育",可以把"教育"的定义区分为不同的层次:(1)广义的教育。它包括社会教育、学校教育和家庭教育。(2)狭义的教育。狭义的教育专指学校教育,是教育者依据一定的社会要求,依据受教育者的身心发展规律,有目的、有计划、有组织地对受教育者施加影响,促使其朝着所期望的方向发展变化的活动。(3)更狭义的教育。更狭义的教育有时是指思想品德教育活动,与学校中常说的"德育"是同义词。故题干说法正确。

4. √ 【解析】本题考查教师成长的历程。福勒和布朗根据教师的需要和不同时期所关注的焦点问题,把教师的成长划分为关注生存、关注情境和关注学生三个阶段。其中,处于关注生存阶段的一般是新教师,他们非常关注自己的生存适应性,最担心的问题是"学生喜欢我吗""同事们如何看我""领导是否觉得我干得不错"等。

方法技巧:对于教师成长的历程,考生应重点掌握生存、情境和学生三个词。在关注生存阶段,教师主要关注个人关系、人际处理的相关问题;在关注情境阶段,教师主要关注教学情境的相关问题;在关注学生阶段,教师注重因材施教,关注学生的个体差异。

5. × 【解析】本题考查马斯洛的需要层次理论。马斯洛把需要分成了七个层次，即生理需要、安全需要、归属与爱的需要、尊重需要、求知需要、审美需要和自我实现的需要。其中，自我实现的需要是最高层次的需要。

6. × 【解析】本题考查人格的特征。人格的特征主要包括独特性、稳定性、整合性、功能性和社会性。其中，功能性表现为人格决定一个人的生活方式，有时甚至会决定一个人的命运。人们经常使用人格特征来解释某人的言行及事件的原因。例如，当面对挫折与失败时，坚强者能发愤图强，勇往直前；懦弱者会灰心丧气，甚至一蹶不振，这就是人格功能性的表现。故题干说法错误。

7. √ 【解析】本题考查量力性原则。量力性原则，也称可接受性原则，是指教学的内容、方法、分量和进度要适合学生的身心发展，使他们能够接受，但又要有一定的难度，需要他们经过努力才能掌握，以促进学生的身心发展。维果斯基提出的“最近发展区”是指学生可能（即将）达到的发展水平与现有的发展水平之间的差异，如果学生的发展水平处于“最近发展区”，那么这正是最能敏感地接受教育的时候。与量力性原则中的“使他们能够接受，但又要有一定的难度”相符合。故题干说法正确。

8. × 【解析】本题考查动机的类型。成就动机是人们希望从事对他有重要意义的、有一定困难的、具有挑战性的活动，在活动中能取得完满的优异结果和成绩，并能超过他人。例如，一个小学生希望自己在考试中获得好成绩，能名列前茅。交往动机是在交往需要的基础上产生的社会性动机。故题干所述混淆了交往动机和成就动机。

9. √ 【解析】本题考查新课程教学评价倡导的基本理念。新课程课堂教学要真正体现以学生为主体，以学生发展为本，就必须对传统的课堂教学评价进行改革，体现以学生的“学”来评价教师“教”的“以学论教”的评价思想，强调以学生在课堂教学中呈现的状态为参照来评价课堂教学质量。提倡“以学论教”，主要从学生的情绪状态、注意状态、参与状态、交往状态、思维状态、生成状态六个方面来评价课堂教学质量。

10. √ 【解析】本题考查教师的义务。根据《中华人民共和国教师法》第八条规定，教师应当履行不断提高思想政治觉悟和教育教学业务水平的义务。

二、单项选择题

1. A 【解析】本题考查教育目的的意义。教育目的是整个教育工作的核心，是教育活动的依据和评判标准、出发点和归宿，在教育活动中居于主导地位。

2. C 【解析】本题考查教学评价的类型。根据教学评价的作用，教学评价可以分为诊断性评价、形成性评价和总结性评价。其中，诊断性评价一般是指在某项教学活动开始之前对学生的知识、技能以及情感等状况进行的预测。总结性评价是在教学活动告一段落后，为了解教学活动的最终效果而进行的评价。故选C项。

3. D 【解析】本题考查各教学模式及其代表人物。A项，苏联心理学家和教育学家阿莫纳什维利等人提出了合作教学法。

B项，布卢姆提出了掌握教学模式。

C项，范例教学论(示范性教学)的代表人物是瓦·根舍因。

D项，认知教学理论的代表人物有布鲁纳、奥苏伯尔等；罗杰斯是非指导性教学模式的代表人物。

综上所述，D项对应错误。

4. B 【解析】本题考查杜威的教育思想。在教育本质问题上，杜威认为，教育即生活，教育即生长，教育即经验的改组或改造。此外，杜威还提出“学校即社会”，这是对“教育即生活”的进一步引申。“工作是儿童的天职”是蒙台梭利的观点；“五指”课程由陈鹤琴提出。故选B项。

5. D 【解析】本题考查加涅的学习分类理论。按学习结果，心理学家加涅将学习分为智慧技能、认知策略、言语信息、动作技能和态度。其中，动作技能指通过身体动作的质量的不断改善而形成整体动作模式。题干中陈芳在体育课上学会了广播体操，这属于动作技能的学习。

6. B 【解析】本题考查学习策略的种类。精加工策略是指通过把所学的新信息和已有的知识联系起来，以此增加新信息的意义，即运用已有的认知图式和知识经验使新信息合理化，更易于理解。精加工策略主要有记忆术、内在联系策略、做笔记、提问、生成性学习和记卡片策略。其中，编歌诀法是常用的记忆术之一。编歌诀法就是利用编制歌谣口诀的方式来帮助记忆的方法。故题干所述运用了精加工策略。

7. D 【解析】本题考查韦纳的成败归因理论。当个体将失败归因于能力弱、不努力等内部原因时，会产生愧疚感；将失败归因于任务太难、运气不好或教师评分不公正等外部原因时，则较少产生愧疚感。无论成败，归因于努力比归因于能力会产生更强烈的情绪体验。努力而成功会让人感到愉快，努力而失败的人也应受到鼓励，不努力而失败会让人感到愧疚。因此，当学生考试成绩不理想时，教师给予“该生不够努力”的归因是最合适的。

8. A 【解析】本题考查德育的相关内容。A项，广义的德育泛指所有有目的、有计划地对社会成员在政治、思想与道德等方面施加影响的活动，包括社会德育、社区德育、学校德育和家庭德育等方面。狭义的德育专指学校德育。我国学校德育内容主要有政治教育、思想教育、道德教育、法制教育和心理健康教育等。A项表述不正确。

B、D项，德育在阶级社会里具有鲜明的阶级性，是体现统治阶级的思想并将之灌输给下一代的主要渠道，对其他各育起着保证方向和保持动力的作用。B、D项表述正确。

C项，德育具有继承性，在其历史发展过程中，其原理、原则、内容和方法等存在一定的共同性。C项表述正确。

综上所述，本题选A项。

9. B 【解析】本题考查德西效应。德西在实验中发现：在某些情况下，人们在外在报酬和内在报酬兼得的时候，不但不会增强工作动机，反而会降低工作动机。此时，动机强度会变成二者之差。人们把这种规律称为"德西效应"。德西效应对教育者的启示是，当学习活动本身已经使学生感到很有兴趣时，就无须加入更多的物质奖励。一味地奖励会让学生把奖励看作学习的目的，导致学习目标的转移，而只专注于当前的名次和奖赏物，这时奖励的效果就变得适得其反。

10. D 【解析】本题考查《中华人民共和国义务教育法》。根据《中华人民共和国义务教育法》第四十五条规定，地方各级人民政府在财政预算中将义务教育经费单列。故A项说法正确。根据《中华人民共和国义务教育法》第四十一条规定，国家鼓励教科书循环使用。故B项说法正确。根据《中华人民共和国义务教育法》第六条规定，国家组织和鼓励经济发达地区支援经济欠发达地区实施义务教育。故C项说法正确。根据《中华人民共和国义务教育法》第十一条规定，凡年满六周岁的儿童，其父母或者其他法定监护人应当送其入学接受并完成义务教育；条件不具备的地区的儿童，可以推迟到七周岁。故D项说法不正确。

2021年浙江省台州市（临海市、三门县、仙居县、天台县）小学教师招聘考试教育基础知识真题试卷（十三）

一、单项选择题

1. C 【解析】本题考查皮亚杰的认知发展阶段理论。皮亚杰将个体的认知发展分为感知运动阶段、前运算阶段、具体运算阶段和形式运算阶段四个阶段。其中，感知运动阶段是语言和表象产生前的阶段。这一阶段儿童的认知发展具有两大成就：主客体的分化和因果联系的初步建立。故选C项。

2. B 【解析】本题考查操作性条件作用的基本规律。负强化是通过消除或中止厌恶、不愉快刺激来增强反应频率。故选B项。A项，正强化是通过呈现想要的愉快刺激来增强反应频率。C项，消退是指条件反应形成以后，如果得不到强化，条件反应会逐渐减弱，直至消失的现象。D项，惩罚是指当有机体做出某种反应以后，呈现一个厌恶刺激，以消除或抑制此反应的过程。

3. D 【解析】本题考查隋唐时期的学校类型。隋唐时期形成了以"六学二馆"为主干的中央官学："六学"包括国子学、太学、四门学、律学、书学、算学；"二馆"包括崇文馆、弘文馆。"六学"不包括御学，故选D项。

4. C 【解析】本题考查小学常用的德育原则。长善救失原则又称作"发扬优点、克服缺点”的原则。这一原则是指在德育过程中,要充分调动学生自我教育的积极性,依靠和发扬学生的积极因素去克服他们的消极因素,促进学生道德成长。故选C项。

5. A 【解析】本题考查杜威的教育思想。杜威的理论是现代教育理论的代表,其代表作《民主主义与教育》(1916年,又译为《民本主义与教育》)及反映在其作品中的实用主义教育思想,对20世纪的教育和教学有深远影响。故选A项。B项,《普通教育学》是赫尔巴特的代表著作;C项,《教育与新人》是巴格莱的代表著作;D项,《大教学论》是夸美纽斯的代表著作。

6. A 【解析】本题考查个人本位论的代表人物。个人本位论主张教育的根本目的是人的本性和本能的高度发展,其代表人物有孟子、卢梭、裴斯泰洛齐、福禄贝尔、赫钦斯、奈勒、马斯洛、萨特等。故选A项。B项,夸美纽斯是宗教本位论的代表人物;CD两项,涂尔干与赫尔巴特均是社会本位论的代表人物。

7. D 【解析】本题考查《中华人民共和国教师法》。根据《中华人民共和国教师法》第三十五条规定,侮辱、殴打教师的,根据不同情况,分别给予行政处分或者行政处罚;造成损害的,责令赔偿损失;情节严重,构成犯罪的,依法追究刑事责任。

8. C 【解析】本题考查教师的违法(侵权)行为。隐私包括个人私生活、个人日记、照片、储蓄及财产状况、生活习惯及通讯秘密等。隐私权是指公民生活中不愿为他人公开或知悉的个人秘密的不可侵犯的人身权利。题干中吴老师私自查看林某的手机短信,这一行为侵犯了林某的隐私权。故选C项。

9. B 【解析】本题考查学习迁移的种类。正迁移也叫“助长性迁移”,是指一种学习对另一种学习的促进作用。题干中强调学会一种外语对学习同一语系的第二种、第三种外语的促进作用,这属于正迁移。故选B项。A项,负迁移强调阻碍作用;C项,零迁移强调不发生影响;D项,特殊迁移强调经验要素的重新组合。

10. A 【解析】本题考查科尔伯格的道德发展阶段理论。科尔伯格将道德判断分为三个水平,每一水平包含两个阶段,六个阶段依照由低到高的层次发展。其中,处于好孩子的道德定向阶段的儿童的价值是以人际关系的和谐为导向,顺从传统的要求,符合大众意见,谋求大家的称赞。故选A项。

11. C 【解析】本题考查情绪的种类。激情是一种爆发式的、猛烈而时间短暂的情绪状态。从其影响的范围来看,激情多带有特定的指向性。激情状态通常是由对个人有重大意义的事件引起的,往往伴随着生理变化和明显的外部行为表现。故选C项。A项,应激是出乎意料的紧迫情况所引起的急速而高度紧张的情绪状态。B项,心境是一种微弱的、持续时间较长的,带有弥漫性的情绪状态。D项为干扰选项。

12. D 【解析】本题考查教学评价的类型。根据教学评价的作用,教学评价可以分为诊断性评价、形成性评价和总结性评价。根据评价采用的标准,教学评价可以分为绝对性评价、相对性评价和个体内差异评价。A项,诊断性评价是在学期开始或一个单元教学开始时,为了了解学生的学习准备状况及影响学习的因素而进行的评价。B项,相对性评价是运用常模参照性测验对学生的学习成绩进行的评价。C项,终结性评价也称为总结性评价,是在一个大的学习阶段、一个学期或一门课程结束时对学生学习结果的评价。D项,形成性评价是在教学过程中为改进和完善教学活动而进行的对学生学习过程及结果的评价,它包括在一节课或一个课题的教学中对学生的口头提问和书面测验。由李老师采用的评价手段——在课堂上进行口头提问,以及评价目的——“检验学生是否掌握了所学的知识点”(评价学生的学习结果),可判断李老师运用的是形成性评价,故选D项。

13. B 【解析】本题考查小学常用的教学方法。练习法是教师根据教学的要求,给学生布置一定的作业,学生在教师的指导下运用所学知识反复完成一定的操作,以巩固知识、形成技能技巧的方法。练习法是小学各科教学普遍采用的教学方法。故选B项。

14. A 【解析】本题考查心智技能的形成阶段。心智技能的形成阶段包括原型定向、原型操作和原型内化。其中,原型定向就是了解心智活动的实践模式,了解外化或物质化了的心智活动方式或操作活动程序,了解原型的活动结构,从而使主体明确活动的方向,知道该做哪些动作和怎样去完成这些动作。这一阶段是主体掌握操作性知识的阶段,也是心智技能形成的准备阶段。根据题干中的“准备阶段”“做什么,怎么做”可知,这属于原型定向。故选A项。

15. C 【解析】本题考查监控策略的相关知识。监控策略是指在认知过程中,根据认知目标及时检测认知过程,寻找两者之间的差异,并对学习过程及时进行调整,以期顺利实现有效学习的策略。监控策略包括阅读时对注意加以跟踪和对材料进行自我提问、考试时监视自己的速度和时间等。计划策略是指根据认知活动的特定目标,在认知活动开始之前计划完成任务所涉及的各种活动、预计结果、选择策略,设想解决问题的方法,并预估其有效性等。元认知计划策略包括设置学习目标、安排时间、浏览阅读材料、预测重点难点、产生待回答的问题以及分析如何完成学习任务等。因此,C项属于监控策略,ABD三项属于计划策略。

二、辨析题(参考答案)

16. 在教育理论上,陶行知继承发展了杜威的现代教育思想。

(1)这种说法是正确的。(2)杜威是实用主义教育学的代表人物,他明确提出了“教育即生活”“从做中学”和“学校即社会”等教育思想。在教育理论上,陶行知继承发展了杜威的现代教育思想，并从中国国情出发，提出其著名的“生活教育”理论。这一理论的三大要点是“生活即教育”“社会即学校”“教学做合一”。陶行知主张教育要与社会生活相联系，与生产实践相结合，按社会生活前进的需要实施教育。

（共4分。判断1分，判断“说法不正确”本题不得分；理由3分，答出杜威的教育思想1分，陶行知的教育思想1分，对二者关系的阐述1分）

17. “人心不同，各如其面”反映了个体身心发展的阶段性。

（1）这种说法是不正确的。（2）“人心不同，各如其面”意为人的内心世界各不相同，就好像他们的面貌各不相同一样。这反映了个体身心发展的个别差异性规律。①个体身心发展的个别差异性是指由于个体的遗传、社会生活条件、教育以及主观能动性等因素的不同，身心发展在不同人之间存在着差异。生理方面的差异主要表现在身高、体重、相貌上；心理方面的差异主要表现在感知觉、注意、思维、想象、兴趣、性格、气质、能力等方面。②个体身心发展的阶段性是指人的身心发展在不同的年龄阶段，往往会表现出区别于其他年龄阶段的典型特征。

（共4分。判断1分，判断“说法正确”本题不得分；理由3分，答出“人心不同，各如其面”的含义并判断其反映了个别差异性1分，个别差异性的概念1分，阶段性的概念1分）

18. 素质教育是促进学生全面发展的教育。

（1）这种说法是正确的。（2）素质教育的内涵之一是：素质教育是促进学生全面发展的教育。素质教育的理论依据是全面发展教育，素质教育是对全面发展教育的具体落实和深化。素质教育倡导的是在教育中使每个学生都得到充分的、全面的发展。实施素质教育，必须坚持“五育”并举，把德育、智育、体育、美育、劳动技术教育有机地统一在教育活动的各个环节中。故题干说法正确。

（共4分，判断1分，判断“说法不正确”本题不得分；理由3分，答出素质教育与全面发展教育的关系1分，素质教育的倡导1分，实施素质教育坚持“五育”并举1分）

19. 道德与品德是两个相同的概念。

（1）这种说法是不正确的。（2）道德与品德既有联系又有区别，是两个不同的概念。①道德与品德的联系表现在：第一，社会道德制约着个人品德，离开了道德也就谈不上个人品德，个人品德的内容是社会道德在个体身上的具体表现。第二，品德是个人在社会生活中，主要在社会道德舆论、家庭成员与学校教育的影响下，通过自己的道德实践活动而形成发展的。第三，个人品德对社会道德风气能产生一定的反作用，特别是优秀人物的品德，作为一种道德品质的典范，往往会对整个社会良好道德风气产生深远的影响。②道德与品德的区别表现在：第一，道德是依赖于整个社会的存在而存在的一种社会现象,而品德则是依赖于某一个体存在而存在的一种个体心理现象。第二,道德的发生和发展受社会发展规律的制约;品德的形成和发展不仅受社会环境的影响,还受个体生理、心理等内部因素的影响。第三,社会道德内容是一定社会或阶级伦理行为规范的完整体系,个体品德内容只是社会道德准则或规范的部分表现。第四,道德主要是伦理学和社会学研究的对象,品德则主要是心理学和教育学研究的对象。

(共4分。判断1分,判断"说法正确"本题不得分;理由3分,答出道德与品德的关系1分,联系1分,区别1分)

三、简答题(参考答案)

20. 教师劳动具有复杂性,请简述这一特点的具体表现。

(1)教师劳动性质的复杂性;(2)教师劳动对象的复杂性;(3)教师劳动任务的复杂性;(4)教师劳动过程的复杂性;(5)教师劳动手段的复杂性。

(共5分。每点1分,答案完整得满分;答出"劳动性质""劳动对象""劳动任务"等关键词可得2分)

21. 教师主导作用与学生主体作用相结合的规律是教学过程的四大基本规律之一,请简述教师在教学中起主导作用的理由。

(1)学生在各方面不成熟,学生对知识的掌握、能力的培养、品德的提高离不开教师的组织和安排,需要教师的指导。(2)教师受过专业训练,有较丰富的知识,经过多年的教学和生活阅历,能帮助学生在有限的时空内获得最多的知识,能用最有效的方法提高学生的技能。

(共5分。答案完整得满分;答出"学生不成熟""教师受过专业训练"等关键词可得2分)

22. 简述影响问题解决的因素。

(1)问题情境;(2)定势与功能固着;(3)原型启发;(4)已有知识经验;(5)情绪与动机。此外,个体的认知结构、个性特征以及问题的特点等也会影响问题解决。

(共5分。每点1分,答案完整得满分;答出"问题情境""定势""情绪"等关键词可得2分)

23. 班主任应如何组织和培养良好的班集体。

(1)确定班集体的发展目标;(2)建立得力的班集体核心;(3)建立班集体的正常秩序;(4)组织形式多样的教育活动;(5)培养正确的舆论和良好的班风。

(共5分。每点1分,答案完整得满分;答出"确定目标""班集体核心""建立秩序"等关键词可得2分)

四、论述题(参考答案)

24. 在教学过程中,最基本最重要的关系就是教师和学生之间的关系。试论述建立良好师生关系的途径与方法。

良好师生关系的建立要从教师、学生、环境三个方面努力。

(1)教师方面:①了解和研究学生;②树立正确的学生观;③提高教师自身的素质;④热爱、尊重学生,公平对待学生;⑤发扬教育民主;⑥主动与学生沟通,善于与学生交往;⑦正确处理师生矛盾;⑧提高法制意识,保护学生的合法权利;⑨加强师德建设,纯化师生关系。

(2)学生方面:学生要正确认识自己和老师。

(3)环境方面:①加强校园文化建设,确保校园文化的相对独立性、完整性和纯洁性;②加强学风教育,促进良好学风的养成,使学生在一个良好的学风氛围下健康地学习。

(考生可结合实际加以阐述,言之有理即可)

(共10分。从教师方面论述建立良好师生关系的途径与方法6分,至少能答出6条,每条1分;从学生方面论述建立良好师生关系的途径与方法2分,每条1分;从环境方面论述建立良好师生关系的途径与方法2分,每条1分)

25. 培养创造力作为素质教育的一项重要内容被纳入"新课改"计划。试论述如何在教学中培养学生的创造力。

(1)培养创造性认知能力。①培养创造力的知识基础;②创造性思维的培养。

(2)注重创造性人格的塑造。①保护好奇心;②解除个体对答错问题的恐惧心理;③鼓励独立性和创新精神;④重视非逻辑思维能力;⑤给学生提供具有创造力的榜样。

(3)创设有利的社会环境。①创设宽松的心理环境;②给学生留有充分选择的余地;③改革考试制度与考试内容。

(4)培养创造型的教师队伍。①要转变教师的教育教学观念,使教师形成理解并鼓励学生的创造,把培养创造力作为一种教学目标的现代教育理念;②要教给教师必要的创造技法和思维策略,提高他们自身的创造意识和创造能力;③要为教师提供比较明晰的、具有实际应用价值的关于创造力的操作定义、相应的评价标准和程序、有效的教学策略和技能。

(共10分。从"培养创造性认知能力""注重创造性人格的塑造""创设有利的社会环境""培养创造型的教师队伍"四个方面论述如何在教学中培养学生的创造力,每点2.5分,理论依据准确、充分1分,展开合理论述1.5分)

五、材料分析题(参考答案)

26. 材料中老师的行为是不正确的,违背了2008年修订的《中小学教师职业道德规范》中关爱学生、教书育人的具体职业行为要求。

(1)关爱学生的师德规范要求教师关心爱护全体学生,尊重学生人格,平等公正对待学生;对学生严慈相济,做学生的良师益友;保护学生安全,关心学生健康,维护学生权益;不讽刺、挖苦、歧视学生,不体罚或变相体罚学生。材料中的老师在课堂上狠狠地批评小秦并要求其当着全班同学的面撕掉日记的做法没有尊重小秦的人格,故违背了关爱学生的师德规范。

(2)教书育人的师德规范要求教师遵循教育规律,实施素质教育;循循善诱,诲人不倦,因材施教;培养学生良好品行,激发学生创新精神,促进学生全面发展;不以分数作为评价学生的唯一标准。材料中的老师在小秦上学迟到的问题上处理方法简单粗暴,不仅没有问小秦迟到的原因,而且当小秦在日记中主动表达自己的疑惑与苦恼时当着全班同学的面狠狠地批评了他,并命令其撕掉这篇日记。这说明该老师在小秦的教育问题上缺乏耐心和引导,没有做到循循善诱、诲人不倦,故违背了教书育人的师德规范。

(共7分。评价材料中老师的行为不正确1分;具体分析6分,从"关爱学生""教书育人"两个方面分析材料中老师的行为,每点3分,理论依据准确、充分1分,结合材料分析合理2分)

27. 韦纳把人经历过事情的成败归结为六种原因:能力、努力程度、工作难度、运气、身心状况、外界环境。又把上述六项因素按各自的性质,分别归入三个维度:内部归因和外部归因、稳定性归因和非稳定性归因、可控制归因和不可控制归因。在本材料中,小红爸爸将小红数学考得好归因于运气,运气属于外部、不稳定、不可控的因素。数学老师认为小红太笨了,连简单的题都做错了,即将小红数学考得不好归因于能力,能力属于内部、稳定、不可控的因素。

(共7分。韦纳的归因理论的内容3分;具体分析4分,从"归因的维度和因素"两个方面分析小红爸爸和数学老师的归因方式,每条1分)

2021年浙江省宁波市中小学教师招聘考试教育理论基础知识真题试卷(十四)

一、判断题

1. × 【解析】本题考查乔姆斯基的语言获得理论。乔姆斯基认为,决定儿童语言获得的因素不是经验和学习,而是先天遗传的语言能力,这个理论被称作"先天语言能力说"。题干说法错误。

2. √ 【解析】本题考查影响儿童的人格发展的社会化因素。个性或人格的发展是个体社会化的结果。所谓社会化,是指个体学习他所属的社会中人们必须掌握的文化知识、行为习惯和价值体系的过程。一般来说,影响儿童人格发展的社会化因素主要包括家庭、学校教育、同辈群体和大众传媒。其中,家庭是儿童个性实现社会化的主要场所,因为儿童个性的形成、社会行为的获得,其最关键的几年是在家中度过的。而当儿童进入学龄期以后,学校教育和同伴的影响开始逐渐上升,但在儿童人格的发展的整个过程中,家庭依旧是最主要的影响因素,故题干说法正确。

3. √ 【解析】本题考查班主任的意义。班主任是学生班级的直接组织者、教育者和领导者,是学生健康成长的引路人,是联系班级与各任课教师的纽带,是沟通学校、家庭和社会的桥梁,是学校思想政治工作的骨干力量。题干说法正确。

4. × 【解析】本题考查儿童记忆发展的特点。在幼儿期,幼儿的记忆以机械性记忆为主,意义记忆逐步发展。幼儿习惯于采用简单重复的机械记忆方法,记忆事物的表面特征的外部联系。记忆理解材料时,机械记忆的成分减少,意义记忆成分增加。意义记忆的效果总是优于机械记忆的效果。进入小学阶段,小学生的记忆还是以机械记忆为主,意义记忆在逐步发展。机械记忆对于小学生来说也是必要的。然而,从记忆效果上看,意义记忆一般比机械记忆的效果好。题干说法错误。

5. √ 【解析】本题考查西周学校教育的基本内容。西周时期的学校教育以“六艺”为基本学科,即礼、乐、射、御、书、数。题干说法正确。

6. √ 【解析】本题考查赫尔巴特的教学四阶段论。赫尔巴特认为任何教学都必须经历明了(清楚)、联合(联想)、系统、方法四个阶段。题干说法正确。

7. × 【解析】本题考查认知风格的差异。美国心理学家杰罗姆·卡根主要根据个体对问题思考的速度的差异,将认知风格分为冲动型和沉思型。冲动型认知风格的学生的知觉与思维方式以冲动为特征,倾向于根据几个线索做出很大的直觉跃进,往往以很快的速度形成自己的看法,在回答问题时很快就做出反应,因此所用的时间较少,但出错率较高。沉思型认知风格的学生在做出回答之前倾向于进行深思熟虑的、计算的、分析性的和逻辑的思考,往往先评估各种可替代的答案,然后给予较有把握的答案。两种风格并无优劣之分。题干说法错误。

8. √ 【解析】本题考查罗森塔尔效应。罗森塔尔效应又被称为教师期望效应、皮格马利翁效应,即教师的期望或明或暗地传递给学生,会使学生按照教师所期望的方向来塑造自己的行为。李老师的高期待使张艺成绩突飞猛进,符合罗森塔尔效应,题干说法正确。

9. × 【解析】本题考查强化的类型。强化有正强化和负强化之分。正强化是通过呈现想要的愉快刺激来增强反应频率;负强化是通过消除或中止厌恶、不愉快刺激来增强反应频率。题干说法错误。

10. √ 【解析】本题考查奥苏伯尔对学习动机的分类。奥苏伯尔认为,学习动机由三种内驱力组成:认知内驱力是指要求了解、理解和掌握知识以及解决问题的需要,属于内部动机;自我提高内驱力是指个体因自己的胜任或工作能力而赢得相应地位的需要,属于外部动机;附属内驱力是指个体为了获得长者们(如家长、教师)的赞许或认可而表现出把工作、学习做好的一种需要,属于外部动机。题干说法正确。

二、单项选择题

1. D 【解析】本题考查教育活动的构成要素。王道俊、郭文安主编的《教育学(第七版)》指出:凡是教育活动都具有教育者、受教育者、教育内容和教育活动方式等基本要素,这是构成教育活动的共性,缺少了其中任何一个要素都不可能成为真正的教育。故选D项。

方法技巧:关于教育活动的构成要素,不同的学者有不同的观点。以下归纳了几种常考的说法,考生做题时应注意具体问题具体分析。

三要素说:教育者、受教育者、教育影响/教育媒介/教育措施/教育内容。

四要素说:教育者、受教育者、教育内容、教育手段/教育活动方式。

2. C 【解析】本题考查学习的原则。学习的循序渐进原则是指学习要按照学科知识的内在逻辑体系和学习者的心理发展水平有计划有步骤地进行,处理好"快"与"慢"、"多"与"少"的辩证关系。从学生成才来说,知识掌握得越多,人才成长得越快越好。但是,从掌握知识的过程来说,又必须循序渐进,日积月累,持之以恒,不能急于求成。故题干所述强调的是学习的循序渐进原则。

3. A 【解析】本题考查教师劳动的特点。教师劳动的示范性指教师的言行举止,如人品、才能、治学态度等都会成为学生学习的对象。教师劳动的示范性特点是由学生的可塑性、向师性和模仿性心理特征决定的,故选A项。

4. C 【解析】本题考查教学方法的分类。以实际训练为主的教学方法主要有练习法、实验法、实习作业法、实践活动法四种。C项,读书指导法是以语言传递为主的教学方法。

5. C 【解析】本题考查蔡元培的教育思想。蔡元培任北京大学校长时提出了"思想自由,兼容并包"的办学方针,故选C项。

6. B 【解析】本题考查问题的分类。根据问题组织程度不同,可将问题分为结构良好问题和结构不良问题两类。结构良好问题是指已知条件和要达到的目标都非常明确,个体按一定的思维方式即可获得答案的问题。结构不良问题是指没有明确的结构或解决途径的问题。修电脑的已知条件和要达到的目标都不明确,不是结构良好的问题,故选B项。

7. C 【解析】本题考查动作技能形成中的练习成绩起伏现象。动作技能的形成不是一帆风顺、直线上升的。在其形成过程中，练习的成绩时而上升，时而下降，有峰有谷，呈现明显的波浪式，这就是练习成绩的起伏现象。故选C项。A项，高原现象是指学生在学习过程中出现一段时间的学习成绩和学习效率停滞不前，甚至学过的知识感觉模糊的现象。B项，反馈指在学习与练习过程中信息的返回传递。D项为干扰选项，可排除。

8. D 【解析】本题考查功能固着的定义。人们把某种功能赋予某物体的倾向称为功能固着。在功能固着的影响下，人们不易摆脱事物用途的固有观念，从而直接影响问题解决的灵活性。小刚只想到用螺丝刀拧螺丝，没有想到可以用小刀，说明其摆脱不了功能固着的影响。故选D项。A项为干扰项，可排除。B项，定势（即心向）是指重复先前的操作所引起的一种心理准备状态。在定势的影响下，人们会以某种习惯的方式对刺激情境做出反应。C项，酝酿效应是指当一个人长期致力于某一问题的解决而又百思不得其解的时候，如果他暂时停下对这个问题的思考而去做别的事情，几小时、几天或几周之后，他可能会忽然想到解决的办法。

9. B 【解析】本题考查学习的内涵。学习实质上是一种适应活动，是有机体后天习得经验的过程，B项说法正确。学习是人和动物共有的普遍现象，无论是低级动物还是高级动物乃至人类，在其整个生活中都贯穿着学习，A项说法错误。鸭子游水属于先天性行为，不是学习；小狗钻火圈属于后天习得的行为，是学习，C项说法错误。学习表现为个体行为由于经验而发生的行为或行为潜能的较为稳定的变化，D项说法错误。

10. A 【解析】本题考查《中华人民共和国义务教育法》。根据《中华人民共和国义务教育法》第二十七条规定，对违反学校管理制度的学生，学校应当予以批评教育，不得开除。A项说法错误。根据《中华人民共和国义务教育法》第三十六条规定，学校应当把德育放在首位，寓德育于教育教学之中，开展与学生年龄相适应的社会实践活动，形成学校、家庭、社会相互配合的思想道德教育体系，促进学生养成良好的思想品德和行为习惯。B项说法正确。根据《中华人民共和国义务教育法》第三十九条规定，国家实行教科书审定制度。教科书的审定办法由国务院教育行政部门规定。未经审定的教科书，不得出版、选用。C项说法正确。根据《中华人民共和国义务教育法》第四十三条规定，特殊教育学校（班）学生人均公用经费标准应当高于普通学校学生人均公用经费标准。D项说法正确。本题为选非题，故选A项。

2021年浙江省绍兴市（越城区、柯桥区、上虞区）小学教师招聘考试教育基础知识真题试卷（十五）

一、单项选择题

1. B 【解析】本题考查癸卯学制。清政府于1904年颁布的《奏定学堂章程》也称

“癸卯学制”,是中国近代教育史上第一部由国家颁布的并在全国实行的学制系统,成为中国近代教育走向制度化、法制化阶段的标志。

2. B 【解析】本题考查教育目的的层次结构。有人认为,教育目的分为四个层次:一是国家或社会所规定的教育总目的,即国家或社会对受教育者提出的总的要求。二是各级各类学校的培养目标。三是课程目标。四是教学目标。故选B项。

3. C 【解析】本题考查教师劳动的特点。教师劳动的特点包括:(1)教师劳动的复杂性和创造性;(2)教师劳动的连续性和广延性;(3)教师劳动的长期性和间接性;(4)教师劳动的主体性和示范性;(5)教师劳动方式的个体性和劳动成果的群体性。故选C项。

4. D 【解析】本题考查课程文本的三种表现形式。我国中小学的课程表现为课程计划(课程方案)、课程标准和教科书三种形式。课程计划是课程的总体规划,课程标准与教科书是课程内容的具体形式。(具体参看张相乐、郑传芹主编的《教育学》)

5. C 【解析】本题考查教育研究方法。A项,叙事研究主要通过对教师生活故事的描述和分析,揭示内隐于日常事件、生活和行为背后的意义和观念,使人们从故事中体验、思考和理解教育的本质与价值。

B项,所谓案例研究,就是围绕某一研究对象或问题,通过系统地收集和整理资料,以获得对该对象或问题的整体性的认识与思考。

C项,行动研究法是指在实际教育情境中,由教育实践工作者和专家共同合作,针对实际问题提出改进计划,通过在实际中实施、验证、修正而得到研究结果的一种研究方法。

D项,实验研究法是根据研究目的,运用一定的人为手段,主动干预或控制研究对象的发生、发展过程,通过观察、测量、比较等方式探索、验证所研究现象因果关系的研究方法。

综上所述,本题选C项。

6. A 【解析】本题考查布鲁纳的发现学习理论。布鲁纳是美国著名的认知教育心理学家,他主张学习的目的,在于以发现学习的方式使学科的基本结构转变为学生头脑中的认知结构。因此,他的理论常被称为认知—结构教学论或认知—发现学习说。故A项符合题意。

7. A 【解析】本题考查最近发展区理论。维果斯基认为,儿童有两种发展水平:一是儿童的现有水平,即由一定的已经完成的发展系统所形成的儿童心理机能的发展水平;二是可能(即将)达到的发展水平。这两种水平之间的差异,就是最近发展区。在维果斯基看来,教学的可能性由学生的最近发展区决定,教学应该走在发展的前面。教学不能只适应发展的现有水平,还应适应最近发展区,从而走在发展的前面，最终跨越“最近发展区”而达到新的发展水平，即“跳一跳，摘桃子”。故A项符合题意。

8. C 【解析】本题考查加德纳的多元智力理论。多元智力理论是美国心理学家加德纳提出的。他认为，每个孩子都是一个潜在的天才儿童，只是表现为不同的方式而已。因而多元智力理论强调以多维度的、全面的、发展的眼光来评价学生。故C项符合题意。

9. D 【解析】本题考查小学生记忆发展的特点。儿童年龄越小，识记具体的知识、事件、人物、对象、事实要比识记定义、解释、描写等好一些，并且记得巩固些。小学生记忆的主要方式是形象记忆。

10. B 【解析】本题考查关键期。关键期是指对特定技能或行为模式的发展最敏感的时期或者做准备的时期。故选B项。

二、辨析题（参考答案）

11. 教师对学生的期望越高，学生的成绩越好。

（1）这种说法是不正确的。（2）教师期望效应是指教师的期望或明或暗地传递给学生，会使学生按照教师所期望的方向来塑造自己的行为。期望对于人的行为有巨大影响。要想使一个人发展得更好，就应该给他传递积极的期望。适当的高期望对学生的学习成绩和心理发展起到积极作用。但是过高的期望或者过低的期望则会对学生的发展进步起到阻碍作用。

（共5分。判断1分，判断“说法正确”本题不得分；理由4分，答出教师期望效应的概念2分，教师期望对学生的影响2分）

12. 新学期伊始，学校组织了“摸底测试”，这一次摸底测试就是诊断性评价。

（1）这种说法是正确的。（2）根据教学评价的作用，教学评价可以分为诊断性评价、形成性评价和总结性评价。其中，诊断性评价是在学期开始或一个单元教学开始时，为了了解学生的学习准备状况及影响学习的因素而进行的评价。它包括各种通常所称的摸底考试。故题干说法正确。

（共5分。判断1分，判断“说法不正确”本题不得分；理由4分，答出诊断性评价的分类依据1分，答出诊断性评价的概念3分，概念需完整、准确，包括诊断性评价的实施时间、目的、通常形式等）

13. 负强化等同于惩罚。

（1）这种说法是不正确的。（2）负强化是通过消除或中止厌恶、不愉快刺激来增强反应频率。而惩罚是指当有机体做出某种反应以后，呈现一个厌恶刺激，以消除或抑制此反应的过程。惩罚与负强化有所不同，负强化是通过厌恶刺激的排除来增加反应在将来发生的概率，而惩罚则是通过厌恶刺激的呈现来降低反应在将来发生的概率。

(共5分。判断1分,判断"说法正确"本题不得分;理由4分,答出负强化的概念1分,惩罚的概念1分,两者区别2分)

三、简答题(参考答案)

14. 请简述教学过程中应处理好哪几对关系。

(1)教师主导作用与学生主体作用的关系;(2)直接经验与间接经验的关系;(3)传授知识与思想品德教育的关系;(4)掌握知识与发展智力的关系;(5)智力因素和非智力因素的关系。

(共5分。每点1分,答案完整得满分;答出"教师与学生""知识与思想品德""知识与智力"等关键词可得3分)

15. 请简述国内外知名的几种德育模式。

(1)道德认知发展模式;(2)体谅模式;(3)价值澄清模式;(4)社会模仿模式(社会学习模式);(5)集体教育模式。

(共5分。每点1分,答案完整得满分)

16. 请简述建构主义学习理论的基本观点。

建构主义学习理论的基本观点主要集中在以下四个方面:

(1)知识观。建构主义在一定程度上对知识的客观性和确定性提出质疑,强调知识的动态性。

(2)学习观。建构主义在学习观上强调学习的主动建构性、社会互动性和情境性三方面。

(3)学生观。建构主义非常强调学习者本身已有的经验结构,认为学习者在学习新信息、解决新问题时往往可以基于相关的经验,依靠其认知能力形成对问题的解释。

(4)教师观。建构主义把教师看成是学生学习的帮助者、合作者。

(共5分。答案完整得满分;答出"知识观""学习观""学生观""教师观"等关键词可得2分)

四、论述题(参考答案)

17. 联系实际,说说班主任应具备的基本素养。

新时期的班主任的职业素养一般包括思想道德素养、业务素养、心理素养、人际关系素养和形象素养五个方面。具体如下:

(1)思想道德素养。班主任的思想道德素养主要包括:①坚定的理想和信念,正确的政治方向,较高的理论修养和高尚的道德品质;②热爱教育事业,热爱学生;③以身作则,为人师表。

(2)业务素养。班主任的业务素养主要指两个方面:①知识素养。包括:要掌握系统、全面、扎实的专业知识；应当广泛涉猎心理学、管理学、社会学、美学、人才学、创新学等相关知识。②能力素养。班主任的能力具体是指教育能力、研究能力和管理能力。

(3)心理素养。现代教育对班主任的心理素养要求越来越高，主要包括：①稳定的情绪；②良好的性格；③坚强的意志。

(4)人际关系素养。班主任要处理好与学生、同事、领导和家长的关系。①与学生的关系。师生关系是班主任工作的主要人际关系。②与同事的关系。处理好同事之间的关系，不仅有助于合作学习、分享经验，同时也有助于加强教师的职业情感和专业意识。尤其是班主任，要使班级健康发展，处理好与任课教师的关系相当重要。③与领导的关系。班主任与领导的关系，是干群关系，也是上下级关系，正确地处理好这一关系，不仅有利于上下沟通、工作协调、提高教学质量，而且对班主任的自身发展也会产生有利的影响。④与家长的关系。做好教育工作，班主任就必须与家长配合，形成教育合力，共同承担培养下一代的责任。

(5)形象素养。班主任作为学校的公众人物，要重视自己的外在风貌，将良好的形象展现给学生。因此，班主任应注意以下四个方面的素养：①身体素养，良好的身体素质是班主任的必备素质；②仪表素养；③谈吐素养；④教态素养。

(共15分。从"思想道德素养""业务素养""心理素养""人际关系素养""形象素养"五个方面论述班主任具备的基本素养，每点3分，素养回答准确1分，展开合理论述2分)

18. 结合实际，谈谈教师应如何运用自我效能感理论激发学生的学习动机?

(1)自我效能感由班杜拉首次提出，是指人对自己能否成功从事某一成就行为的主观判断。当个体确信自己有能力进行某一活动，他就会产生高度的"自我效能感"，并努力实施该活动。在教学实践中，教师可通过增强学生的自我效能感来激发其学习动机。

(2)自我效能感与成就行为是相互促进的，成功体验可以增加学生的自我效能感，还有利于学生的积极归因，对提高学习动机非常重要。教师应尽可能创造条件给学生提供成功的机会，使他们获得更多的成功体验。具体做法主要有：

①直接的方法就是为学生创造成功条件，让学生拥有真切的成功体验。比如，对学习成绩差的学生，教师可以提一些简单的问题，使他们在课堂上和其他学生一样有回答正确受到老师肯定的机会。

②间接的方法则是为学生树立成功的榜样。根据班杜拉的自我效能感理论，如果学生看到和他相似的同学获得了成功，他的自我效能感就会提高，从而愿意去尝试某些原本不敢尝试的任务，学习动机得到提高，同时也给自己增加了获得成功的机会。

③除这些方法以外，教师还应帮助学生树立起“我能成功”的观念。教师可以通过合理的外部强化促进学生对自身能力的认知，增强自我效能感。

（共15分。答出自我效能感理论的内容3分；增强自我效能感的方法每点4分，方法合理2分，结合实际阐述合理2分）

五、案例分析题（参考答案）

19.（1）①依法治校就是依照教育法律、法规所规定的权限和程序来管理学校。从学校主体来看，依法治校的内容包括校长及其他行政管理人员对学校事务与人员的管理和教师依法施教及对学生的管理。案例中，校长的行为符合依法治校的要求，贯彻了以人为本、依法行政的管理理念。对于学生家长出现的突发情况，校长得知消息后立刻拨打急救电话，并通知相关亲属，紧急赶回学校，切实保障了教师和学生的合法权益。

②依法治教，就是依据法律来管理教育，规范教育行为。具体来说，就是用法律来规范教育管理活动，协调教育关系，指导教育活动，解决教育矛盾，保护学校和师生的合法权益，促进教育事业的健康快速发展。案例中，校长的行为符合依法治教的要求。对于学校中存在的教育矛盾，能够依据相关法律法规公正处理，合理保障教师的合法权益。对于家长的无理要求，能够根据法律据理力争，办事公道。

（共10分。从“依法治校”“依法治教”两个方面分析校长的做法，每个方面5分，理论依据准确、完整3分，结合案例合理阐述2分）

（2）①建立咨询制度，实施依法办学。中小学要聘请法制副校长，设立法律事务办公室，作为学校日常法律事务的管理部门。

②建立健全规章制度，增强抵御风险能力。一是建立《校园安全及周边环境治理工作措施》；二是制定《校园突发事件处理预案》；三是制定《信访工作暂行办法》；四是制定《资金和资产管理制度》。

③依法行政，维护学校办学合法自主权。一是教育局要依据法定的职责、权限和程序对学校进行管理，切实维护学校的办学合法自主权。二是改革行政审批制度，推行政务公开，提高行政效率，大力支持学校的各项工作。三是建立教育行政执法机制，依法监督办学活动，保障学校良好的教育教学秩序。四是健全和规范申诉渠道，及时办理教师和学生申诉的案件，保证教师和学生的合法权益不受侵害。五是建立举报制度，发现和纠正违规办学行为和学校教育教学及管理工作中的违法行为，保障学校依法办学。

④建立教师申诉制度，依法维护自己的权益。畅通教师申诉渠道，保证教师合法权益不受侵害。开展法制宣传教育，树立教师的权利意识，强化教师的法制观念，提高教师的维权能力。对非法解聘教师、非法处理教师、随意降低教师的职称、拖欠教

师工资、不支付教师医疗费等侵害教师权益的机关、组织和个人,教师有权进行申诉。对教师申诉、控告、检举打击报复者,学校要责令改正;情节严重的,给予行政处分。对教师侮辱、殴打者,根据情况不同,学校要给予行政处分或处罚;构成犯罪的,要通过司法部门对教师的权益进行司法保护,依法追究刑事责任。

⑤调动一切力量,保护教师的权益。一是学校建立贫困教师资助金,解决贫困教师的困难。二是学校设立奖励基金,奖励名师、优秀教师、先进工作者、先进集体,调动教师的工作积极性。三是新闻媒体要特别关注教师,宣传优秀教师的先进事迹,对侵犯教师权益的行为进行揭露、曝光、批评,支持教师同侵犯教师权益的行为作斗争。

(共10分。从“依法办学”“健全规章制度”“依法行政”“教师申诉制度”“调动一切力量”等方面分析如何维护学校及教师的合法权益,每个方面2分,措施合理1分,表述清晰且充分1分。考生若有其他合理回答可酌情给分)

2021年浙江省丽水市教育局直属小学教师招聘考试教育基础知识真题试卷(十六)

单项选择题

1. A 【**解析**】本题考查《关于开展中小学有偿补课和教师违规收受礼品礼金问题专项整治工作的通知》。《关于开展中小学有偿补课和教师违规收受礼品礼金问题专项整治工作的通知》明确指出:在教育系统开展师德专题教育,组织深入学习习近平总书记关于师德师风的重要指示批示精神,强化教师“四史”学习教育,开展师德优秀典型先进事迹宣传学习,引导教师学习践行新时代师德规范,集中开展师德警示教育。注重融入日常、抓在经常,系统组织、分类指导。

2. B 【**解析**】本题考查教育的起源学说。教育的劳动起源说在马克思历史唯物主义理论指导下形成,认为教育起源于人类所特有的生产劳动。教育的劳动起源说提供了理解教育起源和教育性质的一把“金钥匙”,其代表人物主要是苏联的米丁斯基、凯洛夫等教育学家。故选B项。

3. C 【**解析**】本题考查教育目的的作用。教育目的对教育工作具有导向作用。教育目的不仅为受教育者指明方向,预定发展结果,也为教育工作者指明工作方向和奋斗目标。题干中习近平总书记的讲话为受教育者预定了发展结果,为教育工作者指明了工作方向和奋斗目标,故体现了教育目的的导向作用。

4. D 【**解析**】本题考查教师的职业角色。教师的示范者角色体现在:(1)教师的言行是学生学习和模仿的榜样。学生具有可塑性和向师性的特点,教师的言谈举止、行为方式、为人处世的态度等都会对学生产生耳濡目染、潜移默化的影响,因此教师是学生学习的最直接榜样。(2)优秀教师还是其他教师学习的模范,是社会各界学习的模范。故题干所述体现了教师的示范者角色。

5. C 【解析】本题考查教学的间接性规律。教学过程应遵循间接经验与直接经验相结合的规律(间接性规律),学生学习间接经验要以直接经验为基础。间接经验和书本知识是学生所没有亲身实践的,在学习时如果没有他个人的直接经验的参与和帮助,是很难对间接经验和书本知识进行接受、理解、消化和巩固的。学生总是借助他已有的直接经验去学习书本上的间接经验的。陶行知做过一个精辟的比喻:"接知如接枝"。他说:"我们必须有从自己经验里发出来的知识做根,然后别人的相类的经验才能接得上去。倘使自己对于某事毫无经验,我们绝不能了解或运用别人关于此事之经验。"可见,学生个人的直接经验在其间接经验的学习过程中具有不可替代的特殊价值。故选C项。

易错提示:本题易错选B项。"学生学习间接经验要以直接经验为基础"是教学的间接性规律的具体内涵之一,就陶行知的观点而言,C项表述更加具体,故最佳选项为C项。若题干中没有C项,则可选择B项。

6. A 【解析】本题考查德育的因材施教原则的贯彻要求。德育的因材施教原则的贯彻要求包括:(1)以发展的眼光客观、全面、深入地了解学生的个性特点和内心世界,正确认识和评价当代青少年学生的思想特点;(2)根据不同年龄阶段学生的特点,选择不同的内容和方法进行教育,防止一般化、成人化、模式化;(3)注意学生的个别差异,因材施教。故选A项。

7. A 【解析】本题考查班级管理的实质。学生的发展是班级管理的核心,班级管理的实质就是让学生的潜能得到尽可能的开发。故选A项。

8. B 【解析】本题考查课外活动的特点。课外活动具有自愿性、自主性、灵活性、实践性与广泛性等特点。其中,自愿性是指课外活动是在课堂教学计划之外,学生自由选择、自愿参加的一种活动。由"不强制要求学生参与"可知,题干体现了课外活动的自愿性特点。故选B项。

9. C 【解析】本题考查维果斯基的最近发展区理论。在维果斯基看来,教学的可能性由学生的最近发展区决定,"教学应该走在发展的前面"。故选C项。

10. D 【解析】本题考查认知风格的类型。帕斯克将认知风格分为整体型和系列型(序列型)。有些学生把精力集中在一步一步的策略上,他们提出的假设一般说来比较简单,每个假设只包括一个属性。这种策略被称为系列性策略,就是说,从一个假设到下一个假设是呈直线的方式进展的。而另一些学生则倾向于使用比较复杂的假设,每个假设同时涉及若干属性。这种策略被称为整体性策略,就是指从全盘上考虑如何解决问题。故选D项。A项,场依存型强调以外部线索为依据;B项,沉思型强调认知问题的速度虽然慢,但错误率低;C项,发散型强调人的思维沿着许多不同的方向发展。

11. A 【解析】本题考查加涅的学习水平分类。连锁学习是指学习联合两个或两个以上的刺激—反应动作,以形成一系列刺激—反应动作联结。故选A项。B项,规则或原理学习是指学习两个或两个以上概念之间的关系。C项,辨别学习是指学会识别多种刺激的异同并对之做出不同的反应。D项,概念学习是指对刺激进行分类时,学会对一类刺激做出同样的反应,也就是对事物的抽象特征的反应。

12. A 【解析】本题考查程序教学的基本原理。斯金纳将操作性条件反射原理应用到教学活动上,提出了程序教学论及其教学模式。故选A项。B项,瓦·根舍因等人创立了范例教学论;C项,赞科夫提出了发展教学论;D项,布鲁纳提出了认知结构教学论。

13. B 【解析】本题考查奥苏伯尔对学习动机的划分。根据学校情境中的学业成就动机的不同,奥苏伯尔等人把动机分为认知内驱力、自我提高内驱力和附属内驱力三个方面。其中,附属内驱力是指个体为了获得长者们(如家长、教师)的赞许或认可而表现出把工作、学习做好的一种需要。题干中强调小明在考试中取得好名次的目的是获得老师的认可,这属于附属内驱力。故选B项。

方法技巧:在做此类题目时,考生应注意把握题干关键词,如追求知识乐趣的为认知内驱力,追求他人赞许的为附属内驱力,追求地位的为自我提高内驱力。

14. C 【解析】本题考查学习策略的种类。组织策略主要有两种:一种是归类策略;一种是纲要策略。其中,纲要策略包括主题纲要法和符号纲要法。在主题纲要法中,主题通常是学习材料的各级标题,有时也需要自己进行提炼。列提纲时要先对材料进行系统分析、归纳和总结,然后按材料的逻辑关系,以简要的词语写下主要与次要的观点,也就是以金字塔的形式呈现教材的要点,每一具体的细节都包含在高一级的类别中。故题干所述符合主题纲要法的内涵,主题纲要法属于组织策略中的纲要策略,因此,答案选C项。

15. C 【解析】本题考查瞬时记忆的主要编码形式。瞬时记忆的编码方式有图像记忆和声像记忆两种。其中,图像记忆是瞬时记忆的主要编码形式。故排除D项,选择C项。A项,视觉编码是短时记忆的编码形式。B项,意义编码是长时记忆的编码形式。

16. D 【解析】本题考查影响问题解决的因素。对问题解决起启发作用的事物叫原型。原型启发是指从其他事物上发现解决问题的途径和方法。题干所述为原型启发的典例,故选D项。A项,问题情境是指问题呈现的知觉方式。B项,操作整合是指获得有关操作活动的完整的动觉映像的过程。C项,人们把某种功能赋予某物体的倾向称为功能固着。

17. B 【解析】本题考查《中国教育现代化2035》。《中国教育现代化2035》指出,全面落实立德树人根本任务，广泛开展理想信念教育，厚植爱国主义情怀，加强品德修养，增长知识见识，培养奋斗精神，不断提高学生思想水平、政治觉悟、道德品质、文化素养。

18. B 【解析】本题考查《中国教育现代化2035》。《中国教育现代化2035》指出，加快信息化时代教育变革。建设智能化校园，统筹建设一体化智能化教学、管理与服务平台。

19. A 【解析】本题考查新课程的基本理念。创建富有个性的学校文化是新课程的基本理念之一。课程改革不仅仅意味着内容的更新、完善与平衡，更为重要的是意味着理想的"学校文化"的创造。学校文化的变革是课程与教学改革最深层次的改革，创建富有个性的学校文化正是课程改革的核心课题。

20. C 【解析】本题考查新课程背景下的教师教学行为的变化。在对待自我上，新课程强调反思。教学反思被认为是"教师专业发展和自我成长的核心因素"。新课程非常强调教师的教学反思，其有助于教师形成和培养自我反思的意识和自我监控的能力。

2020年浙江省宁波市杭州湾新区小学教师招聘考试教育综合理论真题试卷(十七)

一、判断题

1. × 【解析】本题考查教育的功能。从教育作用的对象看，通常把教育功能分为个体功能和社会功能。教育的个体功能指教育对个体的生存和发展所产生的作用和影响。促进个体发展的功能是教育固有的功能，因此也被称为教育的本体功能(基本功能)。教育的社会功能是教育对社会的稳定、运行和发展所产生的影响。教育的社会功能的发挥必须通过培养人来实现，因此教育的社会功能是教育的派生功能(工具功能)。故题干说法不正确。

2. × 【解析】本题考查影响个体身心发展的因素。"蓬生麻中，不扶而直"出自《荀子·劝学》，意为蓬草长在麻地里，不用扶持也能挺立。这体现了环境对个体身心发展的影响，故题干说法错误。

3. √ 【解析】本题考查皮亚杰的儿童教育观。皮亚杰强调，在教学活动中，教师只是儿童学习的促进者，教师的作用是间接的。他要求教师要尊重儿童学习的愿望，不应该企图将知识硬塞给儿童，而是介绍问题和对策，让儿童自己主动地、自发地学习。故题干表述正确。

4. × 【解析】本题考查桑代克提出的学习要遵循的三条原则。桑代克认为，学习要遵循三条重要的原则：准备律、练习律、效果律。故题干表述错误。

5. × 【解析】本题考查感觉的规律。感觉的补偿是指某种感觉系统的机能丧失后,由其他感觉系统的机能来弥补。联觉是指一种感觉兼有另一种感觉的心理现象。有的学生听轻音乐会在头脑中产生相应的视觉画面,是一种听觉兼有视觉的现象,这属于联觉,故题干表述错误。

6. √ 【解析】本题考查艾宾浩斯遗忘曲线。艾宾浩斯遗忘曲线表明,遗忘是有规律的,即遗忘的进程是不均衡的,其趋势是先快后慢、先多后少,呈负加速,且到一定的程度就不再遗忘。

7. √ 【解析】本题考查自我意识的结构。自我意识是人格的重要组成部分,是指个体对自己以及自己与周围事物的关系的意识。从内容上看,自我意识可分为生理自我、社会自我和心理自我。

8. √ 【解析】本题考查现代教育与传统教育的根本区别。重视创新能力的培养是现代教育与传统教育的根本区别。

9. √ 【解析】本题考查教育和发展之间的关系。不管是儿童青少年的智力发展,还是包括品德在内的社会性或人格的变化,都要以领会知识和掌握技能为基础。

10. √ 【解析】本题考查《学生伤害事故处理办法》的相关规定。根据《学生伤害事故处理办法》第五条规定,学校对学生进行安全教育、管理和保护,应当针对学生年龄、认知能力和法律行为能力的不同,采用相应的内容和预防措施。

二、单项选择题

11. C 【解析】本题考查教育家华虚朋创建的教学组织形式。文纳特卡制是美国人华虚朋于1919年在芝加哥市郊文纳特卡镇公立学校实行的教学组织形式。它把课程分成两部分:一部分按学科进行,由学生个人自学读、写、算和历史、地理方面的知识和技能;另一部分是通过音乐、艺术、运动、集会,以及开办商店、组织自治会来培养学生的"社会意识"。故选C项。1632年,捷克教育家夸美纽斯出版的《大教学论》最早从理论上对班级授课制做了阐述,为班级授课制奠定了理论基础,故A项不符合题意。B项为误导项,不选。1918年,美国教育家克伯屈发表了论文《设计教学法》,系统地归纳和阐述了设计教学法的理论,赢得了很大的声誉,被称为"设计教学法"之父。故D项不符合题意。

12. C 【解析】本题考查社会知觉偏差。A项,教师期望效应又称罗森塔尔效应或皮格马利翁效应,即教师的期望或明或暗地传递给学生,会使学生按照教师所期望的方向来塑造自己的行为。B项,投射效应是指由于个体具有某种特性,因而推断他人也有与自己相同特性的心理现象。C项,光环效应(晕轮效应)是指当我们认为某人具有某种特征时,就会对他的其他特征做相似判断。D项,首因效应是指在总体印象形成上最初获得的信息比后来获得的信息影响更大的现象。因小悦故事讲得好,李老师认为她什么都好,属于光环效应,故选C项。

13. D 【解析】本题考查赞科夫的教育思想。苏联教育家赞科夫通过近二十年的小学教学改革实验,出版了《教学与发展》一书。他把学生的一般发展作为教学的出发点,提出了发展性教学理论的五条教学原则,即高难度、高速度、理论知识起主导作用、理解学习过程、使所有学生包括“差生”都得到一般发展的原则。故选D项。A项,1939年凯洛夫主编的《教育学》论述了全面发展的教育目的,并极其重视智育及教养的地位和作用,提出了一套比较严格和严密的教学理论。B项,美国教育家布鲁纳出版的《教育过程》一书系统地阐述了他的结构主义教育思想。C项,《普通教育学》为赫尔巴特的代表著作。在《普通教育学》中,赫尔巴特论述了对儿童管理的目的和方法,说明了心理学对于教育学的意义,提出了教学形式阶段的理论,并且论证了教育性的教学这一概念。

14. B 【解析】本题考查课程实施的基本取向。课程实施有三个基本取向:(1)忠实取向。这种取向认为,课程实施过程是忠实地执行课程变革计划的过程。(2)相互适应取向。这种取向认为课程实施过程是课程变革计划与班级或学校实践情境在课程目标、内容、方法、组织模式诸方面相互调整、改变与适应的过程。(3)创生取向。这种取向是课程实施研究中的新兴取向。题干所述属于课程实施的相互适应取向。

15. C 【解析】本题考查班主任的教学行为。现代学生观强调学生是发展中的人,要用发展的观点认识学生。学生具有巨大的发展潜能,而且是处于发展过程中的人。由题干中的关键信息“成绩不好、升学无望”“座位安排在教室的最后一排”可知,该班主任不具备现代学生观,没有用发展的眼光看待学生,因此选C项。

16. A 【解析】本题考查学习迁移的类型。正迁移也叫“助长性迁移”,是指一种学习对另一种学习的促进作用。负迁移也叫“抑制性迁移”,是指一种学习对另一种学习产生阻碍作用。题干所述属于正迁移,故选A项。

17. C 【解析】本题考查对“最近发展区”的理解。维果斯基提出的“最近发展区”是指学生可能(即将)达到的发展水平与现有的发展水平之间的差异,如果学生的发展水平处于“最近发展区”,那么这正是最能敏感地接受教育的时候。C项,量力性原则是指教学的内容、方法、分量和进度要适合学生的身心发展,使他们能够接受,但又要有一定的难度,需要他们经过努力才能掌握,以促进学生的身心发展。因此,“最近发展区”理论要求教师在实际教学中坚持量力性原则。故选C项。

18. A 【解析】本题考查奥苏伯尔对学习动机的分类。A项,自我提高内驱力是指个体因自己的胜任或工作能力而赢得相应地位的需要。自我提高内驱力并非直接指向学习任务本身,而是把成就看作赢得地位与自尊心的根源,属于外部动机。B项,附属内驱力是指个体为了获得长者们(如家长、教师)的赞许或认可而表现出把工作、学习做好的一种需要。C项，认知内驱力是指要求了解、理解和掌握知识以及解决问题的需要。D项为干扰项。学生李华因希望受到尊重而努力学习，这种内驱力属于自我提高内驱力。

19. D 【解析】本题考查儿童的自我控制行为的实验研究。自我控制能力的发展对儿童的学习成绩、控制攻击、协调人际关系等都具有重要意义，它的作用体现在个体对自身发展的能动性影响。罗腾伯格通过"延迟满足"研究儿童自我控制行为。

20. C 【解析】本题考查动机斗争的类型。A项，双趋冲突是指从自己同时都很喜爱的两个事物中仅择其一的心理状态。B项，双避冲突是指从希望回避的两种事物中必取其一的心理状态。C项，趋避冲突是指对同一目的兼具好恶的矛盾心理。D项，多重趋避冲突是指对含有吸引与排斥两种力量的多种目标予以选择时所发生的冲突。题干中学生家长既想给孩子报培训班，又怕这样做孩子压力太大，是对同一目的兼具好恶两种心理，属于趋避冲突，故选C项。

2020年浙江省宁波市中小学教师招聘考试教育理论基础知识真题试卷(十八)

一、判断题

1. √ 【解析】本题考查班集体发展的特点。班集体的发展是在不断探索中发展的，并不是一帆风顺的。因此，班集体发展呈螺旋式上升的特点。题干说法正确。

2. × 【解析】本题考查发现法的提出者。发现法是美国心理学家布鲁纳倡导的一种教学方法。他主张让学生通过独立工作，自己主动发现问题、解决问题及掌握原理。美国著名教育心理学家斯金纳倡导的是程序教学法。

3. × 【解析】本题考查启发性原则的核心。启发性原则的核心是调动学生的主动性和积极性，特别是激发学生思维的积极性。题干说法错误。

4. √ 【解析】本题考查加德纳的多元智力理论。加德纳的多元智力理论认为，人的智力结构中存在着七种相对独立的智力(后发展为九种)，这几种智力在每个人身上的组合方式是多种多样的，每个人在不同领域的智力发展水平是不同步的。有人可能在某一两个方面是天才，而在其余方面却是蠢材；有人可能每种智力都很一般，但如果他所拥有的各种智力被巧妙地结合在一起，则可能在解决某些问题时会显得很出色。因此，不能仅从一方面衡量、评价学生的好坏。故题干表述正确。

5. √ 【解析】本题考查德育过程的基本规律。德育过程一般以知为开端，以行为终结。但由于社会生活的复杂性，德育影响的多样性等因素，在德育具体实施过程中，又具有多种开端，可根据学生品德发展的具体情况，或从导之以行开始，或从动之以情开始,或从锻炼品德意志开始,最后达到使学生品德在知、情、意、行几方面和谐发展的目的。

6. √ 【解析】本题考查儿童道德评价的发展。道德评价发展的特点有:(1)从他律到自律;(2)从效果到动机;(3)从律他到律己;(4)从片面到全面;(5)从笼统到具体。

7. × 【解析】本题考查活动课程的内涵。活动课程以学习者的经验为中心来组织,容易导致学科知识的支离破碎,学生难以掌握完整系统的学科知识的体系。故题干说法错误。学科课程以知识的逻辑体系为中心编制课程,便于学生对知识的掌握。

8. √ 【解析】本题考查创造性思维的内涵。创造性思维既是发散思维和聚合思维的统一,也是形象思维和抽象思维的统一,但更多地表现在发散思维上。故题干表述正确。

9. √ 【解析】本题考查短时记忆的容量。短时记忆的容量一般是7±2,即5~9个项目,平均值为7。

10. √ 【解析】本题考查《中华人民共和国教育法》的相关规定。根据《中华人民共和国教育法》第十九条规定,国家实行九年制义务教育制度。各级人民政府采取各种措施保障适龄儿童、少年就学。适龄儿童、少年的父母或者其他监护人以及有关社会组织和个人有义务使适龄儿童、少年接受并完成规定年限的义务教育。

二、单项选择题

1. B 【解析】本题考查对古文的理解。题干引文出自《荀子·劝学》,意为:兰槐的根就是白芷,如果浸泡在臭水里,君子不靠近它,一般人也不再佩戴它。它的本质并非不好,而是被浸泡臭了才这样。所以君子居住要选择好的环境,交往要接近有道德的人,之所以这样,是用来防止接触邪恶的人,而靠近正直的人。这种观点夸大了环境对人的发展的作用,故属于环境决定论。

2. B 【解析】本题考查《学记》。《学记》比较系统和全面地总结和概括了我国先秦时期的教育经验,是中国古代也是世界上最早专门论述教育和教学问题的论著。故A项说法正确,B项说法错误。《学记》强调教育为社会政治服务的目的,从而把教育与个人发展和社会进步密切联系起来,尤其突出了教育的政治功能,形成了中国古代教育的突出特色。故C项说法正确。《学记》强调启发诱导,提出“故君子之教,喻也。道而弗牵,强而弗抑,开而弗达”,故D项说法正确。

3. B 【解析】本题考查教育的功能。依据教育作用的方向,教育功能可分为正向功能和负向功能;依据作用呈现的形式,教育功能可分为显性功能和隐性功能。故A、D两项说法正确。教育价值是教育应该发挥的作用,教育功能是教育能够发挥和实际发挥的作用,二者不能等同,故B项说法错误。自学校产生以来,学校教育就一直对社会政治产生着极其重要的影响作用。选项C说法正确。

4. C 【解析】本题考查西方教育学家的教育思想。夸美纽斯主张"泛智"教育,提出"把一切事物教给一切人""一切男女青年都应该进学校",故A项组合正确。布鲁纳提出"结构教学论",强调"无论我们选教何种学科,务必使学生理解该学科的基本结构",故B项组合正确。赫尔巴特提出任何教学都必须经历明了、联想、系统和方法四个阶段。他的教学四阶段论后来被席勒发展为分析、综合、联想、系统、方法五个阶段,赖因又将其演变为预备、提示、联合、总结、应用的教学过程。上述教学过程均为五段,俗称"五段教学法"。故C项组合不正确。苏霍姆林斯基提出了和谐教育思想,认为学校教育的理想是培养全面和谐发展的人,故D项组合正确。

5. B 【解析】本题考查自我效能感的含义。自我效能感由班杜拉首次提出,是指人对自己能否成功从事某一成就行为的主观判断。题干中小强对自己期末考试考满分的可能性的判断,属于自我效能感。

6. A 【解析】本题考查维果斯基的社会历史发展观。维果斯基在心理发展上强调社会文化历史的作用,特别强调活动和社会交往在人的高级心理机能发展中的突出作用。他认为,高级心理机能来源于外部动作的内化,这种内化不仅通过教学,也通过日常生活、游戏和劳动等来实现。

7. D 【解析】本题考查罗杰斯的人格观点。罗杰斯认为,人格形成的原动力来自于自我实现的需要,人格发展的关键在于形成和发展正确的自我观念。

8. A 【解析】本题考查学习策略的种类。A项,复述策略是指在工作记忆中为了保持信息,运用内部语言在大脑中重现学习材料或刺激,以便将注意力维持在学习材料上的方法。在复杂知识学习中,复述策略包括边看书边讲述材料,在阅读时做摘录、画线或圈出重点等。题干所述"画线"和"摘录"属于复述策略,故选A项。B项,精细加工策略是指通过把所学的新信息和已有的知识联系起来,以此增加新信息的意义,即运用已有的认知图式和知识经验使新信息合理化,更易于理解。C项,组织策略是指将经过精加工提炼出来的知识点加以构造,形成更高水平的知识结构的信息加工策略。D项,元认知策略是指个体为实现最佳的认知效果而对自己的认知活动所进行的调节和控制。

9. B 【解析】本题考查斯金纳的操作性条件反射。B项,所谓操作性条件反射,是指有机体在某种情境中自发做出的某种行为由于得到强化而提高了该行为在这种情境中发生的概率,即形成了该反应与情境的联系。题干中一名学生上课举手发言,得到老师的表扬后,该学生举手发言的频率高了,行为后果影响随后行为,属于操作条件反射。故选B项。A项,经典性条件反射是指一个原是中性的刺激与一个原来就能引起某种反应的刺激相结合,而使动物学会对那个中性刺激做出反应。C项,班杜拉提出社会学习理论,认为学习是个体通过对他人的行为及其强化结果的观察,从而获得某些新的行为反应或已有的行为反应得到修正的过程。D项,苛勒认为,学习是通过顿悟过程实现的。所谓顿悟,就是领会到自己的动作和情境、特别是和目的物之间的关系。

10. D 【解析】本题考查《中华人民共和国教育法》的相关规定。根据《中华人民共和国教育法》第八条规定,国家实行教育与宗教相分离。任何组织和个人不得利用宗教进行妨碍国家教育制度的活动。故A项说法正确。根据《中华人民共和国教育法》第十一条规定,国家采取措施促进教育公平,推动教育均衡发展。故B项说法正确。根据《中华人民共和国教育法》第十二条规定,国家采取措施,为少数民族学生为主的学校及其他教育机构实施双语教育提供条件和支持。故C项说法正确。根据《中华人民共和国教育法》第十四条规定,国务院和地方各级人民政府根据分级管理、分工负责的原则,领导和管理教育工作。中等及中等以下教育在国务院领导下,由地方人民政府管理。高等教育由国务院和省、自治区、直辖市人民政府管理。故D项说法错误。

2020年浙江省丽水市缙云县中小学教师招聘考试真题试卷(十九)

一、不定项选择题

1. D 【解析】本题考查时事热点。根据世卫组织实时统计数据,截至欧洲中部夏令时间8月9日14时46分(北京时间8月9日20时46分),全球累计新冠肺炎确诊病例19462112例,累计死亡病例722285例。故选D项。(注:该县笔试时间为2020年8月9日)

2. B 【解析】本题考查时事热点。2020年7月23日12时41分,我国在海南岛东北海岸中国文昌航天发射场,用长征五号遥四运载火箭将我国首次火星探测任务“天问一号”探测器发射升空,飞行2000多秒后,成功将探测器送入预定轨道,开启火星探测之旅,迈出了我国自主开展行星探测的第一步。故选B项。

3. D 【解析】本题考查时事热点。2019年,央视《面对面》栏目对华为创始人任正非进行了专访。任正非在采访中提到:“老师是人类灵魂的工程师,再穷也不能穷老师,再穷也要对未来投资”“我希望从青少年开始,就不要单纯就是数理化,应该有全面的思想的发展,奠定一个广阔的文化基础”“如果没有从农村的基础教育抓起,没有从一层层的基础教育抓起,我们国家就不可能在世界这个地方竞争。因此我认为国家要充分看到这一点，国家的未来就是教育”。

4. C 【解析】本题考查时事热点。陈立群从杭州学军中学校长岗位上退下来后，有民办学校许下重金礼聘，但他最终选择了支教。2016年，陈立群远赴贵州，在黔东南苗族侗族自治州的国家级贫困县从事支教工作。故选C项。

5. A 【解析】本题考查国家法定节日。A项，2014年11月1日，第十二届全国人民代表大会常务委员会第十一次会议通过的《关于设立国家宪法日的决定》规定：“将12月4日设立为国家宪法日。”B项，经党中央批准、国务院批复，自2018年起，将每年农历秋分日设立为“中国农民丰收节”。C项，经党中央批准、国务院批复，自2021年起，将每年的1月10日设立为“中国人民警察节”。D项，2014年8月31日，第十二届全国人民代表大会常务委员会第十次会议作出决定，将9月30日设立为“烈士纪念日”。

6. BC 【解析】本题考查《学记》中的教育思想。《学记》提出“幼者听而弗问，学不躐等也”，意思是：年纪小的学生只许旁听，却不必发问，为的是考虑他们的接受能力，以求循序渐进。故“学不躐等”体现的是循序渐进的教育思想，C项可选。

A项，因材施教是指要根据学生的个性特点，进行有针对性的教育。故不选。

B项，“不陵节而施”出自《学记》，是指教学要遵循一定的顺序进行，体现的是循序渐进的教育思想。故B项可选。

D项，“长善救失”的教育思想出自《学记》，是指要发扬学生的优点、长处以帮助学生克服缺点，纠正错误。故不选。

7. ABD 【解析】本题考查《中华人民共和国未成年人保护法》(2012年修正)。根据《中华人民共和国未成年人保护法》(2012年修正)第五条规定，保护未成年人的工作，应当遵循下列原则：(1)尊重未成年人的人格尊严；(2)适应未成年人身心发展的规律和特点；(3)教育与保护相结合。

8. A 【解析】本题考查学生品德发展的标志。自我教育能力既是德育的一个重要条件，又是衡量学生品德发展程度的重要标志。

9. B 【解析】本题考查同感的内涵。同感是指辅导教师设身处地地去体会受辅导学生的内心感受，进入到他的内心世界之中。故选B项。A项，内化指在思想观念上与社会规范及其价值一致，将自己所认同的思想和自己原有的观点、信念融为一体，构成一个完整的价值体系。C项，系统脱敏是指当某些人对某事物、某环境产生敏感反应(害怕、焦虑、不安)时，我们可以在当事人身上发展起一种不相容的反应，使其对本来可引起敏感反应的事物，不再发生敏感反应。D项，自我控制法是让当事人自己运用学习原理，进行自我分析、自我监督、自我强化、自我惩罚，以改善自身行为。

10. ABD 【解析】本题考查各国教育家及其教育著作。C项，法国教育家卢梭的教育代表作是《爱弥儿》，《大教学论》是捷克教育家夸美纽斯的代表作。

二、判断题

1. √ 【解析】本题考查新时代教育工作的根本方针。党的教育方针是引领教育发展的思想旗帜和行动指南。在教育培养目标上，必须明确把“努力培养担当民族复兴大任的时代新人，培养德智体美劳全面发展的社会主义建设者和接班人”作为根本目标，培养一代又一代拥护中国共产党领导和社会主义制度、立志为中国特色社会主义事业奋斗终身的有用人才。

2. √ 【解析】本题考查时事热点。2018年8月，习近平总书记作出重要指示强调，我国学生近视呈现高发、低龄化趋势，严重影响孩子们的身心健康，这是一个关系国家和民族未来的大问题，必须高度重视，不能任其发展。习近平总书记强调，全社会都要行动起来，共同呵护好孩子的眼睛，让他们拥有一个光明的未来。专家指出，近视一旦发生，不可逆转。

3. √ 【解析】本题考查时事热点。2020年6月30日第十三届全国人民代表大会常务委员会第二十次会议审议通过《中华人民共和国香港特别行政区维护国家安全法》。《中华人民共和国香港特别行政区维护国家安全法》的颁布实施，迈出了建立健全香港特别行政区维护国家安全的法律制度和执行机制的关键一步。

4. × 【解析】本题考查教育现代化。教育的现代化最重要的是人的现代化。

5. √ 【解析】本题考查素质教育的重点和核心。素质教育的重点和核心是培养学生的创新精神和实践能力。

6. √ 【解析】本题考查罗森塔尔效应。罗森塔尔效应也叫皮格马利翁效应或教师期望效应，即教师的期望或明或暗地传递给学生，会使学生按照教师所期望的方向来塑造自己的行为。

7. × 【解析】本题考查教育的“三贴近”原则。新课程改革倡导“三贴近”原则，即贴近生活、贴近学生、贴近实际。

8. √ 【解析】本题考查《中小学班主任工作规定》。《中小学班主任工作规定》第十六条规定，班主任在日常教育教学管理中，有采取适当方式对学生进行批评教育的权利。故题干说法正确。

9. √ 【解析】本题考查学生的受教育权。受教育权是学生最基本的权利。故题干说法正确。

10. × 【解析】本题考查师生关系的主要表现形式。师生在人格上是平等的关系。

2020年浙江省衢州市江山市中小学教师招聘考试教育理论知识真题试卷(二十)

一、填空题

1. 不低于或者高于　不低于

2. 9月10日

3. 道德情操　扎实学识

4. 爱国守法　终身学习

5. 立德树人　社会主义核心价值观

二、简答题(参考答案)

1. 如何培养与激发学生的学习动机?

(1)学习动机的培养:①了解和满足学生的需要,促进学习动机的产生;②重视立志教育,对学生进行成就动机训练;③帮助学生确立正确的自我概念,获得自我效能感;④培养学生努力导致成功的归因观;⑤培养对学习的兴趣;⑥利用原有动机的迁移,使学生产生学习的需要。

(2)学习动机的激发:①创设问题情境,激发兴趣,维持好奇心;②设置合适的目标;③根据作业难度,恰当控制动机水平;④表达明确的期望;⑤提供明确的、及时的、经常性的反馈;⑥合理运用外部奖赏;⑦有效地运用表扬;⑧对学生进行竞争教育,适当开展学习竞争。

(共4分。学习动机的培养2分,答案完整得满分,答出“学生的需要”“立志教育”“自我效能感”等关键词可得1分;学习动机的激发2分,答案完整得满分,答出“好奇心”“期望”“反馈”等关键词可得1分)

2. 简述最近发展区理论的内容及其在教学中的应用。

维果斯基认为,儿童有两种发展水平:一是儿童的现有水平,即由一定的已经完成的发展系统所形成的儿童心理机能的发展水平;二是可能(即将)达到的发展水平。这两种水平之间的差异,就是最近发展区。也就是说,最近发展区是儿童在有指导的情况下,借助成人帮助所能达到的解决问题的水平与独自解决问题所达到的水平之间的差异,实际上是两个邻近发展阶段间的过渡状态。

最近发展区在教学中的应用:

(1)支架式教学。为了促进教学发展,维果斯基认为教师可采用教学支架,进行支架式教学,即在学生试图解决超出当前知识水平的问题时给予支持和指导,帮助其顺利通过最近发展区,使之最终能够独立完成任务。支架式教学可采用的方式有:①把学生要学习的内容分割成许多便于掌握的片段;②向学生示范要掌握的技能;③提供有提示的练习等。

(2)合作学习。合作学习重视同伴交往在完成任务过程中的作用。教师要尽量组织、安排能力水平不同的学生进行合作学习。接受能力较强的同伴的指导,是促进儿童在最近发展区内发展的最有效的一种方式。

(共6分。最近发展区的概念1分,对最近发展区的解释1分;最近发展区在教学中的应用4分,"支架式教学""合作学习"两个要点各2分)

2019年浙江省教师招聘考试小学教育基础知识真题试卷(二十一)

一、单项选择题

1. A 【**解析**】本题考查《学记》中的教育思想。A项"道而弗牵,强而弗抑,开而弗达"是《学记》中关于启发性教学原则的叙述。B项"学而不思则罔,思而不学则殆"和D项"温故而知新,可以为师矣"是《论语》中孔子关于学思结合以及温故知新的教学原则与方法的叙述。C项"富贵不能淫,贫贱不能移,威武不能屈"是孟子提出的理想的"大丈夫"人格。

2. C 【**解析**】本题考查马克思主义关于人的全面发展学说的基本内容。马克思主义关于人的全面发展学说的基本内容之一即社会主义制度是实现人的全面发展的社会条件。机器大工业生产所提供的人的全面发展的可能性,在资本主义社会并不能充分地实现。只有消灭剥削,实现生产资料公有制,为全体劳动者提供物质的和精神的条件,才能使他们全面发展。

3. B 【**解析**】本题考查社会学习模式(社会模仿模式)的主要观点。社会学习模式又称为社会模仿模式,该模式认为建立在替代基础上的观察学习是人类学习的重要形式,是品德教育的主要渠道,强调观察学习是行为获得的基本学习方法,通过观察、模仿,再经认知过程进而形成人的复杂行为,而且注重强化的学习意义,利用外部直接强化和替代性强化和自我内在强化的交互作用,使学生提高学习效果等。故选B项。

4. A 【**解析**】本题考查学校文化的概念。学校文化是指由学校成员在教育、教学、科研、组织和生活的长期活动与发展演变过程中共同创造的、对外具有个性的精神和物质共同体。从其形式来看,学校文化可以分为精神文化、物质文化和制度文化三类。故选A项。

5. D 【**解析**】本题考查马卡连柯的德育思想。苏联教育家马卡连柯是集体教育模式的代表人物。他分析了儿童集体形成的阶段,提出了平行教育影响原则和前景教育原则。前者是指教师应以集体为教育对象,通过集体并在集体中教育和影响个人。后者是指通过经常在集体和集体成员面前呈现美好的“明天的快乐”的前景，推动集体不断地前进，永远保持生机勃勃的旺盛的力量。

6. B 【解析】本题考查行动研究的特点。行动研究的特点可以概括为“为教育行动而研究”“在教育行动中研究”“由教育行动者研究”。

7. D 【解析】本题考查加德纳的多元智力理论。加德纳认为，人的智力结构中存在着七种相对独立的智力（后发展为九种）。这几种智力分别为：言语智力、逻辑—数学智力、视觉—空间智力、音乐智力、运动智力、人际智力（社交智力）、自知智力（内省智力）、认识自然智力（自然观察智能）和存在智力。D项不属于加德纳提出的智力。

8. A 【解析】本题考查再造想象的概念。再造想象是依据词语或符号的描述、示意在头脑中形成与之相应的新形象的过程。

9. A 【解析】本题考查效度的概念。效度是指一个测验工具希望测到某种行为特征的有效性与准确程度。考生应能辨析信度和效度。信度是指一个测验量表的可靠程度，效度是指有效性和准确性。

10. B 【解析】本题考查再认的含义。再认是指人们对感知过、思考过或体验过的事物，当它再度呈现时，仍能认识的心理过程。做选择题时进行的记忆活动是再认。

11. B 【解析】本题考查我国《教育法》关于法律责任的相关规定。根据《中华人民共和国教育法》第七十三条规定，明知校舍或者教育教学设施有危险，而不采取措施，造成人员伤亡或者重大财产损失的，对直接负责的主管人员和其他直接责任人员，依法追究刑事责任。

12. C 【解析】本题考查《教师资格条例》关于作弊处罚的规定。根据《教师资格条例》第二十条规定，参加教师资格考试有作弊行为的，其考试成绩作废，3年内不得再次参加教师资格考试。

13. A 【解析】本题考查教师申诉的受理机关。根据《中华人民共和国教师法》第三十九条规定，教师对学校或者其他教育机构侵犯其合法权益的，或者对学校或者其他教育机构作出的处理不服的，可以向教育行政部门提出申诉，教育行政部门应当在接到申诉的三十日内，作出处理。根据题干描述，受理王老师申诉的机构应当是当地县教育局。

14. C 【解析】本题考查体罚的表现。体罚，即对学生身体的惩罚。其非人道性在于无视学生为人的尊严，直接造成肉体上的痛苦。这类惩罚在造成学生肉体痛苦的同时，也给学生精神上带来了极大的痛苦。C项属于体罚行为。A、D项属于正常的教学行为，B项教师要求小刚赔偿不属于体罚。

15. B 【解析】本题考查《中华人民共和国教育法》颁行的意义。《中华人民共和国教育法》的颁行，标志着我国开始进入全面依法治教的新时期，对我国教育事业的改革和发展以及物质文明、精神文明建设，将产生巨大而深远的影响。

二、辨析题(参考答案)

16. 人的身心发展在整个生命过程中是均衡和匀速的。

(1)这种说法是不正确的。(2)个体身心发展具有不平衡性(不均衡性)。主要表现在两个方面：一方面是指身心发展的同一方面的发展速度，在不同的年龄阶段是不平衡的。另一方面是就个体身心发展的不同方面而言的。研究表明，青少年身心的不同方面所达到某种发展水平或成熟的时期是不平衡的，有的方面可能在较早年龄就达到较高水平，而有的方面则晚些。

(共4分。判断1分，判断“说法正确”本题不得分；理由3分，答出不平衡性的表现2分，具体阐述1分)

17. 校本课程就是学校自己组织的活动课程。

(1)这种说法是不正确的。(2)校本课程是学校在确保国家课程和地方课程有效实施的前提下，针对学生的兴趣和需要，结合学校的传统和优势以及办学理念，充分利用学校和社区的课程资源，自主开发或选用的课程。校本课程是一种多样化的课程，其课程的形式多种多样，既可以是必修课，也可以是选修课，既可以是学科课程，也可以是活动课程，课程内容可以和某一学科紧密相关，也可以和多门学科相互结合；可以以学习知识为主，也可以以各种探索性、实践性活动为主。

(共4分。判断1分，判断“说法正确”本题不得分；理由3分，答出校本课程的定义1分，校本课程的形式2分)

18. 建构主义学习过程常常是在社会文化互动中完成的。

(1)这种说法是正确的。(2)建构主义在学习观上强调学习的主动建构性、社会互动性和情境性三方面。社会互动性主要表现在学习是通过对某种社会文化的参与而内化相关的知识和技能、掌握有关工具的过程，这一过程常常需要通过一个学习共同体的合作互动来完成。建构主义者认为，学习不是每个学生单独在头脑中进行的活动，学习者也不是一个孤独的探索者，而是一个社会的人。学习总是学习者在一定社会文化环境下进行的，即使表现上学习者是一个人在进行学习，但是他在学习中采用的学习材料、学习用具以及学习环境等都是属于社会的，是集体经验的累积。

(共4分。判断1分，判断“说法不正确”本题不得分；理由3分，答出社会互动性的表现2分，具体阐述1分)

19. 依法治教就是以法治教。

(1)这种说法是不正确的。(2)依法治教,就是依据法律来管理教育,规范教育行为,所强调的是依法办事。而"以法治教"则是指运用法律手段来管理教育。但是运用法律手段不能等同于依法办事。因此依法治教不是以法治教。

(共4分。判断1分,判断"说法正确"本题不得分;理由3分,答出依法治教的概念1分,以法治教的概念1分,两者之间关系1分)

三、简答题(参考答案)

20. 简述现代教师应有的学生观。

(1)学生是发展中的人,要用发展的观点认识学生;(2)学生是独特的人;(3)学生是具有独立意义的人。

(共5分。答案完整得满分;答出"发展中""独特""独立"等关键词可得2分;少答一点酌情扣1~2分)

21. 简述教育影响的一致性与连贯性德育原则的贯彻要求。

(1)充分发挥教师集体的作用,统一学校内部的多种教育力量,使之成为一个分工合作的优化群体;(2)争取家长和社会的配合,主动协调好与家庭、社会教育的关系,逐步形成以学校为中心的"三位一体"的德育网络;(3)保持德育工作的经常性和制度化,处理好衔接工作,保证对学生影响的连续性、系统性,使学生的思想品德得以循序渐进地持续发展。

(共5分。答案完整得满分;答出"统一多种力量""三位一体""经常性和制度化"等关键词可得2分;少答一点酌情扣1~2分)

22. 简述创造性思维的特征。

(1)新颖独特性;(2)创造性思维是多种思维的结晶(创造性思维的结构);(3)创造性想象的积极参与;(4)灵感状态。

(共5分。答案完整得满分;答出"新颖独特""多种思维""创造性想象""灵感"等关键词可得2分)

23. 简述《中国学生发展核心素养》的三大基本原则及基本内涵。

(1)三大基本原则:科学性、时代性、民族性。

(2)基本内涵:人文底蕴、科学精神、学会学习、健康生活、责任担当、实践创新。

(共5分。答案完整得满分;答出三大基本原则2分,基本内涵3分)

四、论述题(参考答案)

24. 结合教学实际,论述教师主导作用与学生主体地位相统一的教学规律。

在教学中,教师的教依赖于学生的学,学生的学离不开教师的教,教与学是辩证统一的。

(1)充分发挥教师的主导作用。教师是教学活动的领导者、组织者,是学生学习的指导者和学习质量的检查者,他能够引导学生沿着社会所期望的方向发展,使学生成为社会所需要的人才。教师受过专门训练,不仅“闻道在先”“术业有专攻”,具有较高的文化知识、思想修养,而且了解青少年身心发展的规律,懂得如何组织和进行教学,能够发挥主导作用。

(2)充分发挥学生主体参与教学的能动性。教学中,学生是学习的主人,具有主观能动性,学生学习的主观能动性主要体现在两个方面:①学生对外部信息具有选择的能动性、自觉性,学生对信息的选择与否直接受学生本人的学习动机、兴趣、需要以及所接受的外部要求所左右。②学生对外部信息进行内部加工时体现出独立性、创造性,因为,学生对信息进行内部加工的过程受到个体原有的知识经验、思维方式、情感意志、价值观念等制约。这些都直接影响学习的效果,因此,在教学中必须发挥学生的主体作用。

(3)贯彻教师主导作用与学生主体作用相统一的规律,要防止两种倾向。在教学过程中,不能只重视教师的作用,忽略学生学习的主动性和创造性,也不能只强调学生的作用,使学生陷入盲目探索状态,学不到系统的知识,要把二者有机地结合起来。

(共10分。答出教与学辩证统一1分;具体论述教学规律9分,从“发挥教师的主导作用”“发挥学生的能动性”“防止两种错误倾向”三方面论述教师主导作用与学生主体地位相统一的规律,每点3分,理论依据准确、充分1分,展开合理论述2分)

25. 如何运用注意规律提高小学生的课堂注意力?

(1)运用注意规律组织教学。①根据注意的外部表现了解学生的听课状态;②运用无意注意的规律组织教学;③运用有意注意的规律组织教学;④运用两种注意相互转换的规律组织教学。

(2)在教学过程中培养学生良好的注意品质。①要增强注意的稳定性,就要防止注意的分散;②要扩大注意的广度,需要学生积累本学科相当的知识经验和一定的素养;③注意的分配在教学中有实践意义,要训练学生的注意分配能力;④注意的转移同人的先天的神经活动类型有关,但也可以通过对外在因素的控制和后天训练加以改善和提高。

(共10分。从“运用注意规律组织教学”“在教学过程中培养学生良好的注意品质”两个方面论述如何运用注意规律提高小学生的课堂注意力,每点5分,理论依据准确、充分3分,展开合理论述2分)

五、材料分析题(参考答案)

26.(1)①自我效能感由班杜拉首次提出,是指人对自己能否成功从事某一成就行为的主观判断。当个体确信自己有能力进行某一活动,他就会产生高度的“自我效能感”,并努力实施该活动。自我效能感的影响因素有:个人自身行为的成败经验、言语暗示、情绪唤醒和替代经验。

②材料中黄老师运用言语暗示的方式鼓励东东进行朗读活动,东东通过朗读,发现了自己的优势,体验到了成功的快乐,增强了其自我效能感,从而激发了学习动机,不但学习成绩提高了,而且口吃也好了很多。

(共6分。自我效能感的概念1分;自我效能感的影响因素2分;具体分析3分,分别从“黄老师的做法”和“东东的改变”两个方面进行分析,每点1.5分。考生若有其他合理回答可酌情给分)

(2)①激发小学生的内部动机。第一,培养学生具有正确的学习态度,是激发学习动机的前提;第二,要加强目的教育,培养小学生长远的学习动机;第三,激发小学生的好奇心和求知欲;第四,让小学生经常获得成功的体验;第五,帮助学生正确归因,建立积极的自我概念;第六,利用以前所获得的成功感进行动机迁移,产生新的学习动机。材料中黄老师鼓励东东上台分享作文,并帮助东东获得了成功的体验,有利于提高东东的自我效能感,激发东东的内部学习动机。

②培养小学生的外部动机。第一,坚持反馈与评价相结合;第二,正确运用表扬和批评,强化学习动机;第三,适当运用竞争与合作;第四,利用学习任务激励学生。材料中黄老师表扬东东的作文文笔优美、感情真挚、观察细腻,这有利于增强东东的学习动机;黄老师通过给东东提出学习任务,经常邀请东东和其他作文写得好的同学一起朗读作文,以此来激发和培养东东的学习动机。

(共8分。从“激发小学生的内部动机”“培养小学生的外部动机”两个方面论述教师如何运用培养与激发学习动机的策略,每点4分,理论依据准确、充分2分,结合材料阐述合理2分)

2019年浙江省宁波市北仑区教师招聘考试教育理论知识真题试卷(二十二)

一、判断题

1. × 【解析】本题考查《中华人民共和国义务教育法》的相关条文。根据《中华人民共和国义务教育法》第三十一条规定,教师的平均工资水平应当不低于当地公务员的平均工资水平。题干说法错误。

2. √ 【解析】本题考查实学教育思想的代表人物。明清之际的实学教育思潮是一股兴起于民间的反理学、倡实学的教育改革运动，因此它在理论与实践的表现形式上也主要是把着眼点放在学术本身和书院教育的改造上。明清之际的进步思想家，力图打破书院研习理学的传统，以实学作为教学内容来改造书院教育的大有人在，如徐光启、李之藻、方以智以及陆世仪、颜元等。在当时，实学教育已在部分书院中进行。同时，由于当时民本主义思想作为反对集权专制统治的思想武器，为进步思想家们所运用，如黄宗羲明确提出，书院教育除了培养经世致用的各种人才之外，还应当成为“听政于国人”的参政、议政、监政机关，使天下之是非皆出于学校，书院教育为推动社会、政治、学术变革服务。故题干说法正确。

3. × 【解析】本题考查客观测验的优点。测验的试题可以客观地记分，即不同的评分者虽然各自评分，但评定的结果也是相同的，这样的测验叫客观测验。客观测验强调评分标准和试题答案的确定性和唯一性，这就使编制较为困难而费时，而且对测量诸如发散思维、创造力、没有唯一答案的现实问题的分析能力、写作能力等方面的水平，显得无能为力。但是它具有多种优点，如排除了评分的主观性与不确定性，能提高阅卷的效率和准确性；测验试题的容量较大，可以保证试题样本有较高的代表性，可以提高测验的效度；测验项目和要求填写的答案内容简短，测验的效率较高等。故题干说法不正确。

4. √ 【解析】本题考查终身教育思想。终身教育突破了正规学校的框架，把教育看成是个人一生中连续不断的学习过程，是人们在一生中所受到的各种培养的总和，实现了从学前期到老年期的整个教育过程的统一。既包括正规教育，又包括非正规教育，包括了教育体系的各个阶段和各种形式。

5. √ 【解析】本题考查赫尔巴特的教学形式阶段论。赫尔巴特提出了教学形式阶段论，他认为教学过程包括明了(清楚)、联合(联想)、系统、方法四个阶段。故题干说法正确。

6. × 【解析】本题考查有意义学习的实质。奥苏伯尔认为，有意义学习的实质就是以符号为代表的新知识与学习者认知结构中原有的适当观念建立起非人为的和实质性的联系的过程，是原有观念对新观念加以同化的过程。题干说法错误。

7. × 【解析】本题考查强化的类型。强化有正强化和负强化之分。正强化是通过呈现想要的愉快刺激来增强反应频率；负强化是通过消除或中止厌恶、不愉快刺激来增强反应频率。题干中学生扰乱课堂是为了引起其他人的关注，老师的批评对他来说相当于一个愉快刺激，增加了他扰乱课堂的频率，这种强化属于正强化，题干说法错误。

8. × 【解析】本题考查思维定势的含义和影响。定势(即心向)是指重复先前的操作所引起的一种心理准备状态。在定势的影响下，人们会以某种习惯的方式对刺激情境做出反应。定势对解决问题有积极作用，也有消极作用。题干说法错误。

9. √ 【解析】本题考查开放型问卷的特点。开放型问卷又称非结构型问卷，它是由开放性问题组成的问卷。所谓开放式问题是调查者不对问题提供任何具体答案，允许回答者充分自由地发表自己的意见和看法，因此它有很强的灵活性和适应性。这种提问方式适合于调查者想深入了解被调查者的态度、意愿、建议；也可用于不想因为限定答案而出现诱导、误导的情况。为了对研究问题有更明确的认识，一般会在调查正式实施前进行试探性调查，此时，应使用开放性问题，以利于研究者了解调查对象对具体问题的回答。

10. √ 【解析】本题考查动作技能学习的条件。动作技能学习过程的顺利进行需要一定的条件，包括内部条件和外部条件。内部条件是指在学习动作技能前，学习者必须具备或事先习得一些与所学习的动作技能有关的内容，缺少了这些内容，动作技能的学习便无法进行，这些内部条件被加涅称为“必要性的先决条件”，主要是指局部动作技能和执行性子程序。动作技能学习的外部条件主要指学习者学习环境中的一些因素，包括言语指导、示范、练习的安排、反馈的提供等。能否掌握某种动作技能取决于学习者是否具备相应的内部条件以及能否充分利用外部条件。题干说法正确。

二、单项选择题

1. B 【解析】本题考查《中华人民共和国教师法》的相关条文。根据《中华人民共和国教师法》第五条规定，国务院教育行政部门主管全国的教师工作。A项正确。根据《中华人民共和国教师法》第二条规定，本法适用于在各级各类学校和其他教育机构中专门从事教育教学工作的教师。B项错误。根据《中华人民共和国教师法》第七条规定，教师享有“进行教育教学活动，开展教育教学改革和实验”的权利。C项正确。根据《中华人民共和国教师法》第九条规定，为保障教师完成教育教学任务，各级人民政府、教育行政部门、有关部门、学校和其他教育机构应当履行“提供符合国家安全标准的教育教学设施和设备”的职责。D项正确。本题为选非题，故选B项。

2. C 【解析】本题考查托尔曼的学习理论。托尔曼提出了潜伏学习的概念，潜伏学习是指动物在没有强化的条件下学习也会发生，只不过结果不太明显，是“潜伏”的。一旦受到强化，具备了操作的动机，这种结果才通过操作而明显表现出来。故选C项。A项，替代学习是由班杜拉提出的。B项，有意义学习是由奥苏伯尔提出的。D项，机械学习也是由奥苏伯尔提出的。

3. A 【解析】本题考查夸美纽斯的教育思想。教育适应自然原则是贯穿夸美纽斯整个教育思想体系的根本性指导原则。主要有两方面的内容:(1)自然界存在着普遍秩序,即自然规律。夸美纽斯认为,在宇宙万物和人的活动中存在着一种“秩序”,即普遍规律,这种“秩序”保证了宇宙万物和谐发展。因此,人的各种活动包括教育活动都应该遵循这些自然的、普遍的“秩序”或规律。他把遵循“秩序”这条普遍法则视为教育适应自然原则的重要内容。他认为,“改良学校的基础应当是万物的严谨秩序”“教导的严谨秩序应当以自然为借鉴”。(2)教育要适应人的自然本性和儿童年龄特征。故选A项。

4. A 【解析】本题考查体罚的表现。体罚,即对学生身体的惩罚。其非人道性在于无视学生为人的尊严,直接造成肉体上的痛苦。这类惩罚在造成学生肉体痛苦的同时,也给学生精神上带来了极大的痛苦。常见的表现有:脚踢、手打、扯头发、拧耳朵、掐肌肉、扇耳光、扭胳膊;利用各种工具对学生进行惩罚。变相体罚,即并不是直接对学生人身诉诸拳脚和工具,而是以各种借口或其他形式间接地对学生进行处罚,如罚打扫卫生、不让回家吃饭等。体罚和变相体罚直接损害未成年学生的身体健康,侵犯了他们的人格尊严,危害他们的心理健康,不利于他们的健康成长。A项属于通过练习的方式帮助学生巩固知识,不属于体罚。故选A项。

5. C 【解析】本题考查酝酿效应。酝酿效应是指当一个人长期致力于某一问题的解决而又百思不得其解的时候,如果他暂时停下对这个问题的思考而去做别的事情,几小时、几天或几周之后,他可能会忽然想到解决的办法。酝酿效应实际上是产生了顿悟,使人们打破了以往不恰当的思路,从一个新的角度思考问题,从而使问题得以解决。题干中描述的现象属于酝酿效应。故选C项。A项,晕轮效应是指当我们认为某人具有某种特征时,就会对他的其他特征做相似判断。B项,高原现象是指学生在学习过程中出现一段时间的学习成绩和学习效率停滞不前,甚至学过的知识感觉模糊的现象。D项,定势(即心向)是指重复先前的操作所引起的一种心理准备状态。

2019年浙江省丽水市景宁畲族自治县中小学教师招聘考试真题试卷(二十三)

一、单项选择题

1. D 【解析】本题考查时政知识。习近平新时代中国特色社会主义思想明确了中国特色社会主义最本质的特征是中国共产党领导,中国特色社会主义制度的最大优势是中国共产党领导,党是最高政治领导力量;提出新时代党的建设总要求,突出政治建设在党的建设中的重要地位。故选D项。

2. C 【解析】本题考查时政知识。党的十九大报告指出:“建设教育强国是中华民族伟大复兴的基础工程,必须把教育事业放在优先位置,加快教育现代化,办好人民满意的教育。”

3. B 【解析】本题考查我国当前的教育指导思想。教育方针是一个国家在一定时期内关于教育工作的总要求,它反映了一个国家教育的根本性质、总的指导思想和教育工作的总方向等要素。在党的十九大报告中,习近平总书记明确指出:“要全面贯彻党的教育方针,落实立德树人根本任务,发展素质教育,推进教育公平,培养德智体美全面发展的社会主义建设者和接班人。”故选B项。

4. A 【解析】本题考查教师的工作目的和使命。教师职业的根本任务就是教书育人。就教师的职业特征而言,教师的职责是教育教学;就教师的工作目的而言,教师的使命是教书育人,培养社会主义事业建设者和接班人,提高民族素质。故选A项。

5. C 【解析】本题考查《学记》的地位。《学记》(收入《礼记》)是中国也是世界教育史上的第一部教育专著,成文大约在战国末期。故选C项。

6. B 【解析】本题考查家庭教育的特点。家庭教育具有针对性。家庭的教育工作能从实际出发,有的放矢,而不是想当然,不是一般化的说教。人们常说:“知子莫若父,知女莫若母”就是子女自幼随父母生活,长期相处,父母能够全面细致地了解、熟知子女。这说明家庭教育比学校教育更具有针对性。

7. C 【解析】本题考查教学原则。巩固性原则是指教师在教学中要引导学生在理解的基础上牢固地掌握基本知识和基本技能,而且在需要的时候,能够准确无误地呈现出来,以利于知识技能的利用。“学而时习之”“温故而知新”强调学生在学习过程中要经常复习,才能牢记知识并且获得新的认识。故选C项。

8. D 【解析】本题考查教师劳动的特点。教师劳动的主体性指教师自身可以成为活生生的教育因素和具有影响力的榜样;教师劳动的示范性指教师的言行举止,如人品、才能、治学态度等都会成为学生学习的对象。“学为人师,行为世范”最基本的含义是:所学要为世人之师,所行应为世人之范。也就是说教师在教育过程中要以身作则,为人师表,为学生做好榜样。这体现了教师劳动的主体性和示范性特点。

9. D 【解析】本题考查罗森塔尔效应。罗森塔尔效应也叫教师期望效应或皮格马利翁效应,即教师的期望或明或暗地传递给学生,会使学生按照教师所期望的方向来塑造自己的行为。该效应说明教师期望对学生发展有积极影响。故选D项。

10. B 【解析】本题考查人的身心发展规律。个体不同方面的发展具有不平衡性,有的方面在较早的年龄阶段就已达到较高的发展水平,有的则要到较晚的年龄阶段才能达到成熟的水平。例如,在心理方面,感知成熟在先,思维成熟在后,情感成熟更后。故选B项。

11. D 【解析】本题考查情绪和情感的基本特征。情绪和情感是人对客观事物的态度体验及相应的行为反应。不同的态度体验反映着客观事物与人的需要之间的不同关系,体验是情绪和情感的基本特征。故选D项。

12. C 【解析】本题考查布卢姆的认知领域教学目标的分类。美国教育心理学家布卢姆将教学目标(即预期学生的学习结果)分为认知、情感和动作技能三个领域,每一领域的目标又从低级到高级分成若干层次。其中,认知领域的教学目标分为知识、领会、运用、分析、综合、评价六级,其中,知识处于最低层次。故选C项。

13. B 【解析】本题考查记忆的种类。A项,无意记忆是没有预定目的,也不采用专门的方法、自然而然发生的记忆。B项,有意记忆是有明确记忆目的并采取了相应的记忆方法和努力的记忆。C项,情景记忆是以亲身经历的、发生在一定时间和地点的事件(情景)为内容的记忆。D项,意义记忆指根据对所要记忆材料的理解,结合自身的知识经验而进行的记忆。故选B项。

14. B 【解析】本题考查注意的特点以及注意的品质。注意有指向性和集中性的特点。A项,注意的指向性是指心理活动有选择地反映一定的对象,而离开其余的对象。B项,注意的集中性是指心理活动停留在被选择的对象上的强度或紧张度,它使心理活动离开一切无关的事物,并且抑制多余的活动,以保证注意的对象能得到比较鲜明和清晰的反映。C项,注意的分配是指人在进行两种或多种活动时能把注意指向不同对象的现象。D项,注意的转移是根据新的任务,主动地把注意从一个对象转移到另一个对象或由一种活动转移到另一种活动的现象。故选B项。

15. D 【解析】本题考查气质类型的特性。A项,胆汁质的特点是感受性低而耐受性较高,外倾性明显,不随意的反应性和情绪兴奋性高,抑制能力差。B项,多血质的特点是感受性低而耐受性较高,具有可塑性和外倾性,外部表现明显,不随意的反应性和情绪兴奋性高,反应速度快而灵活。C项,黏液质的特点是感受性低而耐受性高,内倾性明显,外部表现少,不随意的反应性和情绪兴奋性较低,反应速度慢而稳定。D项,抑郁质的特点是感受性高而耐受性低,具有严重的内倾性,情绪兴奋性高而体验深,不随意的反应性低而反应速度慢,具有刻板性,不灵活。故选D项。

16. B 【解析】本题考查学业成绩考试的类别。根据不同的标准,可以把学业成绩考试划分为不同的类型。(1)按照考试的性质和功能来划分,有选拔性考试(如招生考试),水平性考试(如毕业考试)和诊断性考试;(2)按照评分是否客观,可将考试划分为主观性考试和客观性考试;(3)按照考试的内容范围来划分,有单科考试和综合考试;(4)按照教学阶段的不同,可分为期中考试、期末考试、学年考试、毕业考试和升学考试。因此,普通高等学校招生全国统一考试属于选拔性考试,故本题选B项。

17. A 【解析】本题考查《中华人民共和国未成年人保护法》的相关条文。根据《中华人民共和国未成年人保护法》(2006年12月29日第十届全国人民代表大会常务委员会第二十五次会议修订版)第五条规定,保护未成年人的工作,应当遵循下列原则:(1)尊重未成年人的人格尊严;(2)适应未成年人身心发展的规律和特点;(3)教育与保护相结合。故选A项。

18. C 【解析】本题考查品德的心理结构。A项,道德行为是个体在一定的道德认识和道德意志支配下产生的涉及道德意义的行为。B项,道德认识又称道德认知,是个体对道德规范及其执行意义的认识,其中包括道德观念、道德信念及道德评价。道德认知是品德的基础。C项,道德意志是个体自觉地确定道德目的和动机,并依此积极调节和支配自己的行为,以实现既定目的的心理过程。D项,道德情感是在道德认知基础上产生的一种内心体验。题干中,小王每天都下决心要戒掉网络游戏,认真学习,可是每天放学后做的第一件事还是玩网络游戏,这说明小王的道德意志薄弱,应当培养其道德意志。故选C项。

19. B 【解析】本题考查常用的德育方法。A项,说服教育法是通过语言说理,使学生明晓道理,分清是非,提高品德认识的方法。B项,指导实践法是教育者组织学生参加多种实际活动,在行为实践中使学生接受磨炼和考验,以培养优良思想品德的方法。指导实践法的主要功能在于培养学生的优良行为,养成良好的品德习惯,增强品德意志,从而培养品德践行能力。C项,品德评价法是通过对学生品德进行肯定或否定的评价而予以激励或抑制,促使其品德健康形成和发展的方法。D项,陶冶教育法是教师利用环境和自身的教育因素,对学生进行潜移默化的熏陶和感染,使其在耳濡目染中受到感化的德育方法。小林知道“粒粒皆辛苦”,可是吃饭时还是掉饭粒,他自己也觉得不好意思,这说明小林已经有了一定的品德认识,需要运用指导实践法重点帮助小林增强品德意志,提高品德践行能力,故选B项。

20. A 【解析】本题考查课堂提问的原则。课堂提问要难易适度,根据学生的实际水平,不可过浅,以免走过场;又不可过难,以防学生茫然失措,产生畏难情绪。当学生回答问题遇到困难时,教师应适时地、恰到好处地、巧妙地给以启发指点,让学生“跳一跳,够得着”,使学生能够顺利完成任务。做到难易有别、因人而异地提问,使每一个学生都可能取得成功而受到老师的表扬和鼓励,从而感受到成功的喜悦。故选A项。

二、多项选择题

21. ABCDE 【解析】本题考查班主任工作的内容。班主任工作的内容主要包括:(1)了解和研究学生;(2)组织和培养班集体;(3)结合学习任务做好思想品德教育工作;(4)做好个别学生的教育工作;(5)做好学生家长工作。

22. ABCD 【解析】本题考查劳动教育的内容。劳动教育的具体内容包括:(1)教育学生树立正确的劳动观点。(2)培养学生热爱劳动的行为习惯。鼓励并组织学生积极参加自我服务、家务劳动、学校的清扫劳动以及力所能及的生产劳动和社会公益劳动,让他们体验劳动的乐趣,珍惜劳动成果,养成吃苦耐劳、热爱劳动的习惯。(3)树立符合时代要求的新观念。E项属于集体主义教育的内容。

23. ACE 【解析】本题考查课堂教学目标制定中存在的问题。课堂教学目标制定中存在的问题主要有:(1)课堂教学目标指向主体错误。课堂教学目标是对学生学习结果的预期,所以教学目标指向的主体是学生而不是教师。表述课堂教学目标有时可以省略目标主体,但是这是以不影响对目标的领会为前提的。题干中教学目标③④指向的主体是教师而非学生,故选A项。(2)课堂教学目标不全面。在课堂教学目标制定过程中,很多教师只注重知识、技能目标而忽略了情感、态度、价值观及其他素质的培养。题干中教学目标①②③主要是知识、技能方面的目标,教学目标④主要是情感、态度、价值观方面的目标,教学目标较全面,故B项不选。(3)课堂教学目标水平层次混乱。教学目标③用学科教学目标代替课时教学目标,这与较为宏观的教学目标的混淆造成了层次混乱,故选C项。(4)课堂教学目标脱离学生实际。该教学目标结合了学生的实际需要、兴趣等,并未脱离学生实际。故D项不选。(5)课堂教学目标表述不确切。教学目标的表述应既有一般性目标,又有可观察、可测量的具体目标,该教学目标表述概括性高,难以检测,故选E项。

24. ADE 【解析】本题考查强化的种类。A项,语言强化是指教师运用语言评论的方式,对学生的反应或行为表示某种判断和态度,或提供线索引导学生将他们的理解从客观实际中得到证实。B项,物质强化包括以各种可以消费的物品,如金钱、实物等实施的强化。C项,标志强化是指教师运用各种象征性的标志、奖赏物,对学生的成绩或行为,给予肯定和鼓励。D项,练习强化是学生通过做练习来强化学习行为和学习效果的一种方法。E项,替代强化是指观察者因看到榜样的行为被强化而受到强化。题干中吴老师口头夸赞赵明属于语言强化,“让学生进行课堂练习,巩固知识点”属于练习强化,吴老师通过夸赞赵明,对其他同学起到了替代强化的作用。故选A、D、E项。

25. AD 【解析】本题考查《中华人民共和国教师法》的相关条文。根据《中华人民共和国教师法》第三十七条规定,教师有下列情形之一的,由所在学校、其他教育机构或者教育行政部门给予行政处分或者解聘:(1)故意不完成教育教学任务给教育教学工作造成损失的;(2)体罚学生,经教育不改的;(3)品行不良、侮辱学生,影响恶劣的。教师有前款第(2)项、第(3)项所列情形之一,情节严重,构成犯罪的,依法追究刑事责任。故选A、D项。

三、填空题

26. 培养什么人

27. 环境

28. 孔子

29. 教育与生产劳动相结合

30. 美好生活需要　不平衡不充分

31. 语言表达能力

32. 师德师风

四、简答题(参考答案)

33. 请写出中国学生发展的六大核心素养。

中国学生发展核心素养综合表现为人文底蕴、科学精神、学会学习、健康生活、责任担当、实践创新六大素养。(1)人文底蕴主要是学生在学习、理解、运用人文领域知识和技能等方面所形成的基本能力、情感态度和价值取向。(2)科学精神主要是学生在学习、理解、运用科学知识和技能等方面所形成的价值标准、思维方式和行为表现。(3)学会学习主要是学生在学习意识形成、学习方式方法选择、学习进程评估调控等方面的综合表现。(4)健康生活主要是学生在认识自我、发展身心、规划人生等方面的综合表现。(5)责任担当主要是学生在处理与社会、国家、国际等关系方面所形成的情感态度、价值取向和行为方式。(6)实践创新主要是学生在日常活动、问题解决、适应挑战等方面所形成的实践能力、创新意识和行为表现。

(共6分。答出"人文底蕴""科学精神""学会学习""健康生活""责任担当""实践创新"六大核心素养,每点0.5分;合理阐述各素养,每点0.5分)

34. 简述防止遗忘的方法。

(1)复习时机要得当。①及时复习;②合理安排复习时间;③间隔复习;④循环复习。(2)复习方法要合理。①分散复习与集中复习相结合;②复习方法多样化;③运用多种感官参与复习;④尝试回忆与反复阅读相结合。(3)复习次数要适宜。(4)重视对记忆品质的培养。(5)注意用脑卫生。

(共5分。每点1分,答案完整得满分;答出"复习时机""复习方法""复习次数""记忆品质""用脑卫生"等关键词可得3分)

35. 如何对品德不良学生进行纠正和教育。

(1)建立新型师生关系,树立良好班风。(2)培养学生的自尊心和集体荣誉感。(3)帮助学生形成正确的是非观。(4)锻炼学生的道德意志。

（共5分。答案完整得满分；答出“新型师生关系”“自尊心和集体荣誉感”“正确的是非观”“锻炼道德意志”等关键词可得3分）

五、案例分析题（参考答案）

36.（1）李老师具备先进的教育理念。案例中李老师在教育教学过程中大胆实施“自主合作、当堂达标”的教学模式，说明其具备先进的教育理念。

（2）李老师的做法坚持了以人为本的学生观。以人为本的学生观遵从学生的本质属性，将学生视为发展中的人，尊重学生个体的独特性，并能够确保学生在教育教学过程中处于发展主体的地位。案例中李老师让学生体验课堂、享受课堂，并且相信学生具有巨大的发展潜能即体现了这一点。

（3）李老师具备现代教师观。新课程倡导教师是学生学习的组织者、促进者和指导者，李老师在教学方面采用新的教学模式，让学生自主合作学习，体验课堂，实现了传统的知识传授者向学生学习的组织者、促进者和指导者的转变。

（4）李老师的做法遵循了因材施教的原则。因材施教原则要求教师根据学生的个别差异，有的放矢地进行有差别的教学，使每个学生都能扬长避短，获得最佳的发展。案例中李老师针对小宇等同学见到人不敢说话、小洋因为身体虚弱而经常请假的情况，采取了有针对性的教育措施即体现了这一点。

（5）李老师履行了班主任的工作职责。李老师作为班主任，在工作中主动了解与研究学生的特点与需求；积极进行家访，与家庭教育力量配合以促进学生发展；而且注重班级的个别教育工作。李老师的这些行为说明其履行了班主任的工作职责。

（共8分。从“教育理念”“学生观”“教师观”“因材施教原则”“班主任的工作职责”等方面分析李老师的做法，至少能答出4条，每条2分，理论依据准确、充分1分，结合案例分析合理1分。考生若有其他合理回答可酌情给分）

37. 教师是教育过程的组织者，在全部教育活动中起主导作用。从根本上说，良好的师生关系首先取决于教师。为此，教师要从以下几个方面努力：

（1）了解和研究学生。教师要与学生取得共同语言，使教育影响深入学生的内心世界，就必须了解和研究学生。了解和研究学生主要包括三个方面：①了解和研究学生个人；②了解学生的群体关系；③了解和研究学生的学习和生活环境。

（2）树立正确的学生观。教师既要把学生看作教育的对象，又要把学生看作学习的主人；既要耐心细致地做好各项指导工作，又要充分调动学生的主动积极性。

（3）提高教师自身的素质。教师的道德素养、知识素养和能力素养是学生尊重教师的重要条件，也是教师提高教育影响力的保证。教师以其高尚的品德、渊博的知识、高超的教育教学艺术来为学生提供高效而优质的服务，也必然会赢得学生的尊重和爱戴。

(4)热爱、尊重学生，公平对待学生。热爱学生包括热爱所有学生，对学生充满爱心，经常走到学生之中，忌挖苦、讽刺和粗暴对待学生。尊重学生特别要尊重学生的人格，保护学生的自尊心，维护学生的合法权益，避免师生对立。教师处理问题必须公正无私，使学生心悦诚服。

(5)发扬教育民主。教师要以平等的态度对待学生，而不能以“权威”自居。教育教学中，要尊重学生的看法，鼓励学生质疑，发表不同意见，以讨论、协商的方式解决争端。要营造一个民主的氛围，保护学生的积极性，保证学生具有安全感。

(6)主动与学生沟通，善于与学生交往。在师生交往的初期，往往出现不和谐因素，这就要求教师掌握沟通与交往的主动性，经常与学生保持接触、交流；同时，教师还要掌握与学生交往的策略与技巧。

(7)正确处理师生矛盾。教师要善于驾驭自己的情绪，冷静全面地分析矛盾，正视自身的问题，敢于作自我批评，对学生的错误进行耐心地说服教育或必要的等待、解释等。要能与学生心理互换，设身处地地为学生着想，理解学生，帮助学生，满足学生的正当要求，启发学生自省改错。

(8)提高法制意识，保护学生的合法权利。教师要提高法制意识，明确师生之间的权利与义务，切实依法保护学生的合法权利。同时，也要加强教育制度伦理建设，使师生之间的权利义务关系更加明晰并转化为具体的制度规定，切实保护学生的合法权利。

(9)加强师德建设，纯化师生关系。师生关系是一种教育关系，即一种具有道德纯洁性的特殊社会关系。教师应加强自身修养，提高抵御不良社会风气的积极性和能力。同时，也要更新管理观念，树立以人为本的管理思想，为师生关系的纯化创造有利的教育环境。

(共8分。从“了解和研究学生”“树立正确的学生观”“提高教师自身的素质”“热爱、尊重学生，公平对待学生”“发扬教育民主”“主动与学生沟通”“正确处理师生矛盾”“提高法制意识，保护学生的合法权利”等方面分析如何建立良好的师生关系，至少能提出8点，每点1分)

六、论述题(参考答案)

38.“多一把尺子，就多一个好学生。”以此为话题，自选角度，自拟标题，写一篇不少于400字的观点报告。

善于发现学生的闪光点

美国心理学家加德纳提出了多元智力理论，他认为人的智力结构中存在着七种相对独立的智力(后发展为九种)，这几种智力在每个人身上的组合方式是多种多样的，每个人在不同领域的智力发展水平是不同步的，有人可能在某一两个方面是天才，而在其余方面却是“蠢材”。传统的教学评价只关注学生的学业成绩，以学业成绩作为评价学生的唯一标准，也即只重视学生的言语和数理逻辑智力，忽视了学生其他方面智力的发展，这种做法不利于促进学生全面和谐发展，也不利于教师发现学生身上除了学业成绩以外的其他闪光点。

每个学生都是独一无二的，每个学生的智力都有自己独特的表现形式，有自己的智力强项和学习风格。因此，教师在教学过程中要有一双善于发现美的眼睛，善于发现学生的闪光点，重视综合评价，关注个体差异，实现评价指标的多元化。这也就是我们常说的在教学过程中要“多一把尺子”。

“多一把尺子，就多一个好学生。”因此，教师在教学过程中应主动去发现学生的优势，善于针对不同特点的学生，采用多元化的评价标准，使不同的学生都能得到最好的发展。教师还应具备多样化的人才观，相信每个学生都有自己的智力优势，只要这一优势智力得到了合理地发展，都有可能成为优秀人才。

（共10分。报告的题目2分，需准确、合理，若照抄题干不得分；报告的内容8分，需结合题干引文并联系实际进行论述，立意准确，逻辑清晰，若立意偏离“多元化标准”最多得4分；报告字数少于400字扣2分）

2019年浙江省衢州市江山市中小学教师招聘考试教育理论知识真题试卷(二十四)

一、填空题

1. 坚定理想信念　增长知识见识

2. 主体性　示范性

3. 学生　教师

4. 课程标准(课标)

二、单项选择题

1. A　**【解析】**本题考查学生发展核心素养的含义。学生发展核心素养，主要指学生应具备的，能够适应终身发展和社会发展需要的必备品格和关键能力。故选A项。

2. D　**【解析】**本题考查晕轮效应的含义。晕轮效应是指当我们认为某人具有某种特征时，就会对他的其他特征做相似判断，或者说人们对他人的认知判断首先是根据个人的好恶得出的，然后再从这个判断推论出认知对象的其他品质。故选D项。A项，近因效应是指在总体印象形成上，新近获得的信息比原来获得的信息影响更大的现象。B项，首因效应是指在总体印象形成上最初获得的信息比后来获得的信息影响更大的现象。C项，刻板效应是指对一群人的特征或动机加以概括，把概括得出的群体的特征归属于团体中的每一个人，认为他们每个人都具有这种特征，而无视团体成员中的个体差异。

3. C 【**解析**】本题考查教育法律关系的主体。教育法律关系的主体是指教育法律关系的参加者，也就是在具体的教育法律关系中享有权利并承担义务的人或组织。我国教育法律关系的主体可分为三类：公民（自然人）、机构和组织（法人）、国家。教育法律关系中最重要的法律主体是教师与学生，教师的教育教学和学生的学习是教育活动的主要内容和基本形式。故选C项。

4. D 【**解析**】本题考查内化的含义。内化指在思想观念上与社会规范及其价值一致，将自己所认同的思想和自己原有的观点、信念融为一体，构成一个完整的价值体系。在内化阶段，个体的行为具有高度的自觉性和主动性，并具有坚定性。故选D项。

三、简答题（参考答案）

关于课程定义，当前有一个颇有影响的隐喻："课程不再是跑道，而是跑的过程自身。"据此说说你对课程的理解。

在西方，"课程"一词由拉丁语派生而来，意为"跑道"。根据这个词源，最常见的课程定义是"学习的进程"，简称学程。"课程不再是跑道，而是跑的过程自身"，"跑道"是一个名词，而"跑"是一个动词：名词是在表述一个概念，说明一个结论，而动词是在描述一个行动。这说明课程不再是规定好的目标与内容，强调课程是师生之间的对话，这是一种后现代的课程观。

这种课程观试图超越以"泰勒原理"为代表的具有理性主义性格的"课程开发范式"，确立"课程理解范式"，把课程作为一种多元"文本"来理解。它强调课程要促使人类创造性组织与再组织经验的能力在有效环境之中发挥作用，课程就是要通过参与者的行为和相互作用而形成，而不是那种预先设定的内容。因此，该课程观允许学生与教师在会谈和对话之中创造出比现有的封闭性课程结构所可能提供的更为复杂的学科秩序与结构。教师角色不再是原因性的，而是转变性的。课程不再是跑道，而成为跑的过程本身。而学习则成为意义创造过程中的探险。

（共5分。对隐喻进行解释2分，具体阐述隐喻所隐含的课程观3分）